마이클 모부신

운과 실력의
성공 방정식

마이클 모부신
운과 실력의
성공 방정식

주식 투자에서 메이저리그까지 승률을 극대화하는 전략

마이클 모부신 지음 | 이건·박성진·정채진 옮김 | 신진오 감수

에프엔미디어

옮긴이의 말

백석꾼과 만석꾼을 갈라놓는 사소한 차이

이 책의 번역자들은 투자 세계에 몸담고 있습니다. 그 때문에 상상하기 힘든 수익률로 커다란 재산을 일구었다가 한순간에 급격하게 몰락하는 사람들에 대한 이야기를 심심찮게 듣곤 합니다. 높은 수익률로 많은 투자자를 끌어모은 펀드가 얼마 지나지 않아 처참한 수익률을 보이며 추락하는 경우도 많습니다.

기업의 세계도 마찬가지입니다. 손대는 인수합병마다 성공해 '미다스의 손'으로 불리는 창업자가 초고속 성장을 계속해 재계 순위 상위권 기업을 만들지만, 글로벌 금융 위기를 맞아 한순간에 그룹이 해체되는 일이 벌어집니다. 또한 세계적 베스트셀러였던 《좋은 기업을 넘어… 위대한 기업으로Good to Great》에서 짐 콜린스가 꼽은 위대한 기업들이 10년도 못 되어 파산하거나 심각한 경영난에 처했다고 합니다.

 비단 투자나 경영 분야에서만 이런 일이 벌어지는 것은 아닙니다. 스포츠 분야에는 뛰어난 선수가 스포츠 전문지인 〈스포츠 일러스트레이티드〉의 표지 모델로 나오고 나서 성적이 하락하는 '스포츠 일러스트레이티드 징크스' 그리고 EA 스포츠 게임인 '존 매든 NFL'의 표지에 등장한 선수는 여러 가지 불운을 겪는다는 '매든의 저주'가 있습니다.

 화려한 성공 스토리에는 대개 행운이 감춰져 있습니다. 우리는 능력 있는 사람이 성공한다고 생각하기 쉬운데, 사실은 성공했기 때문에 능력 있어 보일 가능성이 높습니다.

 우리가 살면서 성취한 것의 대부분은 운과 실력이 함께한 결과입니다. 세계 최고의 투자자인 워런 버핏조차도 자신의 성공을 '난소복권Ovarian Lottery'에 당첨된 덕분이라고 이야기합니다. 1930년 아프가니스탄이 아닌 미국에서 태어났고, 남자가 대우받는 시대에 여자가 아닌 남자로 더구나 백인으로 태어났으며, 덧붙여 기업 가치 평가 능력이 엄청나게 보상받는 시대에 태어나는 행운을 가졌다는 것입니다.

 운으로 얻은 성공은 운이 다하면 사라집니다. 운에 의하지 않고 얻은 성공이라야 오랫동안 지속될 수 있습니다. 하지만 우리는 매사에 작용하는 운의 비중을 과소평가합니다. 세 명의 번역자들은 우연과 운의 역할을 깊이 고민하지 않고는 현명한 투자자가 될 수 없다고 생각합니다. 가치투자의 핵심 원리인 '안전마진'과 '분산 투자'가 바로 언제 올지 모를 불운에 대한 대비이기 때문입니다.

 이 책의 저자인 마이클 모부신은 레그 메이슨Legg Mason을 비롯한 여러 투자회사에서 투자 전략과 리서치를 담당했으며 컬럼비아 경영대학원에서 오랫동안 투자 강의를 맡아왔습니다. 실전과 이론의 두 분야 모두에서 오랜 내공을 쌓은 저자는 이 책을 통해 운과 실력을 구별하는 방법을 이야기합니다. 자신이 하는 일이 운-실력 스펙트럼상 어디에 위치하는지를 파악하는 방법, 실력을 쌓고 운을 잘 다루기 위해 할 일을 알려줍니다.

아이러니하게도 실력이 뛰어날수록 운의 역할이 더 중요하다고 합니다. 사소한 차이들이 증폭되면서 백석꾼과 만석꾼을 갈라놓기 때문입니다. 부디 이 책을 읽는 모든 분들에게 행운이 함께하기를 기원합니다.

2019년 9월

이건, 박성진, 정채진

복잡계 세상에서 운을 활용하는 방법

성공은 운인가 실력인가. 자칫 식상하게 느낄 수 있는 주제지만 《마이클 모부신 운과 실력의 성공 방정식》을 읽으면서 지혜로운 삶과 투자의 이치에 대해 치열하게 생각해보는 기회를 가졌다는 점에서 감사한 마음이다. 책의 요지는 운의 존재를 적절하게 인정하고 받아들여 성공에 실력이 얼마나 공헌하는지를 파악해야 한다는 것이다. 운과 실력의 기여도를 구별해 '운을 벌 수 있는' 다양한 노력을 과학적, 체계적으로 행해야 이 복잡한 세상에서 성공 가능성을 높일 수 있다는 이야기다.

저자는 이를 위해 '통계의 사실성과 유의미성을 보는 눈', '미래 예측 가능성을 높이는 통찰력'을 강조한다. 이는 데이터 기반 경제에서 살아가기 위한 성공 방정식의 핵심이다. 그런 점에서 이 책이 4차 산업혁명 시대를 살아갈 젊은이에게 던지는 화두는 가볍지 않다.

열정과 훌륭한 전략은 만병통치약이 아니다

사람들은 저마다의 인생관에 따라 성공 방정식이라는 그릇에 무엇을 담을 것인지를 정한다. 이 그릇에 무엇을 담든 간에, 어떤 리스크를 안고 어떤 수익률을 기대할 것인지를 정할 때 '운'이라는 요소를 인지하는 것이 삶을 슬기롭게 사는 첫 단추가 아닐까 생각해본다. 이런 맥락에서 이 책은 삶을 겸허히 바라보는 철학서이자 인과관계를 냉철하게 분석하는 투자 지침서이며, 창업을 준비하는 이들에게는 실질적인 경영 조언을 해주는 비즈니스 입문서로도 유용하다.

우리는 부모에게 받은 지능과 자산이 사실상 인생을 지배하는 시대에 살고 있다. 흙수저의 성공도 드물게 존재하지만 금수저를 부러워하며 운명론에 빠져 있는 이들에게는 거북한 이야기일 뿐이다. 그 성공에 영향을 준 시대적 상황, 환경, 인맥이라는 운의 요인을 간과한 채 그저 열정과 훌륭한 전략만 만병통치약으로 내세운다면 불운한 인생을 사는 사람들에게는 슬픔으로 다가올 수밖에 없다.

물론 모든 게 운 탓일 수는 없다. 하지만 운의 실체를 인정하고 겸허히 받아들이는 자세야말로 인생과 투자에서 최선의 병법이 아닐까. 이 책에 나온 '운-실력 스펙트럼' 등을 떠올리며 느낀 점은 다음과 같다.

첫째, 일의 결과가 실력에 의한 것인지 운에 의한 것인지 판단하기 어려운 경우 그 판단을 유보하고 장기간에 걸쳐 좋은 성과를 낼 수 있는 여러 시도를 해보자. 투자나 업무에는 '초심자의 행운'이라는 게 있다. 상승장에서는 초보 주식 투자자도 수익을 내기 쉽다. 하지만 초심자의 종목 선정 능력이 대부분의 펀드매니저를 능가하는지 여부를 확인하려면 장기간에 걸쳐 더 많은 종목에 투자하며 관찰해야 한다.

둘째, '실력의 역설'을 깨달아야 한다. 대성공은 실력, 기회, 운이 결합할 때 이루어진다. 실력만으로 최고의 자리에 오르는 것은 아니라는 뜻이다. 치열한 경쟁이 벌어지는 영역에서는 사람들의 실력 격차가 줄어들기 마련이다. 마라톤처럼 세계적인 선수들의 기록 차이가 아주 좁혀진 상황에서는 개인의 당일 컨디션이나 날씨 같은 운의 요소가 금메달과 노메달을 결정할 수 있다.

셋째, 최선이 어려우면 차선도 괜찮다는 자세가 필요하다. 운이 내게 오지 않을 경우를 대비하라는 것이다. 인생을 살아가면서 우리는 수많은 리스크와 마주하며 선택의 기로에 선다. 기업이든 개인이든 최선의 플랜 A만 고집하지 말고 항상 차선의 플랜 B도 고려하는 융통성을 발휘해야 한다. 성공에 이르는 방정식은 정해져 있는 것이 아니다. 우연히 마주한 플랜 B에서 인생과 투자의 묘수를 찾을 수도 있다.

넷째, 우리가 살고 있는 세계가 운의 영향을 받는 복잡계라는 것을 알아야 한다. 직업이나 투자의 대상으로 어느 분야를 선택하든 그 분야는 이전과 다른 세계일 수 있다. 새로운 세계는 안개가 자욱한 산길의 느낌일지도 모른다. 이곳에서는 실력만으로 성패가 결정되지 않는다. 열린 시스템에 노출되어 끊임없는 상호 작용을 하며 성장하는 세계에서는 여러 우연이 의미 있는 성과의 차이를 가져온다는 것을 이해해야 한다. 이런 세상에서 "이게 최선입니까? 확실해요?" 하는 것은 무의미하다.

이런 양서를 읽게 된 우리는 운 좋은 사람

얼마 전 내 어머니는 14년 전에 상장 폐지된 주식이 80% 감자된 후 10분의 1 액면 분할로 재상장되는 기쁨을 맛보았다. 이 수익률은 지금 같은 저금리 시대에 누릴 수 없는 큰 혜택이다. 운의 모습이다. 어머니가 만만하게 보았던 주식시장은 더욱 복잡한 모습으로 우리에게 다가와 있다. 하지만 기업의 본질적 가치와 경기 사이클에 대한 이해에 더해 운을 인정하는 자세까지 가진다면 더 높은 수익률을 올리게 되지 않을까?

우리는 어쩌면 금리가 거의 없는 새로운 세상을 마주할지 모른다. 우리의 후손은 복리의 법칙이 더 이상 작용하지 않는 세상을 살아갈지도 모른다. 이런 상황에 맞추어 투자도 삶도 달라져야 하지 않을까? 자국의 이익, 개인의 이익을 우선시하는 각자도생의 세상이 눈앞에 펼쳐지고 있다. 회사나 팀에 의존하지 않고 자기 자신의 힘으로 스스로 산을 올라야 한다. 안개 자욱한 첩첩산중에도 길은 있다. 이 책을 읽으면서 많은 젊은이들이 용기를 가지고 길을 찾기 바란다. 운의 중요성을 알더라도 운에 의존하지 않고 운과 실력을 구별해 의사결정을 하는 지혜를 가지기를 바란다.

때로는 돌아가도 좋다. 수많은 결정의 과정에서 시행착오를 무릅쓰고 헤쳐나갈 때 인생이 훨씬 값지게 다가올 수도 있다. 어느 길 하나만을 고집하지 않는 유연함과 끝까지 오르겠다는 각오만 있다면 행운의 여신이 미소를 지을 것이다. 선선한 바람과 이름 모를 풀꽃의 향기를 즐기면서 책을 읽다가 이런 생각이 들었다. '나는 참 운이 좋은 사람이야, 이런 양서를 읽게 되어서.' 그리고 책을 덮으며 책 속의 문장 하나를 되뇌어 본다. "운과 실력을 구별하는 일이 쉽지는 않지만, 구별하려는 노력을 계속한다면 우리의 의사 결정 능력은 개선될 것이다." 이 책이 많은 사람들의 현명한 의사 결정에 기여하기를 바란다.

2019년 9월
조원경(《부의 비밀병기, IF》저자, 기획재정부 국장)

머리말

쓰레기통 덕분에 취업에 성공하다

대학교 4학년 시절, 나 역시 다른 학생과 마찬가지로 취직해야 한다는 생각은 있었지만 어떤 직업을 선택해야 할지는 모르는 상황이었다. 마침 당시 인기 높았던 투자은행 드렉셀 버넘 램버트Drexel Burnham Lambert가 신입 직원을 채용하려고 학교에 왔다. 나는 1차 면접을 잘 본 덕분에 뉴욕 본사 면접 기회를 얻게 되었다. 나는 가장 좋은 정장과 넥타이 차림에 반짝이는 구두를 신고 뉴욕으로 갔다.

이튿날 이른 아침, 널찍한 회의실에 모인 응시생들은 면접 진행 책임자의 말에 귀를 기울였다. "여러분은 면접 위원 6명과 개별 면접을 마친 뒤 인사 담당 임원과 10분간 단독 면접을 하게 됩니다. 취업에 성공하려면 이 면접에서 두각을 나타내야 하겠지요?"

나는 준비했던 대로 6회의 개별 면접을 잘 마쳤다. 이후 한 직원이 나를 임원 면접 장소로 안내했다. 긴 복도를 지나 나타난 사무실은 벽이 짙은 색 목재였고, 바닥 전체에 두꺼운 카펫이 깔려 있었으며, 전망창 너머로 뉴욕 시내 전경이 펼쳐졌다. 눈치 빨라 보이는 직원의 안내를 받아 자리에 앉으니 임원이 따뜻하게 맞아주었다. 그때 눈에 띄는 것이 있었다. 커다란 책상 아래 놓인 쓰레기통에 새겨진 프로 미식축구팀 워싱턴 레드스킨스Washington Redskins의 로고였다. 나는 워싱턴 D. C.에서 4년을 지낸 적이 있었고, 그때 레드스킨스의 팬으로 경기장에 몇 번 가본 적도 있었기 때문에 그 로고를 곧바로 알아볼 수 있었다.

나는 임원에게 쓰레기통의 로고가 멋지다고 찬사를 보냈다. 임원이 환하게 웃었다. 그는 스포츠의 장점을 논하면서 워싱턴에서 보낸 시절을 회고했고, 나는 그의 말에 귀를 기울이면서 열심히 고개를 끄덕여주었다. 10분 예정이었던 면접은 그렇게 15분간 이어졌다. 우리는 면접에서 형식적인 대화를 나누는 대신 스포츠에 대한 열정을 공유했다.

나는 취업에 성공했다. 내가 드렉셀 버넘에서 얻은 경험은 이후 내 경력 설계에 중대한 영향을 미쳤다.

취업 후 몇 달이 지났고, 인사팀 관리자가 나를 불러 속삭이듯 말했다. "말해줄 게 있어. 면접 위원 6명 모두 자네를 불합격으로 평가했다네." 나는 충격에 빠졌다. '그러면 내가 어떻게 채용된 거지?' 관리자가 말을 이었다. "담당 임원이 면접 위원들의 평가를 무시하고 자네를 합격시켰지. 자네가 무슨 말을 했는지는 모르지만, 확실히 효과가 있었다네." 나의 취업은 쓰레기통 덕분이었다. 순전히 운이었다. 내가 쓰레기통을 보지 못했다면 이 책은 세상에 나오지 못했을 것이다.

심리가 아닌 통계로 접근하라

인생사 대부분은 운과 실력이 결합한 결과다. 경기 종료 신호 직전에 던진 멋진 슛이 바스켓에 튕겨 나온 탓에 아깝게 우승을 놓치는 농구팀도 있다. 고혈압 치료제로 개발했던 약이 발기 부전 치료제가 되어 대박을 터뜨리기도 한다. 별생각 없이 주식을 매수했는데 그 직후 그 회사가 비싼 가격에 인수되어 횡재를 안겨주기도 한다. 다양한 방식으로 결합한 운과 실력이 실제로 우리 인생을 좌우한다. 그런데도 사람들은 운과 실력을 제대로 구별하지 못한다.

왜 그럴까? 통계를 잘 모르기 때문이다. 주로 심리 탓에 사람들은 운과 실력이 미치는 영향을 구별하지 못한다. 사람들이 세상을 인식하는 심리 과정은 운과 실력을 구별하기에 적합하지 않다. 먼저 '확실히 운이 지배하는 사례'와 '확실히 실력이 지배하는 사례'를 살펴보자.

미국의 대표적인 복권 파워볼Powerball에 관한 이야기다. 2005년 3월 30일 수요일 저녁, 파워볼 추첨은 평소와 다름없이 순조롭게 진행되고 있었다. 먼저 나온 공 다섯 개의 당첨 번호는 28, 39, 22, 32, 33이었다. 이어서 별도 장치에서 나온 마지막 공의 당첨 번호는 42였다. 이 모든 추첨 과정은 채 1분도 걸리지 않았다. 그날 밤 방송국에서 추첨 업무를 감독한 파워볼 직원 둘리는 장비를 다시 금고에 넣고 나서 8km 떨어진 파워볼 본사로 차를 몰았다. 통계에 의하면 상금 8,400만 달러를 받게 되는 1등 당첨자는 1명, 당첨 번호 6개 중 5개를 맞힌 2등 당첨자는 3~4명으로 예상되었다.

둘리는 컴퓨터를 켜서 실제 당첨자 수를 확인했다. 그런데 놀랍게도 당첨자 수가 예상보다 엄청나게 많았다. 2등 당첨자가 무려 110명이었다. 파워볼 소속 통계 전문가는 당첨자 수가 예상 수준의 6~7배가 될 가능성도 충분히 있다고 경고한 바 있다. 그러나 당첨자 수가 예상 수준의 30배에 이른 것이었다. 통계적으로 불가능한 숫자였다. 또 하나 특이한 사항은 당첨자 거의 모두 6번째 번호가 40이었다는 것이다. 차라리 1등 당첨자가 110명이었다면 파워볼에 다행이었을 터였다. 1등은 당첨자가 몇 사람이든 상금을 나눠 주면 그만이기 때문이다. 그러나 2등에게는 미리 정해진 금액을 지급해야 하므로 파워볼은 예상보다 1,900만 달러나 많은 당첨금을 지급해야 했다.

둘리는 상사에게 보고하고서, 원인을 파악하려고 이리저리 생각했다. 당첨 번호의 패턴을 분석했고, 복권 칼럼도 읽었으며, 사기 가능성까지 검토했다. 그러나 알 수가 없었다. 이튿날 아침 마침내 해결의 첫 실마리가 보였다. 테네시에서 당첨금을 지급하던 파워볼 직원이 당첨자에게 번호를 어떻게 선택했는지 묻자, 당첨자는 포춘 쿠키(중국 음식점에서 주는 후식 과자로, 흔히 운세가 적힌 쪽지가 들어 있다)를 이용했다고 대답했다. 이후 아이다호 당첨자도 똑같이 대답했고, 미네소타와 위스콘신 당첨자의 대답도 같았다. 〈뉴욕 타임스〉 기자 제니퍼 리Jennifer Lee가 이 사건을 취재하려고 뉴욕 롱아일랜드 포춘 쿠키 공장 완탄 푸드Wonton Food를 방문했다. 부사장 데릭 왕에 의하면, 이 회사는 번호가 적힌 쪽지가 든 바구니에서 무작위로 여섯 개를 추출해 포춘 쿠키에 함께 넣는다. 그런데 이 공장에서 매일 생산하는 포춘 쿠키가 400만 개에 이르므로, 시간과 비용을 절감하려고 모든 쿠키에 같은 번호가 인쇄된 쪽지를 넣고 있다.[1] 이번에 행운을 얻은 2등 당첨자들은 복권 구입액에 비례해서 10만~50만 달러를 받아갔다.

매리언 틴슬리Marion Tinsley도 거액의 상금을 받았지만 운이 좋아서가 아니었다. 틴슬리는 세계 최고의 체커(checkers, 서양장기) 선수로 알려진 인물이다. 그는 무려 45년 동안 세계 챔피언 자리를 유지했으며 게임에서 패배한 적이 7번밖에 없을 정도로 거의 완벽한 기록을 세웠다(패배 7번 중 2번은 컴퓨터 프로그램 치누크Chinook에 당한 것이다).[2]

틴슬리가 거둔 성공은 장기간 연습한 결과였다. 어린 시절 그는 주 5일, 매일 8시간씩 체커를 공부했으며 이후에도 평생 체커 공부를 게을리하지 않았다. 그는 기억력이 비상해서 수십 년 전에 했던 게임도 기억해낼 정도였다. 게다가 승부욕도 강해서 건강만 유지된다면 사람이든 기계든 누구와 겨뤄도 이길 자신이 있다고 호언장담했다.[3]

앞에서 언급한 파워볼 당첨자들과 틴슬리 모두 큰 성공을 거두었다. 그러나 두 가지 성공은 그 원인이 분명히 다르다. 파워볼 당첨자들의 성공은 순전히 행운이었다(파워볼회사에는 불운이었다). 반면 틴슬리의 성공은 거의 전적으로 실력이었다. 세상에서 가장 운 좋은 사람이라도 그와 체커 게임을 해서 승리할 가능성은 거의 없다. 틴슬리의 성공은 100% 실력으로 간주해도 무방하다. 하지만 우리 인생사 대부분은 성패의 원인이 이렇게 명확하지 않다. 대부분 운과 실력이 결합한 결과여서 그 원인을 구별하기가 대단히 어렵다.

　이 책의 목적은 운과 실력이 성과에 미치는 영향을 이해하고 이를 바탕으로 과거 실적을 해석해서 미래 예측력을 높이는 데 있다. 운과 실력을 구별하면 예측력이 개선되며, 이렇게 예측력이 개선되면 성공 가능성도 높아지기 때문이다.

스토리의 거짓말

　프린스턴대 심리학 교수인 대니얼 카너먼Daniel Kahneman은 2002년 노벨상 수상 직후 '평생 발표한 논문 130여 편 중 가장 마음에 드는 것이 무엇이냐'는 질문을 받았다.[4] 그는 '예측의 심리학On the Psychology of Prediction'을 꼽았다. 이 논문은 아모스 트버스키Amos Tversky와 함께 쓴 것으로 1973년 〈사이콜로지컬 리뷰〉에 실린 바 있다. 이 논문에 의하면, 사람들은 어떤 사건이 스토리와 잘 맞아떨어지면 그 사건이 타당하다고 생각하므로 직관적 예측은 신뢰성이 낮다. 사람들은 그 스토리가 얼마나 타당한지 생각해보지 않으며 과거 비슷한 상황에서 어떤 사건이 발생했는지도 확인하지 않는다. 카너먼과 트버스키는 통계 예측과 관련된 정보가 세 종류라고 주장한다. 첫 번째 정보는 기저율base rate로, 어떤 사건이 발생할 사전 확률이다. 예를 들어 한 도시에서 운행되는 택시의 85%가 녹색이라면 기저율은 85%다. 다른 정보가 없다면 그 도시에서 눈에 띄는 택시의 85%는 녹색이라고 추정할 수 있다. 두 번째 정보는 개별 사례case rate로, 비교적

최근에 발생한 사건의 확률이다. 세 번째 정보는 예측의 정확도다.[5]

한 의사가 위 세 가지 정보에 대해 내게 설명해주었다. 그는 "어떤 치료법의 치료율(기저율)이 약 50%인데, '최근 이 치료법을 사용한 환자의 병세가 놀라울 정도로 호전되었다(개별 사례)'라고 말하면 거의 모든 환자가 이 치료법 사용에 동의한다"라고 설명했다. 환자는 최근 성공 스토리에 매몰되어 확률을 객관적으로 평가하지 못하더라는 말이다.

확률 평가의 핵심은 기저율과 개별 사례에 대한 비중 할당이다. 예측의 정확도가 낮은 사건이라면 기저율에 비중을 거의 모두 할당해야 한다. 반면 예측의 정확도가 높은 사건이라면 개별 사례의 비중을 높일 수 있다. 위 사례에서 의사는 이 치료법의 치료율이 높다는 객관적 근거를 제시하지 못했으므로 예측의 정확도가 낮다고 보아야 한다. 따라서 확률을 평가할 때 기저율에 비중을 거의 모두 할당해야 한다.

이번에는 운과 실력에 대해 기저율과 개별 사례의 비중을 어떻게 할당할 것인지 생각해보자. 주로 실력이 성과를 좌우하는 사건이라면 개별 사례에 큰 비중을 둘 수 있다. 내가 틴슬리와 체커 게임을 한다면 누가 승리할지 정확하게 예측할 수 있다. 반면 주로 운이 성과를 좌우하는 사건이라면 기저율에 큰 비중을 두어야 한다. 친구가 복권에 당첨되더라도 내가 복권에 당첨될 확률은 바뀌지 않는다. 마찬가지로 친구가 룰렛 번호를 맞히더라도 내가 맞힐 확률은 바뀌지 않는다.

그러나 안타깝게도 사람들은 이런 방식으로 생각하지 못한다. 사람들은 흔히 운의 존재를 인식하지 못하므로 최근 사례에 매몰되는 경향이 강하다. 이래서는 성과를 공정하게 평가하기가 어렵다. 게다가 어떻게든 인과관계를 찾아내려 시도하는 것이 인간의 본성이다. 문제는 이 과정에서 운이 성과에 미치는 영향을 왜곡하거나 무시하게 된다는 사실이다. 하지만 운이 성과에 미치는 영향을 명확하게 분석할 수 있으면 이런 인지 편향에서 벗어날 수 있다.

운에 대처하는 합리적인 방법

이 책에서는 먼저 운이 성과에 미치는 영향이 매우 크다는 사실을 심층적으로 분석한다. 이어서 운이 성과에 미치는 영향을 평가한다. 이 책의 궁극적인 목적은 운에 대처하는 합리적인 방법을 찾아내는 것이다.

이 책은 3부로 구성된다.

1부는 기초다. 1~3장으로 구성된다. 운과 실력을 정의하고, 운이 미치는 영향을 살펴보며, 운과 실력을 구별하는 방법을 알아본다. 이어서 운과 실력을 구별하기가 어려운 이유도 따져본다. 사람들은 스토리를 지나치게 좋아하는 나머지 무리해서라도 인과관계를 찾아내려는 경향이 있다. 그래서 사람들은 흔히 과거 사건이 어떤 원인에 의한 필연적 결과라고 생각하면서 통계적 추론을 제대로 하지 못한다. 끝으로, '100% 운'에서 '100% 실력'까지 나타내는 운-실력 스펙트럼을 살펴본다. 이런 기본 모형을 이용하면 더 쉽게 직관적으로 이해할 수 있다. 실력의 역설과 평균 회귀 개념도 알아본다.

2부는 분석이다. 4~7장으로 구성되며 운과 실력 분석 도구를 다룬다. 먼저 사건이 운-실력 스펙트럼상 어디에 놓이는지 살펴본다. 운-실력 스펙트럼상의 위치만 파악해도 해당 사건에 대해 깊은 통찰을 얻을 수 있다. 실력은 시간이 흐름에 따라 활弧 모양으로 변화한다. 한동안 점차 개선되어 정점에 이르고 나서 미끄러지듯 감소한다. 운의 분포도 알아본다. 다른 사건의 영향을 받지 않는 독립 사건이라면 단순한 모형으로도 성과를 충분히 예측할 수 있다. 그러나 과거 성과가 미래 성과에 영향을 미치는 사건이라면 미래를 예측하기가 매우 어렵다. 최고 실력자조차 항상 승리한다고 보기 어렵다. 끝으로 어떤 통계가 유용한지 살펴본다. 통계는 일관성(과거 사건과 현재 사건의 상관관계)과 예측력이 높을 때 유용하다. 그러나 이런 속성을 갖춘 통계는 많지 않다.

3부는 적용이다. 8~11장으로 구성되며 지금까지 다룬 내용을 실제로 적용하는 방법을 제시한다. 먼저 실력 개선 방법에 대해 설명한다. 운의 영향이 거의 없는 분야라면 꾸준한 연습을 통해서 실력을 쌓아야 한다. 운이 큰 영향을 미치는 분야라면 실력을 '과정'의 한 부분으로 생각해야 한다. 성과만으로는 피드백을 명확하게 얻을 수 없기 때문이다. 이런 경우에는 체크리스트가 매우 유용하다. 체크리스트를 사용하면 실행 방식이 개선되며 스트레스 극복에도 도움이 된다. 이어서 운에 대처하는 방법도 살펴본다. 예를 들어 나의 승리가 유력하다면 게임을 단순화해 운이 개입할 여지를 줄이는 편이 유리하다. 반면 나의 패배가 유력하다면 게임을 복잡하게 유도해 운이 개입할 여지를 확대하는 편이 유리하다. 대조군을 둔 실험을 하면 인과관계를 더 정확하게 파악할 수 있다. 예를 들어 광고 효과를 파악하고자 한다면 광고를 본 사람과 보지 않은 사람을 구분해 구매 행동을 분석하면 된다. 끝으로 각종 편향을 극복하고 운과 실력을 제대로 구별하게 해주는 실용적인 기법 10개를 제시한다.

스포츠, 사업, 투자 분야의 운과 실력

이 책에서는 주로 스포츠, 사업, 투자 분야에서 운과 실력을 분석한다(내가 가장 잘 아는 분야이기도 하다). 이 세 분야는 특성이 매우 다르다. 분석하기 가장 쉬운 분야는 스포츠다. 규칙이 장기간 안정적으로 유지되며 데이터도 풍부하기 때문이다. 사업은 스포츠보다 분석하기가 어렵다. 규칙도 더 많고 영역도 더 넓어서 훨씬 복잡하기 때문이다. 그래도 스포츠 분야에 적용되는 분석 기법 대부분을 그대로 적용할 수 있다.[6] 투자는 분석하기 가장 어려운 분야다. 주가는 수많은 사람들의 상호 작용을 통해서 형성되기 때문이다. 이렇게 차이점이 존재하긴 하지만 투자에도 스포츠 분야에 적용되는 분석 기법 대부분을 그대로 적용할 수 있다.

운과 실력을 분석하는 작업은 흥미로운 도전 과제다. 통계학, 철학, 심리학, 사회학, 기업 전략, 재무학, 경제학, 세이버메트릭스(sabermetrics, 야구를 통계학·수학적으로 분석하는 방법론) 등을 종합적으로 활용하는 통섭 작업이기 때문이다(유감스럽게도 위 각 분야 전문가는 해당 분야에 안주하려는 경향이 있다).[7] 위 각 분야의 아이디어를 통섭적으로 활용하면 더 건전하고 균형 잡힌 관점으로 성과를 분석할 수 있다.

운과 실력을 구별하는 작업은 본질적으로 만만한 일이 아니다. 표본 크기, 데이터 품질, 사건의 가변성 등 제약이 수없이 많기 때문이다. 그래서 운과 실력이 성과에 미치는 영향을 정확하게 평가하기는 쉽지 않다. 하지만 체계적으로 절차에 따라 평가한다면 운이 미치는 영향을 과소평가하거나 무시하는 사람보다 훨씬 유리한 위치를 차지할 수 있다. 스포츠계 통계 전문가 중에는 선수의 인간적 측면을 알지 못하면서도 마치 스포츠를 모두 아는 것처럼 행세하는 사람들이 있다. 이는 잘못된 접근 방식이다. 신중한 통계 분석가는 분석의 한계를 뼈저리게 실감한다. 정확하게 평가하려면 자신이 아는 것은 물론 알 수 없는 것이 무엇인지도 파악해야 한다. 모든 사안이 평가 가능한 것은 아니며 모든 사안이 평가 대상인 것도 아니다.

이 책에서 제시한 아이디어를 적용하기 어려운 분야도 많겠지만 일부 주요 분야에서는 기본 모형으로 적용할 수 있다. 예컨대 친구의 권유에 못 이겨 참가했던 모임에서 장래의 배우자를 만나는 행운처럼 사랑, 건강, 행복 등에는 적용할 수 없지만, 성과를 평가하는 경우에는 효과적으로 사용할 수 있을 것이다.

게임 이론가 리처드 엡스타인Richard Epstein은 저서 《The Theory of Gambling and Statistical Logic도박과 통계 논리의 이론》에서 "운과 실력이 함께 작용하는 현실 세계에서 확실하게 돈 버는 '지름길'은 없다"라고 지적하면서 "우리는 무식하게 버는 것보다 지성적으로 잃는 편이 낫다고 변명하며 자신을 달랜다"라고 말했다.[8] 행운의 여신은 우리에게 미소를 지을 수도 있고 짓지 않을 수도 있다. 그러나 합리적인 과정을 고수한다면 우리는 스스로 선택한 결과를 평온한 마음으로 받아들일 수 있을 것이다.

차례

1부 기초

2부 분석

THE
SUCCESS EQUATION

1부

기초

1장

운과 실력 구별하기

이제부터 하는 이야기는 당신도 들어보았을 것이다. 시애틀에 등장한 역대 최고 수준의 컴퓨터 프로그래머에 관한 이야기다. 급부상한 마이크로프로세서 제조업체 인텔Intel에 주목한 그는 마이크로컴퓨터의 엄청난 잠재력을 누구보다 먼저 간파했다. 그래서 이 새로운 장비용 소프트웨어 개발에 전념했다. 일설에 의하면 "그가 개발한 소프트웨어가 PC 혁명을 불러왔다."[1]

1970년대 중반, 그는 마이크로컴퓨터용 소프트웨어 개발 회사를 설립했다. 설립 초기 이 회사는 괴짜들의 집합소였다. "직원들은 반바지 차림에 맨발로 출근했으며 정장을 입은 사람은 방문객뿐이었다."[2] 그런데도 이 회사는 얼마 안 가서 수익을 내기 시작했다. 그리고 1981년이 되자 이 회사가 개발한 운영체제가 인텔 마이크로프로세서를 탑재한 PC시장을 지배하면서 막대한 수익을 거둬들였다.

이 회사의 성패를 가르는 분수령은 1980년 여름에 찾아왔다. IBM 사람들이 새로 개발한 IBM PC의 운영체제를 찾던 중 이 회사를 방문한 것이다. 두 회사는 거래에 합의했다. 그리고 1981년 8월, IBM PC 신제품이 진열된 매장에서 이 회사의 소프트웨어를 함께 판매하기 시작하면서 이 회사의 운명이 결정되었다. 이른바 PC업계의 역사가 이루어진 것이다.

그런데 잘 알려지지 않은 이야기가 있다. 1994년 7월 8일, 이 컴퓨터계의 선구자는 할리 데이비슨 가죽 재킷을 입고 캘리포니아 몬테레이 지역에서 오토바이 폭주족들이 즐겨 찾는 술집biker bar에 들어갔다. 단순히 넘어졌는지 싸웠는지는 분명하지 않지만, 그는 그곳에서 머리에 충격을 입었다. 그는 혼자 힘으로 일어나서 집으로 돌아갔지만 사흘 후 사망했다. 그는 만성 알코올 중독이었으므로 사망 원인이 머리에 입은 충격인지도 불분명했다. 향년 52세였다. 그의 묘비에는 플로피 디스크가 새겨져 있다. 그의 이름은 게리 킬달Gary Kildall이다.[3]

이야기의 전반부를 읽으면서 마이크로소프트 설립자인 억만장자 빌 게이츠를 떠올린 독자가 많을 것이다. 어쩌면 킬달이 게이츠를 제치고 억만장자가 되었을 수도 있다. 그러나 결정적인 순간에 과감한 결단을 내린 인물은 게이츠였다. 덕분에 마이크로소프트는 킬달이 설립한 디지털 리서치Digital Research를 제치고 PC업계를 지배하게 되었다.

IBM 사람들이 게이츠에게 PC용 운영체제를 공급해달라고 요청했을 때 그가 디지털 리서치를 추천했다는 설도 있다. 그러나 그가 운영체제의 중요성을 킬달보다 더 정확하게 꿰뚫어 보았다는 사실만은 부인할 수 없다.

게이츠는 당시 시장을 지배하던 킬달의 CP/M-86과 유사한 제품을 사들였고, 이를 IBM PC용으로 수정해서 만든 PC-DOS를 IBM에 공급했다. 이후 킬달도 IBM을 설득해 CP/M-86을 공급하게 되었다. IBM은 운영체제를 탑재하지 않은 채 PC를 판매했으므로 사람들은 운영체제를 별도로 구매해야 했다. 당시 판매 가격이 PC-DOS는 40달러, CP/M-86는 240달러였다. 어느 제품이 많이 팔렸을지는 쉽게 짐작할 수 있다.

그런데 마이크로소프트에 거액을 안겨준 회사는 IBM이 아니었다. 게이츠는 IBM에 PC-DOS를 공급할 때 이 제품을 다른 회사에도 공급할 수 있는 권리를 확보했다. 이후 IBM PC 복제품 시장이 형성되자, 마이크로소프트는 이 권리를 이용해서 경쟁자들을 따돌리고 멀찌감치 앞서 나아갔다.

마이크로소프트의 성공에서 운이 차지한 비중이 얼마나 되느냐는 질문을 받았을 때 게이츠는 "엄청납니다"라고 대답했다. 그는 말했다. "특히 우리가 PC용 소프트웨어회사를 설립한 시점이 지극히 중요했습니다. 물론 다른 요인도 있었겠지만 행운이 따르지 않았다면 그 시점에 회사를 설립하지 못했을 것입니다."[4]

철학적 논쟁이 아닌 실용적 정의

운과 실력을 구별하려면 먼저 둘을 정의해야 한다. 그러나 정의하는 과정에서 뜨거운 철학적 논쟁이 벌어질 수 있으므로 유의해야 한다.[5] 다행히 우리는 실용적인 정의만 내리면 충분하므로 철학적 논쟁은 피해갈 수 있다.

일단 가장 중요한 사항부터 살펴보자. 운과 실력을 논하기 전에 우리가 어떤 활동을 다룰 것인지 알아보자. 우리는 스포츠, 사업, 투자를 다루면서 그 성과를 평가할 것이다. 그러면 성과는 어떻게 평가해야 할까? 스포츠라면 승패로 평가하면 된다. 기업이라면 기업이 창출한 가치, 즉 사업 실적으로 평가하면 된다. 그리고 투자라면 투자 실적, 즉 수익률로 평가하면 된다. 이렇게 구체적으로 평가하면 운과 실력이 미치는 영향을 측정할 수 있다. 이제 정의를 시작하자.

개인이나 집단에 영향을 미치는 우연한 사건

웹스터 사전에 의하면, 운이란 '유리하게 또는 불리하게 작용하는 사건이나 상황'을 가리킨다.[6] 이것도 유용하지만 조금 더 구체적으로 정의해보자. 운이란 개인이나 집단(예컨대 스포츠 팀, 기업)에 영향을 미치는 우연한 사건이다. 운에는 행운도 있고 불운도 있다. 그리고 전혀 예상하지 못했던 사건이 발생할 수도 있다. 우리가 통제할 수도 없고

예측할 수도 없다는 뜻이다.[7]

다음과 같은 상황을 가정해보자. 선생이 학생들에게 시험을 볼 테니 문제 100개를 외우라고 지시했다. 이 시험에서 문제의 80% 이상을 맞히면 B 학점을 받아 합격하지만 80% 미만을 맞히면 C 학점을 받아 낙제하게 된다. 찰리라는 학생은 낙제만 피하면 만족하므로 문제의 80%만 맞히기로 작정한다. 그는 외운 문제가 나오면 실수하지 않고 정답을 맞힌다고 가정하자. 그는 문제를 80개만 외우기로 했다.

선생이 고려하는 출제 방식은 두 가지다. 첫 번째는 100문제를 모두 출제하는 방식이다. 그러면 찰리는 자신이 외운 80문제를 맞히게 되므로 80점을 받아 시험에 합격하게 된다. 그는 시험 결과를 정확하게 예측할 수 있다.

두 번째 방식은 100문제 중 20개를 무작위로 선택해서 출제하는 방식이다. 이제 찰리의 점수는 그가 외운 80문제 중 몇 개가 20문제에 포함되느냐에 좌우된다. 통계에 의하면 찰리는 75~85점을 받을 확률이 약 67%이다. 85점을 받으면 괜찮지만 75점이면 곤란하다. 그리고 90점 이상이나 70점 이하를 받을 확률도 약 30%나 된다. 찰리는 자신이 외운 80문제를 실수 없이 모두 맞히더라도 운에 따라 낙제를 할 수 있다.

20문제가 출제될 경우 찰리가 보는 시험은 예측이 불가능한 도박이 된다. 90점을 받는다면 좋은 일이지만 80점 미만이 나오면 낭패다. 20문제 중 그가 외운 80문제가 하나도 포함되지 않으면 0점을 받을 수도 있다. 반대로 20문제 모두 그가 외운 80문제 중에서 나온다면 100점을 받을 수도 있다. 그러나 0점이나 100점을 받을 확률은 지극히 낮다.

100문제가 모두 출제되면 점수를 정확하게 예측할 수 있다. 그러나 20문제가 출제되면 점수를 예측하기가 매우 어렵다. 점수만으로는 찰리의 실력을 측정하기가 매우 어렵다는 뜻이다.

20문제가 출제되는 상황이라면 앞에서 우리가 정의한 운의 세 가지 요건이 모두 충족된다.

- 운이 학생의 점수에 영향을 미친다.
- 운은 행운이 될 수도 있고 불운이 될 수도 있다.
- 어느 문제가 선택되느냐에 따라 전혀 예상하지 못했던 점수가 나올 수도 있다.

미국 대학교에서 요구하는 SAT 논리 시험Reasoning Test 등 표준 시험 성적standardized test score도 이런 방식으로 운의 영향을 받는다. 그래서 입학 사정관들은 표준 시험 성적이 진정한 실력을 측정하는 정확한 척도가 아니라고 인정한다.[8] 운이 조금만 영향을 미쳐도 진정한 실력을 측정하기가 매우 어렵다는 뜻이다.

앞의 사례에서는 찰리의 실력이 변하지 않는다고 가정했다. 그는 기억력이 매우 좋아서 이미 외운 80문제에 대해서는 정확하게 답할 수 있다고 보았다. 다만 선생이 어떤 방식으로 출제하느냐 하는 운의 영향을 받을 뿐이었다.

그러나 실력이 수시로 변하는 분야도 있다. 한 시즌의 자유투 성공률이 70%인 농구 선수가 있다고 가정하자. 그렇다고 이 선수가 자유투 10개를 던질 때마다 항상 7개를 성공한다는 뜻은 아니다. 어떤 날에는 자유투 성공률이 90%에 이르기도 하고 어떤 날에는 성공률이 50%에 그치기도 한다. 이 선수가 자유투를 끊임없이 연습하더라도 성공률 변동을 피할 수는 없다. 신경 근육계는 작동하는 방식이 기억력과 전혀 다른 시스템이기 때문이다. 연습을 통해서 성공률 변동을 줄일 수는 있겠지만 완전히 없애기는 사실상 불가능하다.[9]

운은 무작위와 비슷해 보이지만 구별하는 방법이 있다. 무작위는 시스템 차원에서 작용하고 운은 개인 차원에서 작용한다고 보면 된다. 예를 들어 100명이 5회 연속 동전 던지기를 한다고 가정하자. 이때 전체 시스템 차원에서 보면 앞면과 뒷면은 무작위로 나오겠지만 적어도 몇 사람은 5회 모두 앞면이나 뒷면이 나올 것이다. 이 소수가 운이 좋거나 나쁜 사람들이다.

우리는 운에 대해 평온한 마음 자세를 유지하는 편이 좋다. 우리가 노력해서 얻는 결과에는 실력(통제 가능 요소)과 운(통제 불가능 요소)이 둘 다 반영된다. 이때 운은 결과에서 실력을 제외한 나머지 부분으로 볼 수 있다. 실제로 나타난 운(행운이나 불운)만으로는 그 사람의 실력을 알 수 없다. 행운을 만났다면 다음에 만나게 될 불운에 대비해야 한다. 그리고 불운을 만났더라도 상심할 필요가 없다. 우리가 선택한 방법이 옳았다면 결과가 신통치 않더라도 홀홀 털어버리고 똑같은 방법으로 계속 시도해야 한다.

사람들은 운이 장기적으로 누구에게나 공평하다고 생각한다. 거시적으로 보면 그럴지도 모른다. 그러나 개인 차원에서 보면 꼭 그런 것은 아니다. 운을 만나는 시점이 언제인가에 따라 누적적으로 큰 영향을 받을 수도 있다. 그 대표적인 사례가 대학 졸업 시점이다. 호경기에 졸업하는 학생은 불경기에 졸업하는 학생보다 취직하기도 쉽고 보수도 더 많이 받는다. 예일대 경제학 교수 리사 칸Lisa Kahn은 졸업시점의 실업률에 따라 백인 남학생의 소득이 달라진다는 사실을 발견했다. 실업률이 1%p 상승할 때마다 졸업생의 소득이 6~7% 감소하는 것으로 나타났다. 게다가 15년 후에도 그 졸업생의 소득은 여전히 평균을 밑도는 것으로 밝혀졌다.[10] 이는 졸업생의 소득이 졸업 시점경기의 영향을 크게 받는다는 뜻으로, 결국 운에 좌우된다는 말이다.

행운은 준비된 사람에게 찾아온다?

우리 인생은 모든 측면에서 운과 밀접하게 엮이게 되므로 운에 관한 격언이 많은 것도 전혀 이상한 일이 아니다.

- "행운은 스스로 만드는 것이다."
- "행운은 준비된 사람에게 찾아온다."
- "나는 행운이 존재한다고 믿지만 더 열심히 노력할수록 더 많은 행운을 만나게 된다."[11]

　노력과 준비는 실력을 구성하는 핵심 요소로 대개 좋은 성과를 불러온다. 그런 면에서 위 격언들은 정확한 표현이 아니다. 열심히 노력하는 사람이 성공하는 것은 운이 좋아져서가 아니다. 운은 전혀 바뀌지 않는다. 실력이 향상될 뿐이다. 66번 국도 옆에 근사한 음식점을 열어 아무리 열심히 노력을 기울이더라도 근처로 주州 고속도로가 지나가면 음식점은 망할 수밖에 없다.

　행운도 길목을 지켜야 잡을 수 있다는 통속적인 주장이 또 있다. 복권에 당첨되려면 먼저 복권을 사야 한다는 주장이다. 얼핏 들으면 옳은 말이다. 그러나 두 가지 요소를 간과했다. 운에는 행운도 있고 불운도 있다. 복권에 당첨되는 것은 행운이지만 낙첨이 불운은 아니다. 충분히 예상되었던 결과이기 때문이다. 복권은 발행자가 돈을 버는 구조이므로 전체적으로 보면 복권 구입자가 손해를 보게 되어 있다. 즉 행운을 잡으려고 복권을 사는 순간 손해를 보게 된다는 말이다. 두 번째 요소는 노력이 바로 실력이라는 사실이다. 예를 들어 면접을 10회 통과하면 취업에 성공한다고 가정하자. 면접을 5회만 통과하고 중단하는 사람은 취업에 실패하지만 10회를 모두 통과하는 사람은 취업에 성공한다. 여기서 취업은 운이 아니라 노력에 좌우된다. 인내심과 불굴의 의지는 실력을 구성하는 핵심 요소다.

　행운을 스스로 만들 수 있다고 주장하는 유명 인물이 있다. 영국 하트퍼드셔대 심리학 교수 리처드 와이즈먼Richard Wiseman으로, 심리학 대중화 수업도 맡고 있다. 그의 연구는 색다른 재미를 준다. 예를 들어 그는 세계에서 가장 재미난 농담을 '과학적으로' 연구했다(가장 재

미난 농담: 숲으로 간 두 사냥꾼 중 한 명이 쓰러졌다. 숨도 멈춘 듯했고 눈빛도 흐릿했다. 동료가 핸드폰으로 긴급 전화를 걸어 숨을 헐떡거리며 말했다. "친구가 죽었어요! 어떡하죠?" 상담사가 말했다. "진정하시고, 제 말을 잘 들으세요. 먼저 진짜 죽었는지 확인하세요." 잠시 정적이 흐르더니 총소리가 들린다. 그가 다시 핸드폰에 대고 말했다. "확인했어요. 이제 어떡하죠?"). 그는 행운을 이해하고 통제하며 키우는 과학적 방법도 발견했다고 주장한다.[12]

와이즈먼은 표본으로 선정된 수백 명을 대상으로 운에 대해 어떻게 생각하는지 스스로 평가하게 했다. 이어서 운에 대한 이들의 생각과 행동을 분석해 '운에 관한 4대 원칙'을 찾아냈다. 이 원칙에 의하면 우리는 행운을 만날 기회를 극대화해야 하고, 내면의 상서로운 예감에 귀 기울여야 하고, 항상 행운을 기대해야 하고, 불운을 행운으로 전환해야 한다. 그러나 이것은 지적 호기심이 충만한 교수가 열정적으로 수행한 도발적인 연구일 뿐 이를 건전한 과학으로 보기는 어렵다.

한 연구에서 와이즈먼은 영국 국영복권U. K. National Lottery을 구입한 사람들에게 자신의 운을 어떻게 평가하는지 물었다. 700여 응답자 중 34%는 운이 좋은 편이라고 답했고, 26%는 운이 나쁜 편이라고 답했으며, 40%는 보통이라고 답했다. 이 중 복권에 당첨된 응답자는 약 5%에 해당하는 36명이었는데, 운에 대한 답과 상관없이 고른 분포를 보였다. 복권 구입자의 평균 손실액은 2.5파운드였다. 그의 실험에 의하면, 운 좋은 사람은 초능력자가 아니었으며 지능과 운 사이에 상관관계도 없었다.[13] 결국 운을 개선할 방법은 없다는 말이다. 성과를 개선하려는 노력은 실력 향상으로 보아야 타당하기 때문이다.

달리기 실력과 블랙잭 실력

이번에는 실력을 살펴보자. 사전에 의하면 실력은 '지식을 효과적으로 손쉽게 사용해서 업무를 수행하는 능력'이다.[14] 실력을 논의할 때마다 우리는 운을 언급하지 않을 수 없다. 어떤 활동은 운의 영향을 거의 받지 않는다. 달리기, 바이올린 연주, 체스 등이 그렇다. 이런 활동에서는 체계적인 연습을 통해서만 실력을 쌓을 수 있다. 반면 어떤 활동은 운의 영향을 많이 받는다. 포커와 투자가 그런 예다. 이런 활동이라면 실력은 '의사 결정 과정'으로 정의될 수 있다.

운의 영향을 거의 받지 않는 활동은 과정이 좋으면 결과도 항상 좋다. 원인과 결과가 항상 밀접한 관계를 유지하기 때문이다. 반면 운의 영향을 많이 받는 활동은 과정이 좋아도 오랜 시간이 흘러야 좋은 결과가 나온다. 원인과 결과가 단기적으로는 밀접하게 연결되지 않기 때문이다.

어떤 활동에서 운의 영향이 큰지 작은지를 손쉽게 확인하는 방법이 있다. 의도적으로 패배할 수 있는지 생각해보면 된다. 운의 영향이 작은 활동이라면 의도적으로 패배할 수 있다. 그러나 룰렛이나 복권처럼 운의 영향이 큰 활동이라면 의도적으로 패배할 수 없다. 온라인 포커를 합법화해야 한다고 주장하는 사람들도 이 확인 방법을 내세웠다. 법은 포커를 도박으로 간주한다. 실력 요소는 무시되고 운이 좌우하는 게임으로 본다는 뜻이다. 그러나 포커에서 실력이 승패에 영향을 미친다는 점에는 의문의 여지가 없다.[15]

사람은 약 50시간만 연습하면 일상 활동에서 적정 수준의 실력을 쌓을 수 있다. 자동차 운전, 타자, 일반 스포츠 등이 그 예다. 실력을 쌓는 과정은 세 단계를 거친다.[16]

- 인지 단계cognitive stage: 활동을 이해하려고 노력하지만 실수를 많이 한다. 예를 들어 골프채 잡는 법과 스윙 자세를 배우지만 서투르다. 지속 시간이 가장 짧은 단계다.
- 연합 단계associative stage: 성과가 눈에 띄게 개선되며 실수도 감소하고 교정하기도 쉽다. 헛스윙은 감소하지만 타구의 방향이나 거리는 충분히 제어하지 못한다.
- 자율 단계autonomous stage: 실력이 몸에 배어 유연해진다. 풍향, 경사, 잔디의 결을 읽는 수준에 이른다.

학습 단계가 진행됨에 따라 가동되는 신경 경로가 바뀐다. 실력이 몸에 배는 단계에 이르면 머리보다 몸이 더 잘 반응하게 된다. 이때는 신경을 과도하게 쓰면 오히려 점수가 나빠진다. 직관에 맡기는 편이 낫다.[17]

실력이 일정 수준에 도달하면 노력을 더 기울여도 성과가 좀처럼 개선되지 않는 정체기를 맞게 된다(예컨대 취미로 하는 스포츠). 그러면 일반인 대부분은 그 수준에 만족하고 안주한다. 그러나 일류 선수는 체계적인 훈련을 통해서 정체기를 극복한다. 아마추어와 달리 이들은 체계적인 훈련에 반복적으로 몰입하면서 정체기를 극복하고 성과를 더 향상시킨다. 체계적인 훈련이 되려면 코치가 적시에 정확한 피드백을 제공해 잘못을 바로잡아 주어야 한다. 체계적 훈련은 고되고, 따분하며, 시간도 많이 들어가므로 반복적으로 몰입해 일류 선수가 되는 경우는 드물 수밖에 없다.[18]

운이 큰 영향을 미치는 활동에서 실력은 결국 의사 결정 과정으로 귀결된다. 피아노의 거장이라면 언제든 수준 높은 연주를 할 수 있다. 그러나 투자자나 사업가는 의사 결정을 바르게 해도 단기적으로는 불운 탓에 부진한 성과에 직면할 수 있다. 불운을 걸러낼 정도로 의사 결정 횟수가 많아져야 비로소 이들의 진정한 실력이 드러난다.

제프리 마Jeffrey Ma는 악명 높은 MIT 블랙잭 팀을 이끈 리더였다. 그의 팀은 카드 카운팅card counting으로 카지노에서 승률을 높였다. 이들은 2단계로 접근했다. 1단계에서는 팀원들이 여러 테이블로 흩어져서 가장 승산 높은 테이블을 찾아냈다. 이때는 소액만 걸면서 '큰 숫자 카드(10, J, Q, K, A)'가 가장 많이 남아 있는 테이블이 어디인지 파악했다. 큰 숫자 카드가 많을수록 손님이 딜러에게 승리할 확률이 높아지기 때문이다. 가장 승산 높은 테이블을 발견하면 팀원들이 몰려와서 거액을 걸었다. 벤 메즈리치Ben Mezrich의 《MIT 수학 천재들의 카지노 무너뜨리기Bringing Down the House》에 의하면, 이들은 테이블의 매력도와 적정 판돈을 매우 정확하게 계산해낼 수 있었다.[19]

이들은 운이 미치는 영향을 충분히 인식하고 있었으므로 의사 결정 과정에 관심을 집중했다. 마는 의사 결정을 제대로 했는데도 불과 10분 만에 두 판에 걸쳐 10만 달러를 잃은 적이 있다. "의사 결정이 타당한지는 그 의사 결정에 사용한 정보와 논리로 평가할 수 있습니다. 의사 결정이 타당하면 일반적으로 좋은 성과를 얻게 되지만 무엇보다 표본 크기가 충분해야 합니다."[20] 블랙잭에서 이기려면 게임 횟수가 많아야 한다는 뜻이다. 실력만큼 운도 중요하기 때문이다.

운이 미치는 영향이 크든 작든 실력을 키우려면 많은 노력이 필요하다. 그러나 피드백은 운이 미치는 영향에 따라 특성이 달라진다. 주로 신체를 사용하는 활동이라면 운이 미치는 영향이 작아서 실력과 성과 사이에 상관관계가 높다. 예컨대 타자 연습을 꾸준히 하면 타자 속도가 빨라지고 오타도 감소한다. 그러나 운이 미치는 영향이 큰 활동이라면 실력이 좋은 사람도 단기적으로는 성과가 부진할 수 있다. 마의 사례를 보면, 게임 횟수가 충분히 많아지기 전에는 실력이 있어도 돈을 잃을 수 있다. 이렇게 잘못된 피드백을 받게 되면 실력이 있는데도 단기적으로 성과가 나쁜 사람은 심리적 충격에 빠져 자신의 실력을 의심하게 되고, 실력이 없는데도 운이 좋아서 성과가 높은 사람은 자신이 실력자라고 착각할 수 있다.

우리는 실력과 경험도 분명히 구별해야 한다. 흔히 사람들은 한 분야에서 오랫동안 경험을 쌓으면 전문가가 된다고 생각한다. 그러나 실제로 전문가가 되려면 반드시 체계적인 훈련이 필요하다. 그런데 체계적인 훈련에 장기간 반복적으로 몰입해 정체기를 극복하고 전문가 수준에 이르는 사람은 드물다. 그래서 사람들 대부분은 적당한 선에서 만족하고 안주한다. 예컨대 능숙한 자동차 수리공, 배관공, 건축가가 되는 것으로 충분하다고 생각한다. 반면 정상급 음악가나 운동선수가 되려면 체계적인 훈련이 반드시 필요하다.

운이 큰 영향을 미치는 복잡한 분야에서는 실력과 경험을 혼동하기 쉽다. 실력을 확인하는 척도 한 가지는 정확한 예측력이다. 그러나 복잡한 분야에서 정확한 예측력을 보여주는 사람은 드물다.

펜실베이니아대 심리학 교수 필립 테틀록Philip Tetlock은 정치·경제 분야 전문가를 대상으로 조사한 결과 이들의 예측이 간단한 통계 모형을 사용했을 때와 별반 다르지 않다는 사실을 발견했다.[21] 주가 흐름, 인구 변화, 기술 발전 등 복잡계에 대한 전문가의 예측 실적은 놀라울 정도로 형편없다. 근사한 직함도 오랜 경험도 아무 소용이 없다. 인과관계가 매우 불투명하기 때문이다. 환경이 끊임없이 변화하는 탓에 과거 사건이 미래 예측에 아무런 도움이 되지 않는다는 뜻이다.

일리노이대 심리학 교수 그레고리 노스크래프트Gregory Northcraft는 이렇게 요약한다. "흔히 경험 많은 사람은 자신이 전문가라고 생각한다. 그러나 실제로 전문가에게는 예측 모형이 있지만 경험만 많은 사람에게는 그것이 없다."[22] 실력과 경험은 반드시 구별해야 한다. 그래야 훌륭한 자격을 갖춘 전문가를 통해서 미래를 예측할 수 있기 때문이다. 그리고 예측의 정확도는 주로 운과 실력이 미치는 영향에 좌우된다.

운과 실력의 양극단

운과 실력이 활동에 미치는 영향은 운-실력 스펙트럼에 표시할 수 있다. 그림 1-1은 최근 5개 시즌 평균 실적을 기준으로 프로 스포츠를 운-실력 스펙트럼에 표시한 자료다.[23] 오른쪽 끝에 표시되는 활동은 운의 영향을 받지 않고 오로지 실력에 좌우되는 활동이다. 달리기와 수영 등 신체 활동, 체스와 체커 등 인지 활동이 여기에 해당된다. 왼쪽 끝에 표시되는 활동은 실력의 영향을 받지 않고 오로지 운에 좌우되는 활동이다. 룰렛과 복권 등이 여기에 해당된다. 그러나 인생사 대부분은 양극단의 사이에 표시된다.

[그림 1-1] 운-실력 스펙트럼에 표시한 스포츠

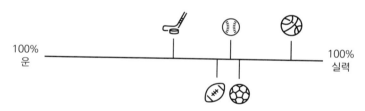

자료: 저자의 분석

우리는 운-실력 스펙트럼상의 위치만 파악해도 해당 활동에 대한 통찰을 얻을 수 있다. 그러나 위치를 파악하는 작업이 항상 쉬운 것은 아니다. 예를 들어 운동선수는 나이에 따라 실력이 바뀌며, 신기술이 등장하면 대부분 기업은 경쟁 우위를 상실한다. 하지만 대강의 위치만 파악해도 큰 의미가 있다.

표본 크기가 중요하다

운-실력 스펙트럼상의 위치를 파악할 때는 표본 크기를 고려해야 한다. 사람들이 흔히 저지르는 실수 하나는 분석 결과에 지나치게 의미를 부여하는 것이다. 이는 미국 의사국가고시원National Board of Medical Examiners의 저명한 과학자이자 펜실베이니아대 통계학 부교수인 하워드 웨이너Howard Wainer가 지적한 '가장 위험한 실수'에 해당한다. 저명한 프랑스 수학자 아브라함 드무아브르Abraham de Moivre에 의하면 표준편차는 표본 크기에 반비례한다. 표본이 작으면 표본이 클 때보다 표준편차가 훨씬 커진다는 뜻이다.[24] 이는 확률 분포를 나타내는 종형 곡선bell curve의 평균과 표준편차에 잘 나타난다. 관측치가 가장 많이 분포한 곳은 평균 근처로, 종형 곡선에서 가장 높은 곳에 해당한다. 종형 곡선은 이 꼭대기에서 양쪽으로 대칭을 이루면서 내려온다. 표준편차는 종형 곡선의 양측 면이 평균에서 벗어나는 정도를 나타낸다. 표준편차가 작으면 날씬한 종형 곡선이 되고 표준편차가 크면 뚱뚱한 종형 곡선이 된다.

표본 크기가 작으면 종형 곡선은 뚱뚱해지며 운이 미치는 영향이 커져서 모집단의 실상을 파악하기가 어려워진다. 그래서 웨이너는 다양한 분야에서 오랜 기간에 걸쳐 심각한 오류가 발생했다고 지적한다.

웨이너가 제시하는 대표적인 사례가 미국의 지역별 신장암 발병률이다. 그가 제시한 미국 지도에 의하면 신장암 발병률이 가장 낮은 지역은 중서부, 남부, 서부 지역의 시골 소도시다. 그런데 신장암 발병률이 가장 높은 지역도 중서부, 남부, 서부 지역의 시골 소도시다. 이는 드무아브르의 법칙이 작용했기 때문이다. 즉 표본 크기가 작아 표준편차가 커지면서 신뢰하기 어려운 결과가 도출된 것이다. 웨이너는 신장암 발병률은 지역에 상관없이 일정하며 발병 건수가 인구에 비례할 뿐이라고 밝힌다. 발병률이 가장 높은 곳과 가장 낮은 곳모두 소도시며, 대도시의 발병률은 모두 평균과 비슷하다는 점을 보면 잘 알 수 있다. 소도시는 인구가 적은 탓에 표본이 작아 표준편차가 크다는 뜻이다.[25]

드무아브르의 법칙을 제대로 이해하지 못해서 심각한 정책 오류가 발생하기도 한다. 그 대표적인 사례가 어린이 교육 개선책이다. 정책 입안자들은 시험 성적이 우수한 학교를 본보기 삼아 다른 학교도 이와 비슷한 방식으로 개선하고자 했다. 이제 짐작하겠지만, 성적이 우수한 학교 중에는 소규모 학교가 유난히 많았다. 이에 따라 학교 규모를 축소하는 작업이 진행되었다. 실제로 이 작업에 수십억 달러가 지출되었다.

그런데 데이터를 자세히 분석해보면 성적이 우수한 학교는 물론 성적이 부진한 학교의 상당수도 소규모 학교였다. 게다가 중등 교육의 고학년으로 갈수록 규모가 큰 학교의 성적이 규모가 작은 학교보다 높게 나왔다. 규모가 큰 학교는 과목별 전문 교사가 더 많아서 교과 과정이 더 다양했기 때문이다.[26]

요점을 말하자면, 운이 영향을 거의 미치지 않는 활동은 표본 크기가 작아도 합리적인 결론에 도달할 수 있다는 것이다. 세계 정상급 단거리 주자라면 아마추어와 언제 겨뤄도 항상 승리하므로 표본 크기가 작아도 상관없다. 그러나 운이 영향을 많이 미치는 활동이라면 표본 크기가 커야 결과를 예측할 수 있다.[27] 예컨대 포커 게임에서 아마추어는 운이 좋으면 한두 판 정도는 프로에게 승리를 거둘 수 있다. 그러나 판이 거듭되면 프로의 우세가 뚜렷이 나타난다. 실력을 금에 비유한다면 운-실력 스펙트럼의 오른쪽 끝은 금괴가 산더미처럼 쌓여 있는 연방 금괴 저장소에 해당한다. 반면 왼쪽 끝은 수없이 체로 걸러야 약간의 사금을 얻을 수 있는 강에 해당한다.

경영자 대부분은 회사의 실적을 개선하려고 노력한다. 그 방법 중 하나는 성공적인 기업을 관찰해서 모방하는 것이다. 성공 기업을 분석한 책이 쏟아져 나오는 것도 전혀 놀랄 일이 아니다. 이런 경영 서적에는 기본 공식이 있다. 성공한 기업을 찾아내서 성공 요인을 분석하고 다른 기업이 모방할 수 있도록 정리해서 제시하는 것이다. 이런 경영 서적이 제시하는 방식은 직관적으로 타당해 보이므로 쉽게 베스트셀러가 된다.

그러나 이런 방식에는 심각한 결함이 있다. 성공한 기업 중에는 단지 운만 좋았던 기업도 많아서 본보기로 삼기에 타당하지 않기 때문이다. 딜로이트 컨설팅의 마이클 레이너Michael Raynor와 뭄타즈 아흐 메드Mumtaz Ahmed는 텍사스대 앤드루 헨더슨Andrew Henderson과 함께 운이 기업 실적에 미치는 영향을 분석했다. 이들은 2만여 개 기업의 1965~2005년 실적을 분석해 운이 미친 영향을 조사했는데, 단지 운 만이 아니라 실력으로 성공한 기업도 있다는 결론에 도달했다.

이어서 이들은 인기 경영 서적 13종에 등장한 288개 기업의 실적 을 분석해 실제로 위대한 기업이 몇 개인지 조사했다. 이들은 '위대한 기업이라고 확실히 말할 수 있는 기업은 25% 미만'이라고 밝히면서 이렇게 썼다. "우리 분석에 의하면 기업 실적은 실력이 아니라 운에 좌우되기 쉽다. 5~10년 실적 기준으로 선정된 우수 기업 중에는 역 량이 탁월해서가 아니라 단지 운이 좋아서 선정된 기업도 많은 것으로 의심된다."[28]

인기 경영 서적은 순진한 독자를 대상으로 위대한 기업의 성공 비 결을 떠벌렸지만 이런 책들이 주장한 위대한 기업 중 실제로 위대한 기업은 극히 일부에 불과했다. 대부분은 운이 좋아서 성공한 기업이 었다. 결국 이들의 조언은 우연의 산물을 짜깁기해서 만들어낸 패턴 에 불과했다. 과거 사례에서 교훈을 얻으려면 우선 운과 실력을 구별 해낼 수 있어야 한다. 운이 미치는 영향이 작은 분야라면 과거 사례 는 유용한 교훈을 줄 수 있다. 예를 들어 악기 연주, 외국어 회화, 테 니스나 골프를 배울 때는 과거에 효과가 입증된 기법이 유용하다. 그 러나 운이 미치는 영향이 큰 분야라면 과거 사례는 유용성이 낮다.

운과 실력을 구별할 때 주목해야 하는 핵심 요소가 피드백이다. 운이 미치는 영향이 작을 때는 인과관계가 밀접하게 나타나므로 피드백도 정확하고 뚜렷하게 나온다. 그러나 운이 미치는 영향이 클 때는 인과관계가 분명치 않아서 피드백도 부정확할 때가 많다. 의사 결정이 옳아도 실패할 수 있고 의사 결정이 빗나가도 성공할 수 있다. 게다가 운이 미치는 영향이 큰 활동은 대개 특성이 끊임없이 변화한다. 주식시장이 대표적인 예다. 과거에는 통했던 방식이 미래에는 통하지 않을 수도 있다.

운이 활동에 미치는 영향을 파악하면 평균 회귀 경향도 예측할 수 있다. 운이 미치는 영향이 큰 활동은 평균 회귀 경향이 강하게 나타난다. 예를 들어 처음에 나온 결과가 평균보다 크게 높거나 낮다면 다음 결과는 평균에 더 가까울 것으로 예상해야 한다. 앞에서 다루었던 찰리의 사례를 다시 생각해보자. 그는 100문제 중 80문제를 외웠고 선생은 100문제 중 20문제를 골라 출제했다. 20문제 중 찰리가 외운 문제가 많이 포함되어 첫 시험에서 90점을 받았다면, 두 번째 시험 점수는 80점에 더 가까울 것으로 예상해야 한다. 그에게 행운이 계속되기는 어렵기 때문이다.[29]

평균 회귀 경향은 운이 미치는 영향에 좌우된다. 운이 미치는 영향이 작다면 평균 회귀 경향은 거의 나타나지 않는다. 실력이 탁월한 프로 농구 선수가 자유투를 던진다면 그의 성공률 평균은 대개 전체 평균보다 훨씬 높을 것이다. 간혹 성공률이 평균 수준으로 떨어질 때도 있겠지만 흔치는 않을 것이다. 반면 운이 미치는 영향이 큰 활동이라면 평균 회귀 경향이 곧바로 뚜렷이 나타난다. 누구든 룰렛으로

5회 연속 돈을 땄다면 자리를 뜨는 편이 낫다. 판이 거듭될수록 돈을 잃을 확률이 커지기 때문이다. 이는 카지노를 비롯해 스포츠, 사업, 투자에도 중요한 개념인데 간과될 때가 많다.

스포츠에서도 예를 찾아보자. 테니스는 주로 실력이 승패를 좌우하는 게임이다. 정상급 남자 프로 선수가 5세트 경기를 벌이면 주고받는 타구는 600개가 넘어간다. 이는 실력이 뚜렷이 드러날 만큼 표본이 크다는 뜻이다. 따라서 일류 선수의 랭킹은 해가 바뀌어도 그대로 유지되는 경향이 있다. 예를 들어 역대 최고 선수로 꼽히는 로저 페더러Roger Federer는 288주(5.5년) 동안 랭킹 1위를 차지했다. 2009년 말 랭킹 4위 안에 들어간 선수 4명은 2010년 말에도 1–2위 순위만 변경되었을 뿐 모두 4위 안에 들어갔으며 2011년에도 모두 4위 안에 들어갔다. 테니스에서는 실력이 승패에 강력한 영향을 미치는 탓에 평균 회귀 경향이 전혀 나타나지 않은 것이다.

그러나 야구에서는 이야기가 완전히 달라진다. 프로 야구 선수의 실력은 매우 뛰어나지만 야구에는 운이 큰 영향을 미친다. 투수가 공을 아무리 잘 던져도 동료 선수가 잘 받쳐주지 못하면 패배할 수 있다. 타자가 때린 공은 날아가는 방향의 미묘한 차이에 의해 안타가 되기도 하고 아웃이 되기도 한다. 162게임을 치르는 한 시즌 동안 1위 팀의 승률조차 60%를 넘는 경우가 드물다. 평균 회귀 경향이 강력하게 작용한다는 뜻이다. 테니스와는 달리 야구에는 운이 큰 영향을 미친다. 2009~2011년 모두 4위 안에 들어간 팀은 뉴욕 양키스뿐인데 2010년에는 하마터면 4위 밑으로 떨어질 뻔했다. 야구 수비수는 9명이고 각 선수가 발휘하는 실력은 수시로 변한다. 따라서 한 선수가 탁월한 실력을 발휘해도 다른 선수가 실수를 저지르면 팀의 실력은 평균에 그치게 된다. 그래서 야구는 테니스보다 운의 영향을 훨씬 많이 받는다.

독립성과 경로 의존성

이 책에서는 악기 연주, 체조 등 다양한 활동을 다룬다. 이런 활동들은 대부분 독립성이 강해서, 과거 활동이 미래 활동에 영향을 미치지 않는다. 이런 활동의 성과는 주로 실력에 좌우된다.

그런데 활동 중에는 경쟁자와 상호 작용을 하게 되는 활동도 있다. 예를 들면 기업은 신상품을 출시하여 다른 기업들과 경쟁을 벌인다. 스포츠 팀은 리그에서 다른 팀들과 경쟁을 벌인다. 이런 경우에는 과거 활동이 미래에도 영향을 미치는데, 이를 경로 의존성path dependence이라고 부른다.

개인이 군중과 경쟁하는 활동도 있다. 스포츠 도박이나 투자가 그런 예로서, 개인이 군중을 상대로 실력을 겨루게 된다. 과거 사례를 보면, 군중은 지혜로운 때도 있고 변덕스러운 때도 있다.

지금까지 우리는 결과의 분포가 알려진 사건들을 다루었다. 이런 사건들의 분포는 정상적인 종형 곡선에 해당하므로, 드무아브르의 법칙이 적용된다. 그러나 극단적인 이상치 사건에는 드무아브르의 법칙이 적용되지 않는다. 현실 세계는 뒤죽박죽이어서, 정상적인 종형 곡선에서 벗어나는 분포가 무수히 많다. 그래도 운과 실력을 구별하면서 적절한 방식으로 접근하면, 과거 사건을 이용해서 미래 사건을 예측할 수 있다.

탈레브의 4분면

나심 탈레브Nassim Taleb는 통계 기법이 적용되는 사건인지 여부를 파악하는 유용한 방법을 제시했다. 그는 '2×2 행렬'로 제시했는데, '행'에서는 결과의 변동이 큰 사건과 작은 사건을 구분한다. 결과의 변동이 작은 사건에는 드무아브르의 법칙이 잘 적용된다.[30] 그 대표적인 예가 사람 키의 분포인데, 역사상 가장 큰 키와 가장 작은 키의 차이는 5배에 불과하다. 결과의 변동이 큰 사건은 다루기가 훨씬 어렵다. 대표적인 예가 부富의 분포인데, 빌 게이츠의 재산은 500여 억 달러여서 미국인 재산 중간치의 50만 배가 넘는다(2012년 기준).

행렬의 '열'에서는 결과가 단순한 사건과 복잡한 사건을 구분한다. 팀의 승리나 패배, 동전의 앞면이나 뒷면은 결과가 단순한 사건에 해당한다. 이런 사건은 수학 모형을 구성하기도 비교적 쉽다. 복잡한 사건의 대표적인 예로는 전쟁 피해를 들 수 있다. 전쟁의 승패는 예측할 수 있을지 몰라도 전쟁 피해는 예측할 방법이 없다. 그림 1-2는 이를 요약한 매트릭스다.

[그림 1-2] 탈레브의 4분면

<table>
<tr><td></td><td>단순한 결과</td><td>복잡한 결과</td></tr>
<tr><td>결과의 차이가 작은 사건 (평균의 세계)</td><td>**1**
지극히 안전함</td><td>**2**
다소 안전함</td></tr>
<tr><td>결과의 차이가 큰 사건 (극단의 세계)</td><td>**3**
안전함</td><td>**4**
블랙 스완 영역</td></tr>
</table>

자료: 나심 탈레브, 《블랙 스완The Black Swan: The Impact of the Highly Improbable》

　우리가 다루는 사건 대부분은 1, 2, 3분면에 해당하며 여기에는 통계 기법이 대체로 잘 적용된다. 그러나 4분면은 다루기가 훨씬 어려우며 통계 기법을 부주의하게 적용하면 커다란 낭패를 보기 쉽다. 우리는 통계 기법이 잘 적용되는 1, 2, 3분면 사건을 주로 다루겠지만, 4분면 사건에 대처하는 방법에 대해서도 논의할 것이다.

2장

운에 대한 선입견,
실력에 대한 편견

과학 서적 저술가인 영국 물리학 박사 사이먼 싱Simon Singh은 대중 강연 도중 록 그룹 레드 제플린Led Zeppelin의 유명한 곡 'Stairway to Heaven천국의 계단' 한 소절을 들려주었다. 청중 대부분의 귀에 익은 선율이었고 가사를 아는 사람은 따라 부르기도 했다.

이번에는 이 곡을 반대 방향으로 재생했다. 짐작하겠지만, 도무지 알아들을 수 없는 소리가 되었다. 싱은 반대 방향으로 재생할 때 사탄의 메시지를 들은 사람이 있느냐고 청중에게 진지하게 물었다. 대답하는 사람이 아무도 없었다.

그러자 이번에는 가짜 가사를 화면에 띄우고 다시 반대 방향으로 재생하면서 모두가 알아볼 수 있도록 노래에 맞춰 가사를 밝게 비춰주었다. 아니나 다를까, 이제는 사탄의 메시지를 들었다는 사람이 많았다. 친절한 안내 덕분에 도무지 알아들을 수 없던 소리가 명확한

메시지로 바뀐 것이다.[1]

이 사례를 보면 운과 실력을 구별하기가 왜 어려운지 어느 정도 짐작할 수 있다. 우리에게는 스토리를 지어내서 주변 세상을 설명하는 놀라운 능력이 있다. 특히 우리는 결론을 이미 알고 있을 때 이런 능력을 더 잘 발휘한다. 이 능력을 구성하는 핵심 요소 두 가지는, 우리가 스토리를 대단히 좋아한다는 것과 어떻게든 인과관계를 찾아내려는 본능적 욕구를 가졌다는 것이다. 그래서 우리는 과거에 발생한 사건이 필연이었다고 믿으며, 다른 사건이 발생할 수도 있었다는 것을 무시하려 한다.

필연이라는 미신

예일대 역사학 교수 존 루이스 개디스John Lewis Gaddis는 시간의 흐름을 보는 인간의 관점을 생생하게 그려낸다. 그의 견해에 따르면 미래는 운과 실력이 독립적으로 공존하는 영역이다. 이 세상에는 매우 다양한 사건이 발생할 수 있지만 실제로는 그중 일부만 발생한다. 발생 가능한 수많은 사건 중 일부가 운, 실력과 뒤섞여 실제로 발생하면 바로 현재가 된다. 이렇게 다양한 가능성이 단일 사건으로 전환되는 과정이 역사다.[2]

예를 들겠다. 당신은 운전 실력이 좋아서 아무 사고 없이 식료품점에 다녀올 수 있다고 믿는다. 그러나 실제로는 식료품점에 다녀오는 동안 다양한 사건이 발생할 수 있다. 예컨대 하늘에서 항공기 부품이 차 위로 떨어져서 죽을 수 있다. 아니면 길모퉁이에서 갑자기 오토바이가 튀어나와 미처 피하지 못하고 충돌할 수도 있다. 또는 브레이크가 고장 난 트럭이 뒤에서 덮치는 바람에 중상을 입을 수도 있다. 다행히 이번에는 식료품점에서 장을 보고 무사히 집으로 돌아온다. 이 사건의 역사에서는 아무 사고도 없었다. 당신의 운전 실력이 좋아서일까? 아니면 운이 좋아서일까?

역사는 발생할 수 있었던 수많은 사건 중 하나가 발생한 것에 불과하지만, 과거를 돌아보면 운이 아무런 영향도 미치지 않은 것처럼 보인다. 미래에는 온갖 사건이 발생할 수 있다고 생각하면서도 우리가 경험한 사건이 수많은 가능성 중 하나였다는 사실은 쉽게 망각한다. 그 결과 우리는 과거 사건으로부터 잘못된 교훈을 얻기 십상이다. 예를 들어 당신은 뛰어난 운전 실력 덕분에 지금까지 사고가 없었으므로 앞으로도 사고 가능성이 없다고 판단할 수 있다. 매우 위험한 생각이다.

인간은 스토리를 대단히 좋아한다.[3] 스토리는 소통을 가능하게 해주는 매우 강력한 수단이다. 부모는 우리에게 스토리를 들려주고, 우리는 자녀에게 스토리를 전해준다. 사람들은 교훈을 주거나 과거사를 정리하려고 스토리를 들려준다. 스토리를 들려주는 전통은 까마득한 과거에 시작되었다. 모든 스토리에는 공통 요소가 있다. 스토리가 시작되면 자극적인 사건을 발단으로 일련의 사건이 전개된다. 작가는 전개되는 사건의 원인까지 설명하지만, 그 원인은 대개 작가가 날조한 것이다. 스토리가 진행되면서 다양한 인물이 등장하고 상황이 복잡해진다. 흥미로운 스토리에는 긴장과 반전 요소가 들어 있다. 위기가 닥치고, 긴장이 고조되며, 예상을 뒤엎는 사건이 벌어지면서 우리는 스토리에 흠뻑 빠져든다. 스토리에는 절정과 결말도 있다. 주인공이 승리하거나 패배하면서 긴장이 해소되고, 다시 평온이 찾아온다.

인과관계를 찾아내려는 욕구는 인간의 심리에 뿌리 깊이 새겨진 본성이다.[4] 결과가 나오면 우리는 당연히 원인을 찾으려 한다. 캘리포니아대 심리학 교수 마이클 가자니가Michael S. Gazzaniga는 뇌가 분할된 환자를 대상으로 연구를 진행했다. 심한 간질을 완화하려고 좌뇌와 우뇌 사이의 연결을 절단한 환자들이었다. 이런 환자들의 좌뇌와 우뇌는 서로 소통할 수 없어서 독자적으로 기능했으므로 그는 좌뇌와 우뇌의 고유 기능을 파악할 수 있었다.

가자니가는 좌뇌에 대해서 이렇게 추론했다. "좌뇌의 특정 부위는 매 순간 입력되는 정보를 해석하고 엮어서 스토리를 만들어내며 이런 스토리가 계속해서 우리의 자아상과 믿음을 구성하게 된다."[5] 그는 이 부위를 해석 기관interpreter이라고 부른다. 좌뇌가 맡은 주요 역할은 모든 결과의 원인을 찾아내서 세상을 이해하는 것인데, 필요하면 터무니없는 원인이라도 찾아내서 가져다 붙인다.

한 실험에서 가자니가는 뇌가 분할된 환자에게 그림 카드 두 장을 보여주었다. (우뇌가 관장하는) 왼쪽 눈에는 설경雪景 카드를 보여주었고 (좌뇌가 관장하는) 오른쪽 눈에는 닭발 카드를 보여주었다. 지금 본

그림과 관련된 그림을 선택해보라고 하자, 환자는 (우뇌가 관장하는) 왼손으로는 삽을 선택했고 (좌뇌가 관장하는) 오른손으로는 닭을 선택했다. 우뇌와 좌뇌 둘 다 독자적으로 개연성 있는 선택을 한 셈이다.

그런데 왜 그 그림을 선택했냐고 묻자 좌뇌의 해석 기관은 이렇게 답했다. "간단하죠. 닭발은 닭과 어울리고 닭장을 치우려면 삽이 필요하니까요." 분할된 탓에 설경 카드를 보지 못한 좌뇌는 닭발 카드만 보고 설명한 것이다. 좌뇌는 어떤 경우에도 "모르겠습니다"라고 답하지 않는다. 이미 알고 있는 정보를 근거로 답을 만들어낸다.[6]

하버드대 심리학 교수 스티븐 핑커Steven Pinker는 이 좌뇌 해석 기관을 헛소리 생성기baloney-generator라고 부른다. "기분 나쁘게 들리겠지만 우리 뇌의 나머지 부분이 세상을 인식하는 방식도 이런 환자 좌뇌의 헛소리 생성기가 보이는 행태와 다르지 않다. 의식은 말하자면 최고 사령관이 아니라 대변인이다."[7] 모든 사람의 뇌가 실제로 작동하는 방식을 가자니가의 환자가 보여주었다는 말이다.

우리는 소설의 핵심 요소인 시작, 결말, 원인을 이용해서 과거 사건을 설명한다.[8] 사건이 진행 중이라면 우리는 그 사건을 제대로 파악할 수 없다. 그러나 결과를 알아내는 순간 우리는 곧바로 사건의 원인과 과정까지 설명하려고 덤벼든다.[9] 결과를 알아냈으므로 이제 원인만 이해하면 사건을 파악할 수 있기 때문이다. 그러나 이렇게 찾아낸 원인과 결과 때문에 문제가 발생한다. 그래서 곤경에 처하는 사람이 많다는 사실을 잘 알면서도 자신도 이런 편향에 빠질 수 있다는 사실은 좀처럼 인정하지 않는다.

사건 A가 발생하고 나서 사건 B가 발생하면 우리는 흔히 A 때문에 B가 발생했다고 생각한다. 심지어 일상생활에 운이 미치는 영향을 날카롭게 분석한 나심 탈레브조차 자신도 이런 오류에 빠진다고 인정한다. 그가 직접 경험한 사례다. 그는 매일 택시로 출근하는데, 항상 건물 정문으로 들어간다. 하루는 영어를 전혀 알아듣지 못하는 택시 기사가 엉뚱한 장소로 데려다준 탓에 후문으로 들어갈 수밖에 없었다. 그런데 바로 그날 트레이딩으로 엄청난 이익을 냈다. 이튿날 그는 자신도 모르게 기사에게 전날 내렸던 장소로 가자고 말했다. 승강기 거울에 비친 자신의 모습을 보니 넥타이마저 전날과 똑같이 매고 있었다. 후문·넥타이와 시장 움직임 사이에 강력한 상관관계가 존재한다고 믿었던 것이다. "한편으로는 엄격한 과학적 기준을 논하면서 확률론자처럼 말했지만, 다른 한편으로는 블루칼라 객장 거래인처럼 몰래 미신을 믿고 있었다."[10] 이런 오류를 이른바 인과 오류post hoc fallacy라고 부른다. 어원은 라틴어 'post hoc ergo propter hoc'로 '먼저 일어난 사건이 나중 사건의 원인'이라는 뜻이다. 이런 착각을 바로잡기 위해서 지난 200년 동안 많은 과학 연구가 진행되었다.

카네기멜론대 심리학 교수 바루크 피쇼프Baruch Fischhoff는 스토리의 결말을 알게 되면 이른바 잠행성 결정론creeping determinism이 나타나기 쉽다고 말한다. 이는 '그 결과가 필연이었다고 여기는 경향'이다.[11] 사건이 진행 중일 때는 매우 불확실해서 종잡을 수가 없었는데도, 일단 결말을 알고 나서는 불확실성이 모두 사라질 뿐 아니라 사건의 진행 과정마저 필연이었다고 생각하게 되는 경향을 말한다.

평소에는 사건이 어느 정도 운의 영향을 받는다고 생각하지만 결말이 드러나는 순간 운의 영향을 망각한다. 명확한 인과관계까지 넣어서 그럴듯한 스토리를 만들어내면서, 그 사건은 실력이 빚어낸 필연이었다고 믿는 것이다. 이런 행태는 진화론으로 설명할 수 있다. 세상만사를 운수소관으로 돌리면서 노력하지 않는 것보다 사건을 통제할 수 있다고 믿는 편이 인류의 생존에 유리했기 때문이다.

조지타운대 영문학 교수 존 글래빈John Glavin은 대본 작성법을 가르치고 있다. 그는 스토리야말로 연기자에게 소중한 소통 수단이라고 강조하면서 스토리 연구에 심혈을 기울인다. 그는 역사를 비롯한 스토리로부터 행동 지침을 배우게 된다고 주장한다. "스토리는 윤리와 밀접한 관계가 있습니다. 스토리는 우리가 어떻게 처신해야 하는지를 알려줍니다. 그런데 스토리가 영향력을 발휘하려면 누군가에게 책임을 지워야 합니다."[12] 역사로부터 교훈을 얻기 위해 우리는 원인이 없을 때도 원인을 찾으려고 한다. 역사는 훌륭한 스승이지만 역사가 주는 교훈이 모두 타당한 것은 아니다.

모방해서는 안 되는 성공 전략

경영자들이 흔히 사용하는 실적 개선책은 성공적인 기업을 관찰해서 모방하는 것이다. 이런 방식을 안내하는 경영 서적 중 가장 유명한 책이 아마도 짐 콜린스Jim Collins의 《좋은 기업을 넘어… 위대한 기업으로Good to Great》일 것이다. 콜린스는 수천 개 기업을 분석해서 실적이 탁월한 기업 11개를 가려냈다. 그리고 이들의 성공 요인(리더십, 종업원, 사실 중심의 접근 방식, 집중력, 절제력, 기술 수용 등)을 정리해서 다른 기업들에 모방하라고 제안했다. 이 방식은 이해하기 쉬운 데다가 훌륭한 스토리까지 담고 있었으므로 이 책은 수백만 부나 팔렸다.[13]

콜린스에게 불순한 의도가 있었다고 말하는 사람은 아무도 없다. 그는 진정으로 경영자들을 돕고자 했다. 실제로 인과관계가 있었다면 이 방식도 유용했을 것이다. 문제는 기업의 실적이 늘 운의 영향을 받는 탓에 전략이 훌륭하다고 모두 성공하는 것은 아니며 전략이 나쁘다고 모두 실패하는 것도 아니라는 사실이다. 따라서 성공한 기업만을 가려내어 분석하고서 그 기업의 전략이 성공을 이끌어냈다고 주장해서는 안 된다. '이 전략을 실행한 기업 중 실제로 성공한 기업은 몇 개인가?'라는 질문을 던져야 옳다.

옥스퍼드대 전략학 교수 저커 덴렐Jerker Denrell은 이런 문제를 과소표집undersampling 오류라고 부른다. 성공한 기업만 분석하면 실적이 부진해서 사라진 기업은 분석 대상에서 제외되므로 전략을 제대로 평가할 수 없다는 뜻이다. 가령 두 기업이 똑같은 전략을 실행했는데 하나는 운이 좋아서 성공하고 하나는 운이 나빠서 실패했다고 하자. 이때 실적을 기준으로 기업을 가려내서 분석하면 우리는 성공한 기업만 보면서 그 전략이 훌륭해서 성공했다고 착각하게 된다. 실제로는 인과관계가 없는데도 인과관계를 가져다 붙이는 것이다.[14] 만일 실적이 부진해서 사라진 기업까지 함께 분석했다면 무턱대고 전략을 모방해서는 안 된다는 사실을 깨달았을 것이다.

덴렐은 다음과 같은 시나리오를 제시한다. 기업은 고위험 전략을 선택할 수도 있고 저위험 전략을 선택할 수도 있다. 저위험 전략을 선택한 기업은 보유 자원을 다양한 분야에 골고루 분산 투자한다. 그 결과 평균 실적을 기록한다. 반면 고위험 전략을 선택한 기업은 보유 자원을 한 분야에 집중 투자한다. 그 한 분야에서 성공한 기업은 탁월한 실적을 기록하고 실패한 기업은 형편없는 실적을 기록한다. 시간이 흐르면 성공한 기업은 성장하고 실패한 기업은 파산하거나 인수당해서 시장에서 사라진다.

기존 방식대로 실적이 우수한 기업만 가려내서 분석하면 이런 기업이 위험한 전략 덕분에 탁월한 실적을 기록했다고 착각하게 된다. 그래서 전략의 효과를 제대로 평가하려면 그 전략을 실행한 모든 기업의 실적을 분석해야 한다.

1장에서 소개했던 딜로이트 컨설팅의 마이클 레이너는 이른바 전략의 역설strategy paradox을 이렇게 정의한다. "기업의 성공 확률을 극대화하는 행태와 특성은 기업의 실패 확률도 극대화한다." 그는 대표적인 사례로 소니의 베타맥스Betamax와 미니디스크MiniDiscs를 제시한다. 두 제품을 출시하던 시점 소니는 트랜지스터라디오에서 워크맨, CD 플레이어에 이르기까지 히트 상품을 잇달아 내놓으면서 장기간 성공 가도를 달리고 있었다. 소니가 베타맥스와 미니디스크 사업에 실패한 것은 "전략이 나빠서가 아니라 위대했기 때문이다."[15]

특히 미니디스크 실패 사례가 큰 교훈을 준다. 소니는 카세트테이프를 대체하는 동시에 CD와 경쟁하려고 미니디스크를 개발했다. 미니디스크는 크기가 CD보다 작았고, 음악 재생 중 건너뛰는 결함도 적었으며, 재생은 물론 녹음까지 가능했다. 제품을 출시한 1992년, 미니디스크는 워크맨의 카세트테이프를 대체하기에도 이상적인 매체였다.

소니는 미니디스크가 장점이 많아서 성공할 것으로 확신했다. 예컨대 미니디스크는 소니의 기존 CD 공장에서도 생산할 수 있어서 원가를 대폭 절감할 수 있었다. 소니는 CBS 레코드도 보유하고 있었으므로 더 훌륭한 제품을 만들어 수익성을 개선할 수 있었다. 미니디스크 전략은 소니의 방대한 자원을 최대한 활용하면서 과거 모든 제품의 성패에서 얻은 교훈을 반영하는 위대한 전략이었다.

그런데 미니디스크가 기반을 구축해가던 무렵 갑자기 컴퓨터 메모리 가격이 폭락하고 고속 광대역 네트워크가 등장하자, 사람들은 온갖 인기 음원 파일을 사실상 공짜로 교환해서 들을 수 있게 되었다. 소니는 사력을 다해 대응했지만 사업 기반이 뿌리째 흔들리고 있었다. 카세트테이프는 필요 없는 물건이 되었다. 디스크도 필요가 없어졌다. 누구도 전혀 예상하지 못했던 지각 변동이 1990년대에 발생한 것이다. 상상도 할 수 없는 일이 벌어졌다. 미니디스크 전략은 결국 실패했다. 레이너는 말한다. "소니는 탁월한 전략을 수립해 훌륭하게 실행했으나 세상만사가 소니에 지극히 불리한 방향으로 전개된 탓에 실패하고 말았다. 내가 보기에 미니디스크 전략이 실패한 것은 불가사의에 해당한다."[16]

흔히 사람들은 성패가 실력에 좌우된다고 생각한다. 그러나 운이 영향을 미치는 분야라면 그런 생각은 오판을 불러오기 쉽다.

연구 논문 대부분이 틀렸다

2005년 존 이오니디스John Ioannidis 박사가 발표한 논문 '왜 연구 논문 대부분에 오류가 있는가Why Most Published Research Findings Are False'가 의학 연구계의 토대를 흔들어놓았다.[17] 생물병리학 박사 이오니디스는 대부분 연구 논문의 결론에 편향 오류가 있다고 주장한다. 연구자가 특정 결론을 원하거나 실험을 과도하게 실행하기 때문이다. 그는 시뮬레이션 자료를 제시하면서 연구자의 주장 대부분이 완전히 틀렸다고 말한다. 부속 논문에서 그는 최근 13년 동안 인용 건수가 가장 많았던 우수 논문 49편을 분석해서 자신의 주장을 뒷받침했다. 어느 연구자가 효과를 주장한 사례 중 75%를 다른 연구자들이 확인해보았다. 그의 분석에 의하면 무작위 실험 연구randomized trial 결과와 관찰 연구observational studies 결과가 완전히 달랐다. 무작위 실험 연구에서는 피험자를 무작위로 선정한다. 단순한 상관관계가 아니라 진정한 인과관계를 찾아낼 수 있으므로 최적 표준으로 인정받는 방법이다. 어느 피험자가 어떤 치료를 받는지 알 수 없으므로 연구자의 편향도 제거된다. 반면 관찰 연구에서는 연구자들이 실험 자원자 중에서 피험자를 선정한다. 이오니디스에 의하면 관찰 연구의 결론은

80% 이상이 틀렸거나 심하게 과장된 반면 무작위 실험 연구의 결론은 약 75%가 옳은 것으로 밝혀졌다.[18]

이오니디스의 연구는 인과관계 확인에 초점을 맞추었다. 연구자는 질병의 원인을 파악하고 싶어 한다. 무작위 실험 연구에서는 특성이 비슷한 두 집단을 다른 방식으로 치료하고서 차이가 나타나는지 확인한다. 이렇게 하면 운이 영향을 미칠 가능성이 낮다. 반면 관찰 연구에서는 이 같은 방식을 택하지 않기 때문에 연구자가 세심하게 주의하지 않으면 운이 영향을 미치기 쉽다. 두 방법의 차이가 매우 큰 탓에 그는 관찰 연구를 무시하라고 권고한다.[19]

연구자의 편향과 과도한 실험은 의학 연구에서만 나타나는 문제가 절대 아니다.[20] 편향은 다양한 이유로 나타날 수 있다. 예를 들어 제약회사로부터 연구비를 지원받는 연구자는 대개 그 약의 효능과 안전성이 확인되길 바란다. 과학자는 자신이 객관적이라고 믿지만 심리학 연구에 의하면 편향은 대부분 잠재의식 수준에서 작용하므로 피하기가 어렵다. 따라서 자신이 윤리적이라고 믿는 과학자도 매우 편향적일 수 있다.[21] 게다가 논문이 헤드라인을 장식하면 출세에 매우 유리해진다.

과도한 실험 역시 심각한 문제를 불러올 수 있다. 과도한 실험에 대처하는 기법도 있긴 하지만 모든 연구자가 이 기법을 사용하는 것은 아니다. 연구자가 인과관계를 확인하려고 주로 사용하는 방법이 통계적 유의성 검정이다. 유의성 검정에서는 유의성이 일정 수준을 넘어가면 실험 결과가 단지 우연의 산물이 아니며 인과관계가 존재한다고 판단하게 된다. 그런데 여기서도 문제가 발생한다. 실험 횟수가 지나치게 많아지면 실제로는 인과관계가 없는데도 유의성 기준을 통과하는 결과가 나오기 쉽다는 것이다.[22]

그 대표적인 사례가 '여성이 아침 식사로 시리얼을 먹으면 남자아이를 출산할 확률이 더 높아진다'고 주장한 논문이다.[23] 사람들은 이 논문에 이목을 집중했으며 특히 대중 매체가 큰 관심을 기울였다. 미국 국립통계연구소National Institute of Statistical Sciences 통계학자 스탠 영Stan Young은 이 데이터를 다시 분석했다. 그리고 논문의 주장이 과도한 실험에서 나온 우연의 산물로 보인다고 판단했다. 이는 실험 횟수가 매우 많으면 일부 실험은 운 좋게 유의성 기준을 통과한다는 뜻이다. 이 연구의 실험은 264건(식품 132종을 두 기간에 걸쳐 분석)인데, 다시 분석했을 때는 유의성이 없는 것으로 밝혀졌다. 영은 "논문에서 유의성이 있다고 주장한 결과는 우연의 산물에 불과하다"라고 단호히 결론지었다.[24]

앞에서 보았듯이 표본 숫자가 부족하면 성공한 기업만 분석하고서 전략이 훌륭해서 성공한 것으로 착각할 수 있다. 반면 표본 숫자가 지나치게 많으면 '여성이 아침 식사로 시리얼을 먹으면 남아 출산 확률이 높아진다'라는 우연의 산물마저 유의미하다고 착각할 수 있다. 표본 크기가 크든 작든, 인과관계를 제대로 파악하기는 쉽지 않다. 우리는 운이 미치는 영향에 항상 유의해야 한다.

회사를 옮겨도 실력이 유지될까?

기업과 스포츠 팀 등의 조직은 실적을 개선하려고 높은 보수를 지급하면서 스타를 영입하고자 한다. 이들은 스타가 자기 조직에 와서도 실력을 발휘할 것으로 믿는다. 그러나 그동안 스타가 받은 성적은 이전 조직이 아낌없이 지원한 결과일지도 모른다.

하버드대 조직행동학 교수 보리스 그로이스버그Boris Groysberg는 이에 대해 심층적으로 분석했는데, 기업은 스타가 조직을 옮기면 실력도 쉽게 이전된다고 믿는 것으로 나타났다. 그가 가장 철저하게 조사한 사례는 월스트리트 애널리스트에 대한 분석이다.[25] 애널리스트의 주된 역할은 담당 주식의 매력도를 평가하는 일이다(나도 한때 애널리스트였다). 투자 전문지 〈인스티튜셔널 인베스터Institutional Investor〉가 매년 발표하는 애널리스트 순위는 애널리스트의 성과를 평가하는 성적표라고 볼 수 있다.

그로이스버그가 조사한 바에 의하면 순위에 든 애널리스트가 지난 20년 동안 회사를 옮긴 사례는 366건이었다. 애널리스트의 성적이 오로지 자신의 실력에 좌우된다면 회사를 옮겨도 성적은 그대로 유지될 것이다. 그러나 데이터 분석 결과는 달랐다. 그로이스버그는 말했다. "회사를 옮긴 스타 애널리스트는 옮기지 않은 애널리스트보다 높은 급여를 받았지만 옮긴 후 성적이 급락해 5년 이상 부진의 늪에서 벗어나지 못했다."[26] 그는 이 결과에 대해 "이직 전 스타 애널리스트가 실력을 충분히 발휘했던 것은 회사에서 최적의 지원을 받았기 때문"이라고 설명했다.

GE는 S&P500 기업의 CEO를 다수 배출해 이른바 경영자 사관학교로 통하는 유명 기업이다. 그로이스버그는 1989~2001년 동안 다른 회사에서 회장이나 CEO로 활동한 GE 출신 경영자 20명의 성과를 분석했다. 사업의 특성이 GE와 비슷한 10개 기업에서는 경영자가 실력을 충분히 발휘해서 좋은 실적을 냈다. 반면 나머지 10개 기업, 예컨대 식료품 잡화점처럼 사업의 특성이 GE와 다른 기업에서는 경영자가 좋은 실적을 내지 못했다. 경영자의 성과는 자신의 실력뿐 아니라 조직 환경에도 영향을 받는다는 뜻이다. 그런데도 기업은 경영자의 실력을 과대평가하고 조직 환경의 영향은 과소평가하는 경향이 있다.

그로이스버그는 내셔널 풋볼 리그(National Football League, NFL)에서 팀을 옮긴 선수의 성적도 분석했다. 그는 1993~2002년에 활동한 와이드 리시버wide receiver와 펀터punter의 성적을 비교했다. 와이드 리시버는 팀의 전략에 따라 다른 동료와 긴밀하게 소통하면서 호흡을 맞춰 움직여야 한다. 반면 펀터는 어느 팀이든 하는 역할이 거의 같으며 동료와 소통할 일도 많지 않다. 따라서 연구자는 개인의 실력과 조직의 영향이 성적에 미치는 영향을 구별해서 분석할 수 있었다. 스타 와이드 리시버는 팀을 옮긴 직후 시즌 성적이 하락했다가 새 팀에 적응하면서 회복했다. 반면 펀터는 팀을 옮겨도 성적이 그대로 유지되었다.[27]

그로이스버그의 연구는 조직 환경이 성적에 영향을 미친다는 사실을 보여주지만 사람들은 여전히 개인의 실력을 과대평가하는 경향이 있다.

우리는 자신의 목표와 신념을 바탕으로 계속해서 스토리를 만들어 내면서 세계관을 형성한다. 그래서 억지로라도 인과관계를 찾아내려고 하며 이 과정에서 운이 미치는 영향을 과소평가하기 쉽다.[28] 앞에서 보았듯이 우리는 표본 크기가 지나치게 작아도 잘못된 판단을 내릴 수 있고 표본 크기가 지나치게 커도 우연의 소산을 유의미한 결과로 착각할 수 있다. 또는 조직 환경의 영향 덕분에 이룬 스타의 성적을 개인의 실력으로 오인할 수도 있다. 이처럼 운과 실력을 구별하는 일이 쉽지는 않지만, 구별하려는 노력을 계속한다면 우리의 의사 결정 능력이 개선될 것이다.

3장

운-실력 스펙트럼

76

주식 트레이더에게 플랫폼과 교육 서비스를 제공하는 웹사이트 트레이딩마켓닷컴TradingMarkets.com은 2006년 플레이보이 모델Playboy Playmates 10명에게 주식을 5종목씩 선정하게 했다. 이들이 초과수익을 낼 수 있는지 알아보려는 의도였다. 우승자는 1998년 5월 모델이었던 디애나 브룩스Deanna Brooks로 수익률이 43.4%였다. 같은 기간 S&P500 수익률은 13.6%였으며 브룩스는 펀드매니저 중에서도 상위 10% 안에 들어가는 탁월한 실적을 기록했다. 게다가 브룩스 말고도 초과수익을 달성한 사람이 4명 더 있었다. 모델의 절반이 초과수익을 달성한 셈이었다. 반면 펀드매니저 중에 초과수익을 올린 사람은 전체의 3분의 1에도 못 미쳤다.[1]

이는 대중의 관심을 끌어보려는 오락성 게임이었지만 결과가 주는 의미는 가볍지 않다. 어떻게 아마추어 투자자인 모델의 종목 선정 성과가 펀드매니저 대부분을 능가할 수 있었을까? 이들이 치과 의사, 회계사, 운동선수와 각 영역에서 겨루었어도 승리했을까? 이런 결과가 나온 것은 투자가 단기간에는 운의 영향을 많이 받는 활동이기 때문이다.

3장에서는 단순한 모형을 이용해서 운과 실력이 미치는 영향을 더 심층적으로 분석해본다. 아울러 극단적 결과를 대하는 사고의 틀과 평균 회귀 경향도 살펴볼 것이다. 운-실력 스펙트럼을 더 깊이 이해한다면 1장과 2장에서 설명한 오류에서 벗어나 더 정확한 판단을 내릴 수 있을 것이다.

오래 보지 말고 많이 보라

운-실력 스펙트럼을 머릿속으로 그려보자. 오른쪽 끝에 놓이는 활동은 결과가 100% 실력에 좌우되고 왼쪽 끝에 놓이는 활동은 100% 운에 좌우된다. 이렇게 양 끝에 해당하는 활동이라면 그 특성을 쉽게 파악할 수 있다. 예를 들어 동전 던지기나 슬롯머신 조작은 왼쪽 끝에 놓이는 활동으로 결과가 100% 운에 좌우되기 때문에 예측이 불가능하다. 반면 초일류 수영 선수와 벌이는 시합은 오른쪽 끝에 놓이는 활동으로 결과가 거의 100% 실력에 좌우되기 때문에 정확한 예측이 가능하다(초일류 선수가 식중독에 걸려 시합을 중도에 포기하지 않는 한 말이다). 그러나 이렇게 운-실력 스펙트럼의 양극단에 해당하는 활동은 소수에 불과하며 대부분 활동은 그 중간 어딘가에 해당한다.

운-실력 스펙트럼이 오른쪽에서 왼쪽으로 이동할수록 운이 미치는 영향이 증가한다. 그렇다고 해서 실력의 영향이 완전히 사라지는 것은 아니지만, 실력이 운의 영향을 극복하고 결과로 나타나려면 표본 크기가 상당 규모로 증가해야 한다. 따라서 플레이보이 모델의 종목 선정 능력이 펀드매니저 대부분을 능가하는지 여부를 제대로 확인하려면 훨씬 긴 기간에 걸쳐 더 많은 종목을 선정하게 해야 한다(이렇게 하면 모델의 실적은 십중팔구 평균으로 회귀해 일반 투자자의 평균과 비슷해질 것이다. 한편 책이나 영화의 성공에도 운이 큰 영향을 미치지만 일부 베스트셀러와 블록버스터는 평균 회귀 경향을 보이지 않는다. 이런 현상이 나타나는 이유에 대해서는 나중에 논의하기로 하자).

실력이 결과를 전적으로 좌우할 때는 표본 크기가 작아도 실상을 파악할 수 있다. 전성기 시절의 로저 페더러라면 그의 시합을 몇 번만 보더라도 그가 무적임을 알 수 있었다. 반면 운의 영향을 많이 받는 활동인데도 표본 크기가 작다면, 그런 표본은 쓸모없을 뿐 아니라 위험하기까지 하다. 이런 상황에서 합리적인 판단을 내리려면 많은 표본이 필요하다. 운이 미치는 영향과 필요한 표본 크기 사이에는 밀접한 상관관계가 있어서 그 관계를 간단한 모형으로 표현할 수 있다. 그림 3-1이 그 관계를 보여주는 행렬이다. 여기서 행은 필요한 표본이 많은지 적은지를, 열은 운이 미치는 영향이 작은 사건인지 큰 사건인지를 구분한다. 합리적인 판단을 내리려면 필요한 표본 크기를 정확하게 산정해야 한다.

[그림 3-1] 운과 실력의 상관관계와 표본 크기

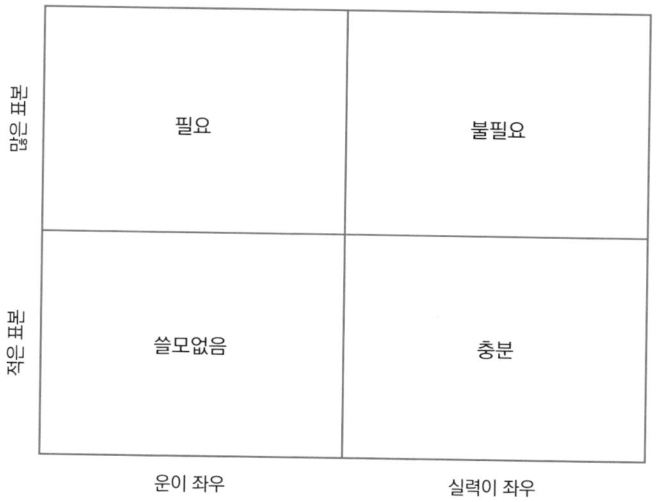

	운이 좌우	실력이 좌우
많은 표본	필요	불필요
적은 표본	쓸모없음	충분

자료: 저자의 분석

　사람들은 적은 표본으로도 모집단의 실상을 파악할 수 있다고 생각한다. 그러나 이런 생각은 두 가지 측면에서 빗나갈 수 있다. 첫 번째 착각은 적은 표본만으로도 모든 가능성을 파악할 수 있다고 믿는 것이다. 이는 특수한 사실로부터 왜곡된 일반 결론을 도출하는 귀납적 오류의 전형이다. 성적이 우수한 학교 중 소규모 학교가 유난히 많았던 사례가 여기에 해당한다. 앞에서 언급한 것처럼 성적이 부진한 학교 중에도 소규모 학교가 유난히 많았으므로 성적과 학교의 규모 사이에는 아무 상관관계가 없다.

　실제로 표본이 적을 때는 모든 가능성을 파악하기가 어렵다.[2] 통계 용어로 표현하자면 '모집단의 분포를 알 수 없다'는 말이다. 운이 미치는 영향이 클수록 귀납적으로 도출한 결론은 틀릴 위험이 커진다. 특정 전략을 사용해서 100일 동안 좋은 실적을 거둔 트레이더가 있다고 가정하자. 그는 확실한 투자 전략을 찾아냈다고 믿고 싶을 것이다. 그러나 시장 환경이 바뀌면 그동안 벌어들였던 이익이 손실로 바뀔 수 있다. 소수의 표본으로는 시장의 특성을 제대로 파악할 수 없다.

두 번째 착각은 반대 방향으로 나타난다. 이 착각은 조물주가 우주적 정의를 실현하기 위해 세상만사의 균형을 유지한다고 믿는 것이다. 그 대표적인 예가 도박꾼의 오류다. 예를 들어 동전 던지기를 했는데 3회 연속 앞면이 나왔다면 다음에는 무엇이 나올까? 사람들 대부분은 뒷면이 나온다고 말할 것이다. 그래야 균형이 맞는다고 생각하기 때문이다. 그러나 사실은 그렇지 않다. 동전 던지기는 직전의 결과가 다음 결과에 영향을 미치지 않으므로 언제 던져도 앞뒷면이 나올 확률은 똑같다. 만일 동전 던지기를 100만 번 한다면 약 50만 번은 앞면이 나오고 약 50만 번은 뒷면이 나올 것이다. 그러나 그 과정에서 실제로 100회 연속 앞면이 나올 수도 있다.

자연에서는 균형을 이루는 사례가 많아서 사람들은 세상만사도 균형을 이룬다고 생각하는 경향이 있다. 며칠 연속해서 비가 내리고 나면 대개 맑은 날이 이어진다. 그러나 직전의 결과가 다음 결과에 영향을 미치지 않는 활동이라면 도박꾼의 오류에 유의해야 한다. 순진한 도박꾼은 물론 노련한 과학자마저 이 오류에 빠지는 사례가 많다.[3]

적정 표본 크기를 산정할 때, 우리는 관찰 시간이 길어질수록 수집되는 표본 크기도 커진다고 생각하기 쉽다. 그러나 항상 그런 것은 아니다. 어떤 경우에는 관찰 시간이 짧아도 수집되는 표본이 많을 수 있고 어떤 경우에는 관찰 시간이 길어도 수집되는 표본이 적을 수 있다. 따라서 관찰하는 시간은 수집되는 표본과 상관이 없다고 생각해야 한다.

스포츠 경기에서 그 예를 찾을 수 있다. 미국 대학 남자 농구는 40분 경기인데 각 팀이 평균 약 65회 공을 잡는다. 공을 잡는 횟수는 양 팀이 비슷하므로 결국 잡은 공으로 점수를 더 많이 뽑아내는 팀이 승리하게 된다. 반면 대학 남자 라크로스(Lacrosse, 하키와 비슷한 경기)는 60분 경기지만 각 팀이 공을 잡는 횟수는 평균 약 33회에 불과하다. 따라서 농구는 경기 시간이 더 짧은데도 표본 수는 거의 두 배가 된다. 이는 농구의 승패가 운의 영향을 더 적게 받는다는 뜻이다. 즉 라크로스는 경기 시간이 더 긴데도 표본 숫자가 더 작아서 운의 영향을 더 많이 받는다.[4]

두 항아리 모형

공이 가득 담긴 항아리 두 개가 있다고 가정하자.[5] 모든 공에는 숫자가 적혀 있다. 한 항아리에 담긴 공의 숫자는 실력을, 다른 항아리에 담긴 공의 숫자는 운을 나타낸다. 숫자는 클수록 좋다. 실력 항아

[그림 3-2] 실력과 운의 분포 사례

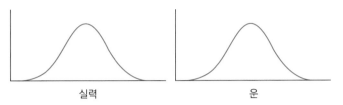

실력 　　　　　　　　　 운

자료: 저자의 분석

리에서 꺼낸 공 하나의 숫자와 운 항아리에서 꺼낸 공 하나의 숫자를 더하면 성적이 된다. 그림 3-2는 실력과 운의 분포가 전형적인 종형 곡선을 구성하는 사례다. 그러나 성적의 분포는 전혀 다른 모습으로 나타날 수도 있다. 활동의 특성에 따라 항아리에 담는 공이 달라질 수 있기 때문이다.

예를 들어 운이 영향을 전혀 미치지 못하는 활동이라면 운 항아리에는 숫자가 0인 공만 담으면 된다. 그러면 성적은 오로지 실력에 좌우된다. 반면 룰렛처럼 운이 절대적인 영향을 미치는 활동이라면 실력 항아리에 숫자가 0인 공을 채우면 된다. 그러면 성적은 오로지 운에 좌우된다. 그러나 대부분 활동은 운과 실력의 영향을 모두 받는다.

실력 항아리에는 세 가지 숫자 −3, 0, 3이 표시된 공이, 운 항아리에는 세 가지 숫자 −4, 0, 4가 표시된 공이 담겨 있다고 가정하자. 그러면 두 항아리의 조합에서 나올 수 있는 점수는 −7(최악의 실력 + 최악의 운)~7(최고의 실력 + 최고의 운)이다(그림 3-3 참조). 이 모형이 현실을 지나치게 단순화한 측면이 있기는 하지만 그래도 몇 가지 핵심 포

[그림 3-3] 간단한 항아리 모형

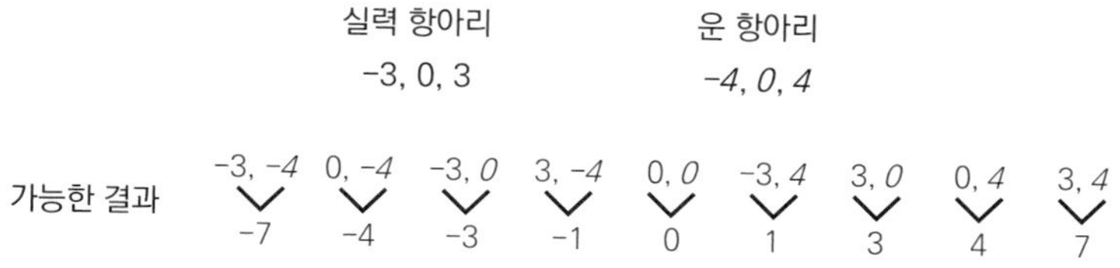

실력 항아리   운 항아리
-3, 0, 3   *-4, 0, 4*

가능한 결과   -3, -4   0, -4   -3, 0   3, -4   0, 0   -3, 4   3, 0   0, 4   3, 4

                -7   -4   -3   -1   0   1   3   4   7

자료: 저자의 분석

인트를 설명하는 용도로는 충분하다.

실력이 좋더라도 운이 나쁘면 단기적으로는 성적이 나쁠 수 있다. 예를 들어 실력이 3이더라도 운이 −4면 운의 영향이 실력을 압도해 성적은 −1이 될 수 있다. 반면 실력이 없더라도 운이 좋으면 단기적으로는 성적이 좋을 수 있다. 예를 들어 실력이 −3이더라도 운이 4면 성적은 1이 될 수 있다.

물론 표본 크기가 커지면 이런 결과는 나올 수 없다. 예를 들어 당신의 실력이 3이라고 가정하자. 그러면 이제 운 항아리에서 공 하나만 뽑아서 3을 더하면 성적이 나온다. 단기적으로는 운 항아리 점수의 영향으로 성적이 오르내리겠지만 장기적으로는 운 항아리 점수의 영향이 상쇄되어 기댓값이 0이 된다. 결국 당신의 성적은 실력에 해당하는 3이 된다.[6]

실력이 좋을수록 운이 더 중요하다

실력이 향상되어 성적이 안정되면 운이 더 중요해진다. 이것이 이른바 실력의 역설paradox of skill이다. 1941년 메이저리그에서 테드 윌리엄스Ted Williams가 타율 4할 6리를 기록한 이후 4할대 타자는 더 이상 나오지 않았다. 하버드대의 저명한 고생물학자 스티븐 제이 굴드Stephen Jay Gould는 이것을 실력의 역설로 설명했다.[7] 굴드는 먼저 공통 요인을 고려했다. 야간 경기, 장거리 원정 경기, 실력 평준화, 투수의 실력 향상 모두 타율을 낮추는 요인이었다. 그러나 단지 이런 요인들 때문에 4할대 타자가 나오지 못한다고 보기는 어려웠다. 윌리엄스가 전무후무한 최고의 타자였기 때문이라는 주장도 가능해 보인다. 하지만 굴드는 즉시 이 주장을 묵살하면서, 실력 측정이 가능한 모든 스포츠에서 선수의 실력이 꾸준히 향상되었다는 사실을 제시했다. 윌리엄스가 당대에는 최고의 선수였지만 오늘날 선수와 비교한다면 최고로 보기가 어렵다는 말이었다.

굴드의 반박은 언뜻 모순처럼 보인다. 적어도 야구 선수의 타율은 수십 년째 2할 6푼~2할 7푼 수준에 머물고 있기 때문이다. 그러나 저조해 보이는 타율 뒤에는 두 가지 중요한 사실이 숨어 있다. 첫째, 타율은 타자만의 실력이 아니라 타자와 투수가 상호 작용한 결과물이라는 것이다. 이는 말하자면 군비 경쟁과 같다. 타자와 투수의 실력이 함께 향상되면 이들의 상대 성적은 그대로 유지된다. 그동안 타자와 투수의 실력이 함께 발맞추어 향상되면서 균형을 이루었다는 말이다.[8] 그러나 이 과정에는 프로야구협회 등 외부의 영향도 작용했다. 예를 들어 1960년대 말 타자보다 투수가 훨씬 강세를 보이자 협회는 투수 마운드의 높이를 12.7cm 낮추고 스트라이크존도 축소했다.

굴드는 타자의 실력이 모두 향상되어 그 격차가 축소된 것도 4할대 타자가 나오지 않는 이유라고 주장한다. 지난 60년 동안 훈련 방식이 대폭 개선되어 실력 격차가 축소되었다는 말이다. 게다가 세계 전역에서 선수를 채용하기 시작하면서 인재 풀이 대폭 확대되었다. 도미니카(새미 소사Sammy Sosa)와 멕시코(페르난도 발렌수엘라Fernando Valenzuela) 출신 선수도 경기력 향상에 크게 기여했다. 또한 각 선수의 타율에 운도 큰 영향을 미치고 있다. 즉 공이 투수의 공을 벗어나는 순간 타자가 과연 실력을 발휘하게 될지를 예측하는 것은 여전히 어렵다.

통계 용어로 표현하자면, 그동안 '타자의 실력은 향상되었지만 타율의 변동계수는 감소'했다. 그림 3-4는 1870년대 이후 타율의 표준편차와 변동계수를 10년 단위로 나타낸 자료다. 분산은 표준편차를 제곱한 값이므로 표준편차가 감소하면 분산도 감소한다. 변동계수는 표준편차를 모든 타자의 평균 타율로 나눈 값이므로 리그 평균 대비 타자의 타율 분포를 효과적으로 보여주는 척도가 된다. 이 그림에 의하면 지난 수십 년 동안 타율 격차가 계속 축소되었다. 굴드는 타율에 초점을 맞추었지만 다른 부문에서도 이런 현상이 나타났다. 예를 들어 평균 자책점의 변동계수 역시 수십 년 동안 계속 감소했다.[9]

4할대 타자가 사라진 것은 이 변동계수의 감소 때문이다. 모든 선수의 실력이 향상된 탓에 아무도 극적인 승리를 거두지 못하는 것이

[그림 3-4] 메이저리그 타율의 표준편차 감소 추이

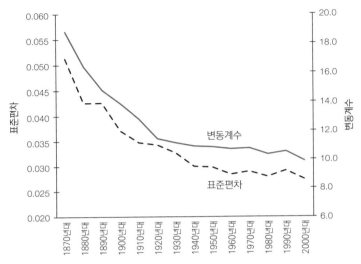

자료: 저자의 분석

다. 전성기 시절 윌리엄스는 물론 최고의 타자였지만, 당시에는 변동계수도 매우 컸으므로 그렇게 높은 타율을 기록할 수 있었다. 지금은 변동계수가 대폭 감소한 탓에 최고의 타자조차 윌리엄스의 타율에 근접할 가능성이 희박해졌다. 만일 윌리엄스가 1941년 당시 실력으로 현재 선수들과 실력을 겨룬다면 그의 타율은 4할 근처에도 이르지 못할 것이다.

메이저리그에서 안타를 때리기는 정말이지 쉽지 않다. 메이저리그 투수가 던지는 공은 시속 160km에 이르는 데다가 홈 플레이트 근처에서 옆으로 휘거나 아래로 떨어지기도 한다. 실력의 역설에 의하면,

선수의 실력은 과거 어느 때보다 향상되었는데도 실력이 타율에 미치는 영향은 오히려 과거보다 감소했다. 이는 거의 반사적으로 이루어지는 스윙에서 미세한 타이밍 차이나 경로 차이에 따라 결과가 크게 달라지기 때문이다. 모든 선수의 실력이 향상되었으므로 운이 과거 어느 때보다도 중요해졌다는 말이다.

실력의 역설은 다른 분야에서도 쉽게 발견할 수 있다. 예를 들어 어떤 회사가 실력을 향상시키더라도 경쟁 회사가 같은 수준으로 실력을 향상시키면 경쟁 우위를 확보할 수 없다.[10] 주가에 시장 정보가 효율적으로 반영되면 이후 주가 흐름을 예측하기가 매우 어려워진다. 사업, 스포츠, 투자에서 모두가 남의 모범 관행을 모방한다면 운이 성과에 미치는 영향은 더 커질 수밖에 없다.

운의 영향이 거의 없는 활동이라면 실력의 역설을 근거로 미래 모습을 예측할 수 있다. 장기적으로 성과가 꾸준히 향상되어, 예컨대 '인간에게 가능한 최고 속도' 같은 신체적 한계에 접근하게 될 것이다. 모든 경쟁자가 이런 한계에 접근하게 되면 이들의 성과 차이도 축소될 것이다. 그림 3-5가 이런 모습을 보여준다. 시간이 흐를수록 왼쪽 그림에서 오른쪽 그림으로 서서히 바뀐다. 실력의 분포가 종형 곡선의 꼭대기 쪽으로 더 집중되며, 변동이 감소하면서 양쪽 경사면의 기울기가 더 가팔라진다. 성과가 갈수록 더 비슷해진다는 뜻이다.

이런 예측이 옳은지는 확인할 수 있다. 역사상 가장 오래된 인기 스포츠의 하나인 마라톤을 생각해보자. 마라톤은 1896년에 채택된 올림픽 종목으로, 42.195km를 달리는 장거리 경주다. 전설에 의하면

[그림 3-5] 실력의 역설이 불러오는 미래 모습

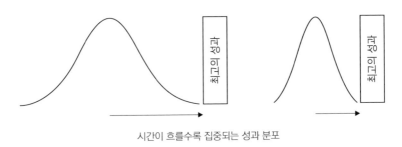

최고의 성과

최고의 성과

시간이 흐를수록 집중되는 성과 분포

자료: 저자의 분석

기원전 490년 페이디피데스Pheidippides라는 병사가 페르시아를 물리친 마라톤 평야에서 고국 아테네까지 달려와서 "우리가 승리했다"고 외치고 쓰러져 죽었다.

케이블 TV ESPN에서 '스포츠 사이언스Sports Science'를 진행하는 존 브렌커스John Brenkus는 저서 《The Perfection Point완벽의 경지》에서 인간의 한계에 대해 논했다. 그는 여러 신체적 요소를 고려한 후 인간이 마라톤에서 달성할 수 있는 최고 기록은 1시간 57분 58초라고 판단했다.[11] 내가 이 글을 쓰는 2012년 현재 세계 기록은 케냐의 패트릭 마카우Patrick Makau가 보유한 2시간 3분 38초로, 브렌커스가 제시한 기록보다 5분 40초 느리다(2019년 현재 세계 기록은 케냐의 엘리우드 킵초게가 세운 2시간 1분 39초).

그림 3-6은 1932~2008년 올림픽 남자 마라톤 기록을 나타낸다. 곡선 하나는 우승자의 완주 시간인데 그동안 약 25분이 단축되었다.

[그림 3-6] 올림픽 남자 마라톤 기록과 실력의 역설

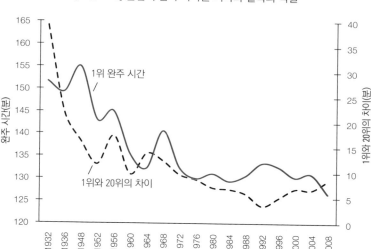

자료: www.olympicgamesmarathon.com 및 저자의 분석

76년에 걸쳐 달성한 성과지만 대폭 향상되었음을 알 수 있다. 두 번째 곡선은 1위와 20위의 완주 시간 차이를 나타낸다. 실력의 역설이 말해주듯 이 차이는 1932년 약 40분에서 2008년 약 9분으로 축소되었다. 모든 선수의 실력이 향상됨에 따라 1위와 20위의 기록 차이도 축소된 것이다.

두 항아리 모형이 보여주듯이 운의 변동이 실력의 변동보다 크면 단기적으로는 운의 영향이 실력의 영향을 압도할 수 있다. 다시 말해서 모든 사람의 실력이 향상되면 운이 승패에 더 큰 영향을 미친다. 이제 이 모형을 다시 살펴보자.

대성공은 언제 이루어지는가?

두 항아리 모형에서 나오는 극값은 −7과 7이다. 최악의 실력과 최악의 운이 결합하거나 최고의 실력과 최고의 운이 결합할 때만 나오는 값이다. 경쟁이 치열한 환경에서는 성과가 부진하면 도태되므로 우리는 성과가 우수한 쪽에 관심을 집중하기로 한다. 기본 요건은 간단하다. 최고의 실력과 최고의 운이 결합할 때 대성공이 이루어진다. 실력이나 운 하나만으로는 부족하다. 둘 다 필요하다.

이것이 말콤 글래드웰Malcolm Gladwell이 《아웃라이어Outliers》에서 다룬 핵심 주제다. 글래드웰은 억만장자 빌 조이Bill Joy의 스토리를 들려준다. 조이는 선 마이크로시스템즈Sun Microsystems를 공동 설립했으며, 지금은 벤처 캐피털 클라이너 퍼킨스Kleiner Perkins의 파트너로 활동하고 있다(2019년 현재 워터 스트리트 캐피털Water Street Capital에서 활동하고 있음).

조이는 이례적으로 똑똑한 인물이었다. 그는 SAT 수학 섹션에서 800점 만점을 받아 16세에 미시간대에 입학했다. 당시 키보드와 스크린이 딸린 컴퓨터는 미국에 몇 대뿐이었는데 다행히 미시간대에도 한 대 있었다. 다른 대학교에서는 컴퓨터를 이용하려면 펀치카드punch card를 작성해야만 했다. 이후 조이는 엄청난 시간을 들여 컴퓨터 코드 작성법을 배웠다. 덕분에 그는 캘리포니아대 버클리 캠퍼스의 컴퓨터과학 박사 과정에 수월하게 진학할 수 있었다. 그가 버클리에서 박사 과정을 마칠 때까지 컴퓨터 코드 작성에 들인 시간은 약

1만 시간에 달했다.[12] 그가 소프트웨어회사를 설립해서 막대한 재산을 모을 수 있었던 것은 실력과 운이 결합한 덕분이었다. 그가 이례적으로 똑똑하긴 했지만 컴퓨터가 있는 학교에 들어간 것은 행운이었기 때문이다. 조이는 실력 항아리와 운 항아리 양쪽에서 최고의 숫자를 뽑은 셈이다.

글래드웰의 주장에 의하면 대부분 성공담은 주로 용기와 재능 등 개인의 자질에 초점을 맞춘다. 그러나 자세히 들여다보면 언제나 운이 큰 역할을 한 것으로 드러난다. 역사에는 주로 승자에 관한 스토리가 담겨 있다. 이는 단지 승자가 역사를 쓰기 때문이 아니라, 사람들이 인과관계를 알고 싶어 하기 때문이다. 운이 스토리를 이끌어 가면 지루해진다. 그래서 성공을 논할 때 우리는 운보다 실력을 훨씬 강조하는 경향이 있다. 그러나 잘 들여다보면 운은 항상 영향을 미친다. 글래드웰은 성공 스토리들을 설명하면서 이렇게 말한다. "대성공은 능력, 기회 그리고 행운이 결합할 때 이루어졌다."[13] 이것이 바로 두 항아리 모형이 알려주는 내용이다.

대성공은 다른 방식으로도 이루어진다. 1941년 미국 프로 야구를 다시 살펴보자. 1941년에는 테드 윌리엄스가 타율 4할 6리를 기록했을 뿐 아니라 조 디마지오Joe DiMaggio가 56경기 연속 안타를 기록했다. 사람들은 디마지오의 기록이 더 깨기 어렵다고 생각한다.[14] 윌리엄스처럼 4할대 타율을 기록한 사람은 아직 없지만, 조지 브렛George Brett(1980년 3할 9푼)과 로드 커류Rod Carew(1977년 3할 8푼 8리)도 근접한 기록을 세웠다. 반면 연속 안타 2위는 피트 로즈Pete Rose가 1978년에 세운 44경기 연속 안타 기록으로, 디마지오가 세운 기록의 80%에 불과하다.

굴드는 말한다. "여러 번 연속 성공했다면 탁월한 실력에 기막힌 행운까지 겹쳤다고 보아야 한다."[15] 두 항아리 모형으로도 연속 성공을 설명할 수 있다. 이는 먼저 실력 항아리에서 공을 하나 꺼내고 난 후 운 항아리에서 공을 계속 꺼내는 것과 같다. 여러 번 연속 성공을 거두려면 먼저 실력 항아리에서 큰 숫자가 적힌 공을 꺼내고 나서 운 항아리에서도 계속해서 큰 숫자의 공을 꺼내는 행운을 만나야 한다. 굴드는 힘주어 말한다. "장기 연속 안타는 가장 훌륭한 선수에게 나타나는 현상이다. 이들의 안타 확률은 평균보다 훨씬 높기 때문이다."[16] 예를 들어 타율이 3할인 타자가 3회 연속 안타를 칠 확률은 2.7%(=0.3³)인 반면 타율이 2할인 타자가 3회 연속 안타를 칠 확률은 0.8%(=0.2³)에 불과하다. 훌륭한 타자들이 모두 연속 안타를 치는 것은 아니지만 장기간 연속 안타를 기록한 선수들은 모두 훌륭한 타자였다. 30경기 이상 연속 안타를 기록한 선수들의 타율 평균은 3할 3리로 리그 장기 평균보다 훨씬 높았다.[17]

이는 야구에서만 나타나는 현상이 아니다. 다른 스포츠는 물론 사업과 투자에서도 장기간 이어지는 성공은 항상 실력과 운이 결합했을 때 나타난다. 물론 운에 의해서 연속 성공이 나올 수도 있다. 그러나 선수들의 실력 차이가 존재하는 분야라면 장기 연속 성공은 가장 실력 있는 선수에게 돌아간다.

ROIC는 평균으로 회귀한다

평균 회귀도 두 항아리 모형으로 잘 설명할 수 있다. 그림 3-3 '간단한 항아리 모형'으로 돌아가 보자. 여기서 가능한 결과 중 가장 큰 숫자 네 개는 7, 4, 3, 1로, 실력 항아리 숫자와 운 항아리 숫자가 각각 (3, 4), (0, 4), (3, 0), (-3, 4)로 구성되는 경우다. 이때 네 숫자의 합 15 중 실력은 3(3, 0, 3, -3)이고 운은 12(4, 4, 0, 4)이다.

이번에는 실력 숫자를 3으로 고정해보자. 이 실험을 하는 동안 실력이 3으로 일정하게 유지된다고 가정한다는 뜻이다. 이제는 운 항아리에서 꺼낸 공의 숫자를 3에 더하면 결과가 나온다. 그러면 새 결과의 기댓값은 얼마일까? 장기적으로는 운 항아리 숫자의 영향이 상쇄되어 기댓값이 0이 되므로 새 결과의 기댓값은 실력 숫자인 3이 된다. 이것이 평균 회귀의 기본 개념이다.

결과가 나쁜 경우에 대해서도 똑같이 설명할 수 있다. 여기서 가능한 결과 중 가장 작은 숫자 네 개는 -7, -4, -3, -1로, 실력 항아리 숫자와 운 항아리 숫자가 각각 (-3, -4), (0, -4), (-3, 0), (3, -4)로 구성되는 경우다. 이때 네 숫자의 합 -15 중 실력은 -3이다.

이번에는 실력 숫자를 -3으로 고정해 실력이 -3으로 일정하게 유지된다고 가정하자. 이제는 운 항아리에서 꺼낸 공의 숫자를 -3에 더하면 결과가 나온다. 그러면 새 결과의 기댓값은 얼마일까? 앞의 경우와 마찬가지로 장기적으로는 운 항아리 점수의 영향이 상쇄되어 기댓값이 0이 되므로 새 결과의 기댓값도 실력 숫자인 -3이 된다.

앞의 두 실험에서는 실력 항아리에서 숫자 하나를 꺼내고서 그 실력이 그대로 유지된다고 가정했다. 이는 장기적으로는 비현실적이지만 단기적으로는 타당한 가정이다. 이후 운 항아리에서 거듭 공을 꺼내면 그 결과는 안정적인 실력과 변덕스러운 운이 결합되는 모습으로 나타난다. 이 실험에서 결국 승패를 결정하는 것은 실력이다.

특정 활동이 운-실력 스펙트럼에 놓이는 위치를 알면 그 활동의 평균 회귀 경향을 파악할 수 있으며, 두 항아리 모형으로도 설명할 수 있다. 예를 들어 운의 영향을 전혀 받지 않는 활동이라면(오른쪽 끝) 운 항아리는 건드릴 필요가 없으므로 실력 항아리에서 꺼낸 숫자, 즉 실력이 결과가 된다. 따라서 평균 회귀 경향은 전혀 나타나지 않는다. 세계 최고의 체커 선수 틴슬리가 하는 체커 게임이 바로 그런 활동이다. 그는 항상 승리하므로 운이 전혀 영향을 미치지 못하며 평균 회귀 경향도 나타나지 않는다.

이번에는 결과가 전적으로 운에 좌우되는 활동(왼쪽 끝)을 생각해보자. 이때는 실력 항아리를 건드릴 필요가 없으므로 운 항아리에서 꺼낸 숫자, 즉 운이 결과가 된다. 따라서 평균 회귀 경향이 강력하게 나타난다.

요컨대 결과가 전적으로 실력에 좌우되는 활동에서는 평균 회귀 경향이 나타나지 않고, 결과가 전적으로 운에 좌우되는 활동에서는 평균 회귀 경향이 강하게 나타난다. 이렇게 운-실력 스펙트럼에 놓이는 위치만 알아도 그 활동의 평균 회귀 경향을 대략적으로 추정할 수 있다.

그러나 실생활에서는 운이 결과에 미치는 영향을 가늠하기 어려워서 평균 회귀 경향을 정확하게 파악하기가 힘들다. 다행히 축소 계수 shrinking factor가 포함된 제임스-스타인 추정량James-Stein estimator을 이용하면 평균 회귀 경향을 더 합리적으로 추정할 수 있다.[18]

제임스-스타인 추정량을 구체적인 사례에 적용해보자. 가령 조Joe라는 야구 선수가 시즌 초반에 기록한 타율이 3할 5푼이고 전체 선수의 타율 평균이 2할 6푼 5리라고 하자. 조의 실력이 평균을 뛰어넘지만 그가 시즌 초반에 기록한 높은 타율은 운의 영향으로 보이므로 지속되기 어려울 듯하다. 남은 시즌 타율까지 포함해서 그의 타율을 추정하고 싶다면 현재 타율(3할 5푼)을 낮춰서 전체 선수의 타율 평균(2할 6푼 5리)에 가깝게 조정하는 방법이 최선이다. 제임스-스타인 추정량 공식에는 적정 축소 수준을 알려주는 계수가 들어 있다.

실제 평균 추정량 = 전체 평균 + 축소 계수(관찰 평균 − 전체 평균)

여기서 '실제 평균 추정량'은 조의 진정한 실력을 나타내는 타율이다. '전체 평균'은 전체 선수의 타율 평균(2할 6푼 5리, 0.265)이고 '관찰 평균'은 조가 시즌 초반에 기록한 타율(3할 5푼, 0.35)이다. 통계학자 브래들리 에프론Bradley Efron과 칼 모리스Carl Morris는 이와 관련된 탁월한 논문에서 타율에 적용되는 축소 계수를 약 2할(0.2)로 추정했다(두 사람은 표본 크기가 비교적 작은 1970년 시즌 타율 데이터를 사용했으므로 참고 자료로만 생각하기 바란다).[19] 제임스-스타인 추정량 공식으로 조의 시즌 타율을 추정하면 아래와 같다.

실제 평균 추정량 = 0.265 + 0.2(0.350 − 0.265) = 0.282

조의 시즌 타율은 2할 8푼 2리(0.282)로 추정된다. 이 공식은 타율이 전체 평균에 못 미치는 선수들에게도 적용된다. 예컨대 시즌 초반 타율이 1할 7푼 5리인 선수라면 다음과 같이 계산된다.

실제 평균 추정량 = 0.265 + 0.2(0.175 − 0.265) = 0.247

결과가 전적으로 실력에 좌우되는 활동은 축소 계수가 1.0이며 이는 추정되는 새 결과가 직전과 똑같다는 의미다. 예컨대 틴슬리가 체커 게임을 한다면 추정되는 승자는 직전의 승자와 동일한 틴슬리가 된다는 뜻이다. 단기적으로는 실력이 변하지 않으며 운도 아무 영향을 미치지 못하는 상황을 가리킨다.

결과가 전적으로 운에 좌우되는 활동은 축소 계수가 0이며 이는 추정되는 새 결과가 운의 분포와 똑같다는 의미다. 예컨대 미국 카지노의 룰렛 게임에서 운의 분포는 평균이 5.26%다. 이는 카지노가 누리는 확률 우위house edge로, 실력이 아무리 뛰어난 손님도 극복하기 어려운 요소다. 즉 몇 판 정도라면 손님이 돈을 딸 수 있어도 게임 수가 크게 증가하면 판돈의 약 5.26%를 잃게 된다는 의미다.

결과가 운과 실력으로부터 똑같이 영향 받는 활동은 축소 계수가

0과 1의 중간인 0.5다. 운과 실력이 미치는 영향을 가늠할 수 있으면 이렇게 축소 계수를 산정할 수 있다. 실력이 결과에 미치는 영향이 100%에 가까우면 축소 계수는 1에 가까워진다. 반면 운이 결과에 미치는 영향이 100%에 가까우면 축소 계수는 0에 가까워진다. 축소 계수와 관련된 사례는 10장에서 다루기로 한다.

운과 실력이 함께 영향을 미치는 활동에서 결과를 예측할 때는 제임스-스타인 추정량 공식이 유용하다. 예컨대 기업의 투하자본이익률(Return On Invested Capital, 이하 ROIC)은 시간이 흐름에 따라 평균으로 회귀한다. 이때 평균 회귀 경향은 기업의 경쟁력과 산업의 특성에 좌우된다. 일반적으로 기술회사(또는 제품 수명 주기가 짧은 회사)는 수요가 안정적인 유명 소비재회사보다 평균 회귀 경향이 강하다. 예를 들어 컴퓨터 하드디스크를 생산하는 시게이트Seagate Technology는 유명 세제 타이드를 생산하는 프록터 앤드 갬블Procter & Gamble보다 평균 회귀 경향이 강하다. 시게이트는 제품 수명 주기가 짧아서 지속적인 혁신이 필요하기 때문이다. 다시 말해서 기술회사는 축소 계수가 0에 가깝다.

마찬가지로 투자도 경쟁이 매우 치열한 활동이므로 단기적으로는 운의 영향을 많이 받는다. 따라서 펀드매니저의 과거 실적을 바탕으로 미래 실적을 예측할 때는 축소 계수를 낮추어 잡아야 한다. 펀드매니저의 실적은 운의 영향을 매우 많이 받으므로 과거 실적이 미래 실적을 보장하지 않는다는 뜻이다.

예측을 정확하게 하려면 반드시 평균 회귀 경향을 파악해야 한다.

두 항아리 모형에서도 보았듯이 운과 실력이 미치는 영향을 알면 평균 회귀 경향도 파악할 수 있다.

지금까지 우리는 항아리에 담긴 숫자들이 정규 분포를 따른다고 가정했지만 실제로 그러한 경우는 많지 않다. 게다가 스포츠, 사업, 투자 등 어느 분야든 시간이 흐르면 실력도 변한다. 이렇게 정규 분포를 따르지 않는 경우에도 항아리 모형을 적용할 수 있다. 5장과 6장에서는 시간이 흘러 실력이 변할 때 운이 어떤 영향을 미치는지 알아본다.

우리는 운-실력 스펙트럼상의 위치만 파악해도 해당 활동에 대해 깊은 통찰을 얻을 수 있다. 예컨대 단기적으로는 운의 영향이 실력을 압도할 수 있다는 점을 깨닫게 된다. 플레이보이 모델의 종목 선정 사례가 여기에 해당한다. 그리고 억만장자 조이와 프로 야구 선수 디마지오가 만들어낸 극단적 결과를 이해하는 사고의 틀도 얻을 수 있다. 아울러 평균 회귀 경향도 파악할 수 있으며 타자의 타율도 추정할 수 있다. 이들 모두 합리적 예측이 필수적인 개념이다.

4장에서는 특정 활동의 위치를 운-실력 스펙트럼에서 찾아내는 기법을 살펴보자.

THE
SUCCESS EQUATION

2부

분석

4장

행운을 빌 때와
열심히 노력할 때

　내 아들 중 알렉스는 열정적인 조정漕艇 선수다. 조정은 엄청난 노력과 헌신이 필요한 스포츠로, 승패가 주로 실력에 좌우된다. 한번은 알렉스가 조정팀 코치에 대해 말해주었다. 경기 시작 전에 선수들 부모가 몰려와 "행운을 빈다!"라고 외치며 격려하자 코치는 "열심히 노력하라!"라는 표현으로 바꿔서 격려해달라고 요청했다. 조정의 승패는 운의 영향을 거의 받지 않으므로 행운을 빌어줄 이유가 없다고 생각한 것이다.

　인터넷을 검색해보면 슬롯머신에서 돈 따는 방법을 알려주겠다는 사이트가 많이 나온다. 그러나 조금만 조사해보면 슬롯머신 게임의 기댓값이 마이너스임을 알 수 있다. 1달러를 넣을 때마다 기대되는 수익이 80~98센트에 불과하기 때문이다. 나는 슬롯머신에 대해 친구인 하버드대 정치경제학 교수 리처드 젝하우저Richard Zeckhauser와 이야기를 나눈 적이 있다. 내가 슬롯머신의 승률을 높일 방법은 존재하지 않는다고 말하자 그는 직업이 슬롯머신 게임인 사람도 분명히 존재한다고 대답했다.[1] 물론 직업 삼아 슬롯머신 게임을 하는 사람도 있을지 모르지만 그 수는 많지 않을 것이다. 슬롯머신 게임의 승패는 운에 좌우되기 때문이다. 슬롯머신 게임에서 실제로 승패를 결정하는 실력자는 슬롯머신 프로그래머다. 그는 손님에게 적당히 돈 버는 재미를 안겨주어 게임을 더 많이 하도록 유도한다.[2] 그래야 장기적으로 카지노의 이익이 늘어나기 때문이다.

조정은 운의 영향을 거의 받지 않으므로 운-실력 스펙트럼상 위치가 거의 오른쪽 끝이다. 반면 슬롯머신은 운이 미치는 영향이 절대적이므로 운-실력 스펙트럼상 위치가 거의 왼쪽 끝이다. 그러나 대부분 활동은 운과 실력의 영향을 모두 받으므로 그 위치가 운-실력 스펙트럼의 중간 어딘가에 해당한다.

운-실력 스펙트럼상의 위치를 찾아내려면 그 활동이 운의 영향을 얼마나 받는지 파악해야 한다. 이때 우리는 분석 대상 변수, 표본 크기, 시간이 미치는 영향을 고려해야 한다. 활동은 다양한 차원에서 분석할 수 있는데, 분석 차원에 따라서도 운이 미치는 영향이 달라진다. 예를 들어 야구에서는 타자 개인의 타율이라는 차원에서 분석할 수도 있고 팀의 시즌 승률이라는 차원에서 분석할 수도 있다. 이렇게 차원이 다르면 활동의 특성도 달라지므로 운-실력 스펙트럼에 놓이는 위치도 달라진다. 타율은 타자와 투수가 상호 작용을 통해 빚어내는 결과물이다. 이때 타자와 투수 둘 다 다른 선수와 상호 작용을 하지 않는다. 이 1대 1 대결의 결과는 주로 실력에 좌우된다.

반면 야구팀의 시즌 승률이 결정되는 과정은 사뭇 다르다. 선수 개개인의 실력도 승률에 많은 영향을 미치지만 운도 적지 않은 영향을 미친다. 예컨대 선수의 부상(불운), 변덕스럽게 오르내리는 성적(행운과 불운) 등도 승률에 영향을 미친다.

운의 영향을 거의 받지 않는 활동이라면 표본 크기가 작아도 그리 걱정할 필요가 없다. 그러나 운의 영향을 많이 받는 활동이라면 표본 크기가 작을 경우 성과를 평가하기가 매우 어렵다. 하지만 표본 크기가 증가하면 이에 따라 실력이 미치는 영향이 점점 뚜렷이 나타난다. 따라서 똑같은 활동이라도 표본 크기에 따라 운-실력 스펙트럼에 놓이는 위치가 달라질 수 있다. 표본 크기가 크면 운과 실력이 미치는 영향을 더 정확하게 파악할 수 있다는 말이다.

간단한 예로, 사람들이 표준 전략에 따라 블랙잭 게임을 한다고 가정하자. 그림 4-1은 게임 횟수에 따라 예상되는 승률 추정치를 나타낸다. 만일 수많은 사람이 게임을 각각 100회씩 한다면 51%는 돈을 잃고 49%는 본전에 머물거나 돈을 따게 된다. 그러나 게임 횟수가 각각 1만 회로 증가하면 3분의 2가 돈을 잃고 3분의 1만 돈을 따게 된다. 이때는 본전에 머무는 사람이 거의 없다. 게임 횟수가 증가할수록 카지노의 우위가 뚜렷이 나타난다.

시간도 표본 크기 결정에 중대한 영향을 미친다. 사람들은 대개 지구가 태양 주위를 한 바퀴 도는 1년을 기준으로 시간을 측정한다. 스포츠에서는 흔히 1년의 일부인 시즌을 기준으로 삼는다. 기업은 일

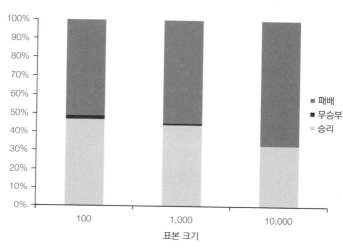

[그림 4-1] 표준 전략을 사용할 때 예상되는 블랙잭 승률

자료: David Spanier, 《Easy Money: Inside the Gambler's Mind》(New York: Penguin Books, 1987)

반적으로 분기와 연도별로 재무제표를 작성하며 장기 실적을 평가할 때는 3~10년을 기준으로 삼기도 한다. 투자자도 분기와 연도별로 실적을 평가한다. 펀드매니저의 실적을 평가하는 기간으로는 3년이 가장 많이 사용된다.[3]

4장에서는 운-실력 스펙트럼상의 위치를 찾아내는 세 가지 기법을 살펴본다. 먼저 활동에 대해 기본적인 질문 몇 개를 던지면 운-실력 스펙트럼상의 위치를 비교적 정확하게 파악할 수 있다. 이 방법이 주관적으로 보이긴 해도 신중을 기하면 커다란 통찰을 얻을 수 있다. 다음으로는 시뮬레이션을 이용해서 운-실력 스펙트럼상의 위치를

찾아본다. 마지막은 스포츠 통계학자가 널리 사용하는 기법으로, 그 구조가 두 항아리 모형과 매우 비슷하다. 이 기법은 성과에서 운을 차감하는 방식으로 실력이 미치는 영향을 추정한다. 이들 기법은 데이터가 매우 명확한 스포츠는 물론 그렇지 못한 기업과 투자에도 적용할 수 있다.

인과관계가 명확하다면 실력을 믿어라

첫 번째 질문, 인과관계가 명확하게 드러나는가? 인과관계가 명확하면 똑같은 행동을 할 때 똑같은 결과가 반복적으로 나오게 된다. 이런 활동은 일반적으로 안정적stable이고 선형적linear이다. '안정적'이란 시간이 흘러도 활동의 기본 구조가 변하지 않는다는 뜻이다. '선형적'이란 똑같은 행동에 대해서 항상 똑같은 결과가 나온다는 의미다. 인과관계가 명확한 활동은 운-실력 스펙트럼상 오른쪽(실력)에 놓인다. 반면 인과관계가 불명확한 활동은 운-실력 스펙트럼상 왼쪽(운)에 놓인다.[4]

예를 들어 당신이 아마추어 테니스 선수라고 가정하자. 당신이 공의 흐름을 계속해서 주목하면 공을 받아 넘길 확률이 높아질까? 실제로 공의 흐름을 계속 주목하면 공을 받아 넘기는 확률이 훨씬 높아진다. 그렇게 하면 실력이 개선되기 때문이다.

이번에는 다른 예를 들어보자. 당신은 룰렛 게임을 하러 카지노에 갈 때 항상 '행운의 모자'를 쓰고 간다. 카지노에서 처음 세 번은 50~100달러를 땄고, 이후에도 계속 땄다. 그런데 바람이 거세게 불던 어느 날 행운의 모자가 바람에 날아가 강물에 빠지고 말았다. 그날 당신은 모자를 쓰지 않고 룰렛에서 1,000달러를 땄다. 그날의 행운에 매료되어 다음 주에도 모자를 쓰지 않고 룰렛 게임에 과감하게 도전했으나 2,000달러를 잃었다. 그러면 행운의 모자와 룰렛 사이에 인과관계가 있을까? 인과관계가 있다고 보기 어렵다.

더 복잡한 예로, 제조업의 두 가지 요소를 생각해보자. 첫 번째는 실제 제조 공정이다. 세계적인 제조회사가 개발한 제조 공정은 매우 안정적이고 선형적이어서 불량률이 매우 낮다. 이런 회사는 제조 원가를 낮추려고 제조 공정에 정교한 통계 기법을 적용한다.[5] 대표적인 사례가 제품의 품질 편차를 축소하려고 도입하는 6시그마Six Sigma 기법이다. 6시그마를 달성하면 제품·서비스 100만 건당 불량이 3.4건 미만에 그치게 된다. GE, 하니웰Honeywell 등은 이 기법을 실행해 수십억 달러의 비용을 절감했다. 제조 공정은 운이 영향을 거의 미치지 않는 활동이다. 통계 기법을 적용해서 안정적인 제조 공정을 확립하면 제품의 불량률을 항상 매우 낮게 유지할 수 있다.[6]

제조업의 두 번째 요소는 생산할 제품을 결정하는 일로, 이른바 전략이다. 그러나 전략이 매우 훌륭해도 소니 미니디스크 사례에서 보았듯이 참담한 실패를 맛볼 수 있다. 경쟁, 기술 발전, 규제 변화, 전반적인 경제 여건, 고객의 취향 변화 등 수많은 변수가 성패에 영향을 미치기 때문이다. 전략이 개선되면 장기적으로는 성공 확률이 더 높아질 수도 있겠지만 그래도 성공이 보장되지는 않는다. 따라서 한 회사가 하는 활동 중에서도 어떤 활동은 실적이 주로 운에 좌우되고 또 어떤 활동은 주로 실력에 좌우된다.

개인 차원에서도 이런 현상이 나타난다. 직장에서 승진을 거듭해 직급이 높아지면 대개 운의 영향을 많이 받는 업무의 비중이 커진다. 탁월한 실력을 발휘하던 제조 부문 임원이 CEO로 승진하면 실력을 전혀 발휘하지 못할 수도 있다. 제조 업무와는 달리 CEO의 업무는 대개 인과관계가 불명확해서 피드백을 제대로 받기가 훨씬 어렵기 때문이다.

두 번째 질문, 평균 회귀 경향이 어느 정도인가? 이 질문에 답하려면 성과를 측정할 수 있어야 한다. 예컨대 스포츠라면 팀의 승패 데이터가 있어야 하고, 기업이라면 손익 실적이 있어야 하며, 투자라면 S&P500 등 벤치마크 대비 수익률이 있어야 한다. 이런 데이터를 이용하면 평균 회귀 경향을 손쉽게 파악할 수 있다. 평균 회귀 경향이 높으면 그 활동의 성과는 운의 영향을 많이 받는다는 뜻이고 평균 회귀 경향이 낮으면 실력의 영향을 많이 받는다는 뜻이다.

세 번째 질문, 예측의 정확도가 어느 정도인가? 이 질문에 답하려면 전문가의 예측 실적을 분석해야 한다. 전문가들의 예측이 대체로 일치하며 정확하다면 성과가 주로 실력에 좌우된다는 뜻이다. 반면 전문가들의 예측이 제각각이며 정확하지 않다면 성과가 주로 운에 좌우된다는 뜻이다.

예측의 정확도가 높은 분야에는 엔지니어링, 의학, 체스나 체커 같은 게임이 포함된다. 예를 들어 체스 토너먼트에서는 상대 선수 대비 승률을 기준으로 체스 점수가 산정된다. B 선수에 대한 A 선수의 승률이 75%라면 A 선수의 체스 점수는 B 선수보다 200점 높아진다. 이후 시합에서 또 승리하면 체스 점수가 소폭 더 상승한다. 그러나 패배하면 체스 점수가 대폭 하락한다.[7] 따라서 선수의 실력이 계속 변하더라도 점수로 그 선수의 실력을 대체로 정확하게 추정할 수 있다.

정치, 경제, 사회 분야에서는 전문가의 예측이 끔찍할 정도로 형편없다.[8] 이 사실은 이미 수십 년 전에 수많은 연구에서 밝혀졌다. 그런데도 놀라운 사실은, 이런 전문가들의 형편없는 예측을 사람들이 여전히 신뢰한다는 점이다. 이렇게 전문가들의 예측이 형편없이 빗나가는 것은 정치, 경제, 사회 시스템이 복잡 적응계complex adaptive system이기 때문이다. 예컨대 주식시장의 폭등과 폭락은 수많은 사람들이 상호 작용해 나타나는 결과다. 복잡 적응계에서는 인과관계가 명확하게 드러나지 않으므로 예측이 개괄적이고 모호할 수밖에 없다.[9]

결과를 운으로 충분히 설명할 수 있는가

시뮬레이션을 이용해서 운-실력 스펙트럼상의 위치를 찾을 수도 있다. 첫 번째 단계는 결과가 100% 운에 좌우되는 상황과 100% 실력에 좌우되는 상황을 가정해서 두 가지 시뮬레이션 데이터를 도출하는 것이다. 두 번째 단계에서는 실제 데이터를 수집해서 두 시뮬레이션 데이터와 비교해 운–실력 스펙트럼상의 위치를 찾아낸다.

이 책에서는 이 기법을 스포츠 분야에 적용해서 설명하지만, 다른 분야에도 적용할 수 있다. 브라이언 버크Brian Burke가 분석한 NFL 승패 기록을 살펴보자. NFL에서는 32개 팀이 정규 시즌에 각각 16경기를 치른다. 먼저 승패가 100% 운에 따라 결정된다고 가정하고 그 분포를 산정해보자. 이를 두 항아리 모형에 비유한다면, 운 항아리에는 숫자 1이 적힌 공과 0이 적힌 공이 같은 개수로 들어 있고 실력 항아리에는 0이 적힌 공만 들어 있는 셈이다. 다시 말하면 각 경기의 승패를 동전 던지기로 결정하는 것과 같다(그림 4-2 참조). 가로축은 승리 횟수를 나타낸다. 세로축은 비중, 즉 해당 승리 횟수를 얻는 팀의 비율(%)을 나타낸다. 예컨대 16경기 중 8경기를 승리하는 팀은 약 20%가 나올 것으로 예상되고, 16경기를 모두 승리하거나 패배하는 팀의 비율은 지극히 낮을 것으로 예상된다.

이번에는 승패가 100% 실력에 따라 결정된다고 가정하고 그 분포를 산정해보자. 여기서는 32개 팀에 숫자 1~32를 부여하고 숫자가 높은 팀이 낮은 팀에 항상 승리한다고 가정한다. 이를 두 항아리 모형에 비유한다면, 운 항아리에는 숫자 0이 적힌 공만 들어 있고 실력 항아리에는 1~32가 적힌 공이 하나씩 들어 있는 셈이다.

이어서 NFL 대진 방식을 모방해 5,000개 시즌에 해당하는 시뮬레이션을 실행한 다음 승패의 분포를 살펴본다. 그림 4-3이 그 승패의 분포를 나타낸다. 승리 횟수별 비중은 대체로 비슷하게 유지되나 성적이 가장 좋은 팀(1위, 2위)과 가장 나쁜 팀(31위, 32위)에 해당하는 양

[그림 4-2] NFL 승패 기록 – 승패가 100% 운에 좌우된다고 가정

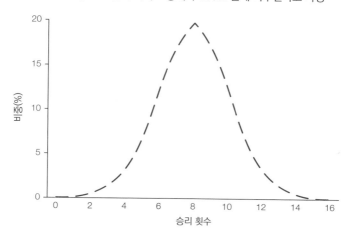

자료: 저자의 분석

[그림 4-3] NFL 승패 기록 – 승패가 100% 실력에 좌우된다고 가정

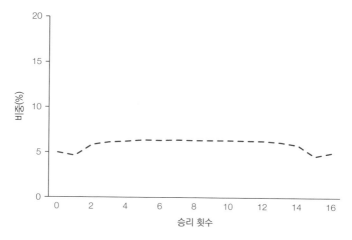

자료: 저자의 분석

쪽 끝의 비중은 약간 낮게 나타난다.

이제는 NFL 모든 팀의 실제 승패를 살펴보자. 그림 4-4는 2007~2011년의 5개 시즌 성적을 종합적으로 보여준다. 이렇게 해서 세 가지 분포가 나왔다. 100% 운을 가정한 분포, 100% 실력을 가정한 분포, 실제로 나온 승패의 분포다.

이제 세 가지 분포를 비교해보자. 먼저 실제 분포를 100% 운 모형과 비교하자(그림 4-4와 그림 4-2 비교). 승리 횟수가 중간 수준인 팀의 비중은 100% 운 모형이 더 높지만, 승리 횟수가 매우 많거나 매우 적은 팀의 비중은 실제 분포가 더 높다. 이어서 실제 분포를 100% 실력 모형과 비교하자(그림 4-4와 그림 4-3 비교). 승리 횟수가 중간 수준인 팀의 비중은 실제 분포 모형이 더 높지만, 승리 횟수가 매우 많거나

[그림 4-4] 실제 NFL 승패 기록(2007~2011년)

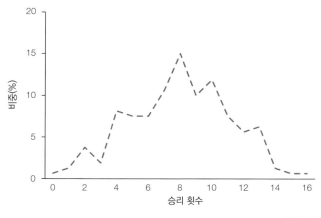

자료: 저자의 분석

매우 적은 팀의 비중은 100% 실력 모형이 더 높다.

마지막 단계에서는 실제 분포와 일치하도록 운 모형과 실력 모형을 조합한다. 100% 운 모형에 100% 실력 모형을 조금 보태면, 그래프의 중간이 다소 낮아지고 양 끝이 다소 높아져서 실제 분포와 더 비슷해진다. 이렇게 두 모형의 비중을 점진적으로 조정해가면 실제 분포와 매우 유사한 분포를 조합해낼 수 있다.

이렇게 비중을 조정해가는 과정이 바로 운과 실력의 비중을 결정하는 작업이다. 실제 분포에서 운이 차지하는 비중을 p라고 하자. 실제 분포가 100% 운에 좌우된다면 p = 100%가 되고, 100% 실력에 좌우된다면 p = 0%가 된다. 그리고 실제 분포는 운과 실력이 결합한 결과이므로, 실력은 1-p가 된다. 이제 p가 얼마일 때 조합한 모형이 실제 분포와 가장 비슷해지는지 찾아내면 된다. 이때의 p값이 바로 운-실력 스펙트럼상의 위치가 된다.

이 사례에서는 p가 48%일 때 조합한 모형이 실제 분포와 가장 비슷해진다(그림 4-5 참조). 즉 실력의 비중이 절반을 약간 넘도록 모형을 조합할 때 실제 분포에 가장 접근한다. 물론 단순한 모형에 불과하므로 실제 분포의 세부 사항까지 정밀하게 표현하기는 어렵다. 그래도 미식축구 영화 '애니 기븐 선데이Any Given Sunday'에 나오는 극적 승리의 가능성은 충분히 보여준다.

버크의 분석에 의하면 운의 영향이 48%인 미식축구에 이 모형을 적용할 때 예측의 적중률은 약 75%다. 다양한 컴퓨터 모형과 배당률 산정 전문가의 적중률도 비슷한 수준으로 나온다.

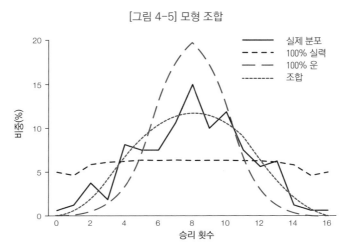

[그림 4-5] 모형 조합

자료: 저자의 분석

　　스포츠는 결과가 승리나 패배 둘 중 하나여서 이런 분석을 적용하기가 쉽다. 아울러 전승이나 전패처럼 극단적인 결과를 가정하기도 쉽다. 그러나 기업이나 투자 등 다른 분야에서는 극단적인 결과가 어떤 모습인지 상상해보기도 쉽지 않다. 그래도 이 기법을 써보면 귀무모형(null model: 성과가 100% 운에 좌우된다고 가정하는 모형)처럼 지극히 단순한 모형이 결과 분석에 매우 유용하다는 사실을 알 수 있다. 대부분 사례에서 우리가 던져야 하는 기본 질문은 '그 결과를 운으로 충분히 설명할 수 있는가?'다.

종목이 동일하면 운의 영향력도 비슷하다

운-실력 스펙트럼상의 위치를 찾는 마지막 기법은 이른바 진眞점수 이론true score theory을 이용하는 것이다. 이는 현실 세계에 폭넓게 적용할 수 있는 유용한 기법이다. 현실 세계에서 진정한 실력은 파악하기도 어려울뿐더러 시간이 흐르면 변한다. 예를 들어 운동선수의 실력은 나이를 먹으면서 더 향상되기도 하고 퇴보하기도 한다. 테니스에서는 태양을 마주 보느냐 등지느냐에 따라 선수의 실력이 달라질 수 있다. 이 기법은 3장의 두 항아리 모형과 일맥상통한다.[10]

진점수 이론의 방정식은 다음과 같다.

$$분산(결과) = 분산(실력) + 분산(운)$$

앞의 NFL 사례에서는 '운의 비중'이 얼마일 때 조합한 모형이 실제 분포와 가장 비슷해지는지 찾아냈다. 이 방정식에서는 '실력의 비중'을 찾아낸다. 우리는 결과의 분산과 운의 분산을 알고 있으므로 실력의 분산을 아래와 같이 찾아낼 수 있다.

$$분산(실력) = 분산(결과) - 분산(운)$$

이제 구체적인 사례를 살펴보자. 탁월한 세이버메트릭스 전문가 톰 탱고Tom Tango는 진점수 이론을 적용하는 5단계를 제시했다.[11] 미국 프로 농구에 이 기법을 적용해보자.

1단계에서는 다수의 팀이 다수의 경기를 치른 결과 데이터를 수집한다. 여기서는 NBA 2010~2011 시즌에서 30개 팀이 기록한 성적을 살펴본다. NBA 소속 팀은 정규 시즌에 82경기를 치른다.

2단계에서는 각 팀의 성적을 조사한다. 2010~2011 시즌에 성적이 가장 좋은 팀은 시카고 불스Chicago Bulls로 승률이 75%가 넘었다. 성적이 가장 나쁜 팀은 미네소타 팀버울브스Minnesota Timberwolves로 승률이 21%에 불과했다. 이 두 팀을 제외한 나머지 28개 팀의 승률은 그 사이에 분포했다.

3단계에서는 승률의 표준편차를 산출한다. 2010~2011 시즌에는 표준편차가 0.161이었다. 2006~2007 시즌에서 2010~2011 시즌까지 5개 시즌의 표준편차 평균도 0.159로 매우 비슷하다. 분산은 표준편차를 제곱한 값이므로, $0.161^2 = 0.026$이다.

4단계에서는 성적이 오로지 운에 좌우된다면 표준편차가 얼마인지 산출한다. 다시 말해서 승부를 동전 던지기로 결정하면 표준편차가 얼마가 나오는지 계산한다. 승부를 이렇게 결정하면 경기를 관전하는 즐거움은 사라지겠지만 계산은 간편해진다. 다음 이항 분포 공식으로 표준편차를 간단하게 산출할 수 있다. 여기서 p는 승리 확률(즉 0.5)이고 n은 경기 숫자(즉 82)다.

$$운의 \ 표준편차 = \sqrt{p \times \left(\frac{1-p}{n} \right)}$$

위 공식에서 산출된 운의 표준편차는 0.0552이므로 운의 분산은 $0.0552^2 = 0.003$이다.

이제 방정식의 세 변수 중 두 변수의 값을 찾아냈으므로 다음과 같이 실력의 분산을 찾아낼 수 있다.

$$분산(실력) = 분산(결과) - 분산(운)$$
$$= 0.026 - 0.003$$
$$= 0.023$$

이제 분산(운)을 분산(결과)으로 나누면 운이 결과에 미치는 영향을 파악할 수 있다. NBA에서는 약 12%가 나온다(0.003/0.026 = 0.115). 다른 스포츠에 대해서도 이 기법을 사용해서 운이 미치는 영향을 파악하면 운-실력 스펙트럼상의 위치를 쉽게 찾아낼 수 있다.

표 4-1은 다양한 스포츠에 운이 미치는 영향을 보여준다. 최근 5개

[표 4-1] 프로 스포츠 성적에 운이 미치는 영향

리그	운이 차지하는 비중	분석 기간(~년까지 5개 시즌)
NBA	12%	2011
프리미어리그(잉글랜드 프로 축구)	31%	2011
메이저리그 야구	34%	2011
내셔널 풋볼 리그NFL	38%	2011
내셔널 하키 리그NHL	53%	2012

자료: 저자의 분석

시즌에서 산출된 값을 평균한 숫자다. 데이터를 분석해보면 운이 미치는 영향이 커질수록 리그 소속 팀 사이의 성적 격차가 감소한다.

이 기법으로 산출된 값은 앞의 NFL 시뮬레이션에서 산출된 값보다 다소 낮지만 대체로 비슷한 수준이다. 이 기법은 비교적 단순하지만 매우 강력하다는 장점이 있다.

위 표에는 나타나지 않지만 참고할 만한 사실이 있다. 스포츠 종목이 동일하면 리그가 달라도 운이 미치는 영향은 비슷하다는 사실이다. 예를 들어 1976년 NBA에 통합된 아메리칸 농구 협회American Basketball Association에서도 운이 성적에 미치는 영향은 비슷했다. 이런 현상은 하키, 미식축구, 축구에서도 똑같이 나타난다. 이는 운이 미치는 영향이 리그의 구성 방식이나 운영 방식보다는 스포츠 종목과 더 밀접한 관계가 있다는 뜻이다.

그리고 득점 기회가 많은 스포츠일수록 결과가 주로 실력에 좌우되는 경향이 나타난다. 농구는 미식축구보다 득점 기회가 8~9배 많아서 실력이 더 큰 영향을 미친다. 수학자 이언 스튜어트Ian Stewart는 저서 《Game, Set and Math게임, 세트와 수학》에서 남자 테니스를 분석하는 간단한 모형을 소개했다. 그의 분석에 의하면 득점 확률이 53%인 선수가 5세트 경기에서 승리할 확률은 85%에 육박한다. 그리고 득점 확률이 60%인 선수는 승리 확률이 거의 100%에 이른다.[12] 이는 테니스에 득점 기회가 매우 많아서 실력이 조금만 더 좋아도 엄청난 우위를 누리게 되기 때문이다.

또한 대부분 스포츠에서 운이 승패에 미치는 영향도 꾸준히 증가해왔는데, 이는 선수의 실력이 평준화되고 있다는 뜻이다. 즉 실력의 역설 현상이 나타난다는 의미다. 다만 농구는 예외여서 1990년 이후 실력의 평준화 현상이 오히려 감소한 것으로 나타난다. 농구를 더 자세히 분석해보면 실력의 역설이 농구에 적용되지 않는 이유를 파악할 수 있다.[13]

선수층이 두터워질수록 평준화되는 실력

25개 팀으로 구성된 농구 리그가 있다고 가정하자. 선수는 팀당 20명이므로 모두 500명이 된다. 후보 선수가 1,000명 있는 어느 도시에서 500명의 선수를 선발한다고 가정하자. 후보 선수 1,000명의 실력 분포는 그림 4-6과 같으며 숫자가 높을수록 실력이 더 좋다.

우리는 실력이 좋은 선수를 우선적으로 선발해야 하므로 오른쪽 끝에서부터 500명을 선택하게 된다. 따라서 6점인 선수 20명, 5점인 선수 140명, 4점인 선수 340명을 선발한다. 이렇게 선발한 선수 500명의 실력을 분석해보면 평균은 4.36, 표준편차는 0.6이 나온다. 이 농구 리그에서는 실력이 6점인 선수들이 두각을 나타내게 된다.

이제 후보 선수가 2,000명 있는 다른 도시에서 500명의 선수를 선발한다고 가정하자. 후보 선수 2,000명의 실력 분포는 앞의 도시와 같다(그림 4-7).

이번에도 실력이 좋은 선수를 우선적으로 선발해야 하므로 오른

[그림 4-6] 후보 선수 1,000명의 실력 분포

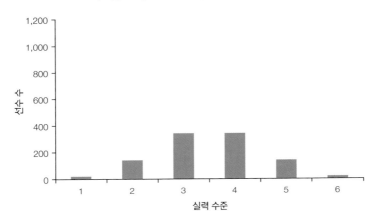

[그림 4-7] 후보 선수 2,000명의 실력 분포

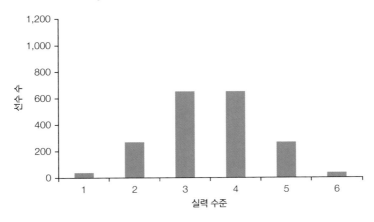

쪽 끝에서부터 500명을 선택하게 된다. 따라서 6점인 선수 40명, 5점인 선수 280명을 모두 선발하고 4점인 선수 중에서 180명을 선발한다. 이렇게 선발한 선수 500명의 실력을 분석해보면 평균이 4.36에서 4.72로 상승한다.

끝으로, 선발 대상 도시 하나를 추가한다. 후보 선수가 3,000명 있고, 마찬가지로 500명을 선발하며 후보 선수의 실력 분포는 앞의 두 도시와 같다(그림 4-8).

이번에도 오른쪽 끝에서부터 6점인 선수 60명과 5점인 선수 420명을 모두 선발하고, 4점인 선수 중에서는 20명만 선발한다. 이렇게 선발한 선수 500명의 실력을 분석해보면 평균은 5.08로 상승하고 표준

[그림 4-8] 후보 선수 3,000명의 실력 분포

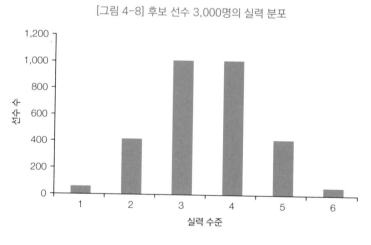

자료: 저자의 분석

편차는 0.4로 감소한다. 이제는 선수의 실력이 전반적으로 향상된 탓에 6점짜리 선수들이 예전처럼 두각을 나타내기가 어려워진다.

만일 똑같은 방식으로 선발 대상 도시를 계속 늘려가면 6점짜리 선수의 비중이 계속 증가하게 된다. 결국 25번째 도시에 이르면 모두 6점짜리 선수로 리그가 구성된다. 이때 선수의 실력 평균은 6.0, 표준편차는 0이 된다. 이제 선수의 실력은 완전히 평준화되며, 성적은 오로지 운에 좌우된다.[14]

야구도 실력의 역설 현상을 보여주는 대표적인 사례다. 1세기 전에는 프로 야구 선수가 주로 미국 북동부 출신 백인이었다. 지금은 세계 전역에서 선수가 선발되고 있으며 인종도 다양하다. 1960년대에는 메이저리그 야구 선수 중 외국 선수의 비중이 약 10%였으나 지금은 30%에 육박한다.[15] 축구와 아이스하키에서도 비슷한 추세가 나타나고 있다. 방금 실력의 역설 사례에서 보았듯이 선수를 선발하는 모집단의 규모가 증가하면 선수의 실력이 전반적으로 향상된다.

농구를 다시 살펴보자. 농구에서는 왜 실력의 역설 현상이 나타나지 않을까? 1946년 NBA가 설립되었을 때는 선수와 코치가 모두 백인이었다. 지금은 선수의 거의 80%가 흑인이고 약 20%가 외국 출신이다. 따라서 다른 스포츠와 마찬가지로 농구 역시 선수를 선발하는 모집단의 규모가 전보다 대폭 증가했다. 따라서 농구에서 실력의 역설 현상이 나타나지 않는 것은 이례적이라 할 수 있다.

농구에서는 다른 스포츠와 달리 신장이라는 요소가 성적에 중대한 영향을 미친다. 그런데 장신 선수를 확보하기가 쉽지 않다. 미국인 남자 중 신장이 193cm 이상인 사람은 약 2%에 불과하다. 반면 NBA 선수의 80% 이상이 193cm 이상이며 평균 신장은 201cm에 이른다. 이 중 27%는 208cm 이상이다.[16] 이 정도 신장을 가진 사람은 1억 명 중 3,200명에 불과하다.

이렇듯 장신 선수의 수가 적기 때문에 실력 격차는 당연히 커질 수밖에 없다. 경제학자 데이비드 베리David Berri와 스테이시 브룩Stacey Brook은 실제로도 그런지 확인해보았다. 두 사람은 선수를 신장 193cm 이하인 집단과 208cm 이상인 집단으로 구분해서 각 선수의 분당 득점과 기여도를 측정했다. 그 결과 신장이 큰 집단의 표준편차가 작은 집단보다 크게 나왔다.

장신 선수의 표준편차가 크다는 사실은 NBA 팀의 성적이 주로 실력에 좌우되는 현상을 잘 설명해준다. NBA에서 선수를 선발하는 모집단의 규모가 전보다 커졌는데도 선수 사이의 실력 격차가 여전히 큰 현상을, 베리와 브룩은 "장신 선수 공급 부족"으로 설명한다.[17] 장신 선수 공급이 부족하다는 말은 선수를 선발하는 모집단의 규모가 여전히 작다는 뜻이며 이는 여러 도시가 아니라 한 도시에서만 선수를 선발하는 것과 같다. 한 도시에서만 선수를 선발하면 실력 격차는 클 수밖에 없다.

운-실력 스펙트럼을 투자에 적용하면?

스포츠는 규칙이 장기간 안정적으로 유지되며 데이터도 풍부하기 때문에 운-실력 스펙트럼상의 위치를 찾아내는 기법을 수월하게 적용할 수 있다. 이런 기법은 사업과 투자에도 적용할 수 있다.

사업 활동은 크게 두 가지로 구분할 수 있다. 하나는 제조 활동처럼 똑같은 작업이 반복되는 정형화된 활동이고 다른 하나는 사업 전략이나 프로젝트처럼 정형화하기 어려운 활동이다. 먼저 정형화된 제조 활동을 생각해보자. 자동차 조립 라인에서 노동자는 벨트 컨베이어가 운반하는 부품을 반복적으로 장착한다. 회사는 제조 공정을 개선하고 노동자를 교육하는 방식으로 성과를 높일 수 있다. 이런 제조 공정에서 나오는 성과는 주로 실력에 좌우된다.

반면 사업 전략 수립이나 프로젝트 실행은 정형화하기가 어려우며 인과관계도 명확하지 않아서 성과를 예측하기가 힘들다.[18] 따라서 이런 활동은 운-실력 스펙트럼에서 생산 활동보다 왼쪽(운)에 놓이게 된다.

운과 실력은 업계 차원에서도 고려해볼 수 있다. 옥스퍼드대 전략학 교수 토머스 파월Thomas Powell은 스포츠 팀의 경쟁 양상과 기업의 경쟁 양상을 비교 분석했다. 그는 20개가 넘는 미국 산업 분야의 기업 재무 실적을 조사했다. 이어서 다양한 스포츠(야구, 테니스, 하키, 농구, 크리켓, 골프, 미식축구, 라크로스)와 게임(체스, 스누커, 브리지) 종목에서도 경쟁 양상을 조사했다. 그는 "기업의 실적 분포와 스포츠 종목의 성적 분포는 통계적으로 구별하기 어려울 정도로 유사하다"라고 말했다. 스포츠에서는 성적이 주로 실력에 좌우되므로 이 연구에 의하면 기업의 실적도 주로 실력, 즉 경쟁 우위에 좌우된다고 볼 수 있다.[19]

기업의 실적은 흔히 총자산이익률(Return On Assets, 이하 ROA) 수준과 지속성으로 평가된다. 그러나 다른 분야에서도 그렇듯이 기업의 실적 역시 운의 영향을 적잖이 받으므로 귀무모형과 비교할 필요가 있다. 1장에서 간략하게 소개했던 헨더슨, 레이너, 아흐메드가 이 작업을 진행했다. 이들은 45년에 걸쳐 수천 개 기업이 기록한 ROA 23만 건을 조사해 운과 실력이 실적에 미친 영향을 분석했다.

이들은 실적 데이터에 일관되게 드러나는 현상을 근거로 "지속적으로 우수한 실적을 달성한 기업 중에는 단지 행운의 결과로만 보기 어려운 기업도 많이 있다"고 판단했다. 즉 경영진의 실력이 실제로 기업의 실적에 영향을 미친다는 뜻이다. 그러나 경영진의 어떤 활동이 실적에 영향을 미치는지는 구체적으로 제시하지 못했다. 단지 이들은 우수한 실적만 보고서는 그것이 행운에 의한 결과인지 실력에 의한 결과인지 구별하기가 매우 어렵다고 경고했다.[20]

투자에서도 운과 실력을 구별할 필요가 있다. 여기서 실력은 장기간 S&P500 등 벤치마크 대비 초과수익을 달성하는 능력으로 정의할 수 있다. 그러나 모든 펀드매니저가 초과수익을 달성하는 것은 불가능하다. 모든 펀드매니저가 내는 실적의 총합이 곧 시장수익률(벤치마크)이기 때문이다. 그리고 투자자는 펀드매니저에게 보수를 지급해야 하므로 투자자가 얻는 수익률의 총합은 시장수익률보다 낮을 수밖에 없다.

우리는 투자업계에서도 운-실력 스펙트럼상의 위치를 찾기 위한 세 가지 질문, 즉 인과관계, 평균 회귀 경향, 예측의 정확도에 대해 답하려고 했다. 그러나 주가는 수많은 투자자의 상호 작용에 의해서 형성되므로 인과관계를 찾아내기가 지극히 어렵다. 시장에서는 먼 과거부터 폭등과 폭락이 반복적으로 발생했으며 시장 흐름을 정확하게 예측하는 방법은 존재하지 않는다.[21]

그런데 평균 회귀 경향은 투자에서도 뚜렷이 나타난다. 투자업계의 선각자 존 보글John Bogle은 1990년대 실적을 기준으로 뮤추얼펀드를 4개 그룹으로 구분하고 1990년대부터 2000년대까지 실적을 분석했다. 그런데 1990년대에 실적이 1위였던 그룹은 이후 실적이 벤치마크보다 7.8% 낮아졌고, 1990년대 실적이 4위였던 그룹은 이후 실적이 벤치마크보다 7.8% 높아졌다. 이렇게 평균 회귀 경향이 뚜렷이 나타난 것은 투자에 운이 큰 영향을 미친다는 뜻이다.[22]

이런 평균 회귀 경향은 뮤추얼펀드에 국한되지 않는다. 대형주와 소형주, 가치주와 성장주, 주식은 물론 채권에서도 평균 회귀 경향이 나타나며, 국경을 넘어 세계 곳곳에서 나타난다. 투자업계에서도 평균 회귀 경향이 나타나지 않는 영역은 거의 없다.[23]

뮤추얼펀드에 대한 분석 중 가장 인기 높은 주제는 이른바 실적의 지속성persistence of performance이다. 그런데 펀드 실적에서 나타나는 지속성은 주로 분석 기간을 어떻게 잡느냐에 좌우된다. 그리고 실적이 우수한 펀드보다는 부진한 펀드에서 지속성이 뚜렷이 나타난다. 그러나 시가총액, 주가 수준, 모멘텀 등 주가에 영향을 미치는 요소를 고려하면 실적의 지속성은 약화된다.[24]

시장에서 지속적으로 초과수익을 내기 어려운 이유는 시장의 역설로 설명할 수 있다. 시장 정보 업체 그리니치 어소시에이츠Greenwich Associates를 설립한 찰스 엘리스Charles Ellis는 1975년 '패자의 게임The Loser's Game'이라는 논문을 발표했다. 여기서 그는 말했다. "재능, 결단력, 야망을 갖춘 전문가들이 지난 30년 동안 자산운용업계에 대거 진출했으므로 이제는 남의 실수를 이용해서 장기간 초과수익을 내기가 어려울 것이다."[25] 이 30년 동안 투자시장의 주도권이 개인에서 기관으로 넘어갔다. 실력 있는 투자자가 증가함에 따라 실력 편차가 축소되어 운이 실적에 미치는 영향이 증가했다. 투자자의 실력이 전반적으로 평준화되면 펀드매니저가 기대할 수 있는 초과수익도 축소된다.

투자업계의 위대한 사상가 피터 번스타인Peter Bernstein은 1998년 논문을 발표했다. 메이저리그에서 4할대 타자가 나오지 않는 이유를 분석한 굴드의 글에서 영감 받은 것이었다. 번스타인은 시장의 효율성이 계속 높아짐에 따라 펀드매니저가 내는 초과수익의 편차도 확실히 감소할 것으로 추정했다. 그의 생각은 데이터로 뒷받침되었다. 뮤추얼펀드 초과수익의 표준편차가 1960년부터 1997년까지 느리지만 꾸준하게 감소했다. 그런데 2004년 번스타인이 다시 분석했을 때는 전혀 다른 결과가 나왔다. 1990년대 말 약 10%였던 표준편차가 1999년에는 20%에 육박할 정도로 급증했다. 대규모 이익을 내는 펀드매니저도 있고 대규모 손실을 내는 펀드매니저도 있다는 뜻이었다. 그는 투자업계에 4할대 타자들이 돌아왔다고 판단했다.

그러나 표준편차 급증 현상은 급변한 투자 스타일 탓이었으므로 오래가지 않았다. 특히 1999년 말에는 대형 펀드가 기술주에 집중적으로 투자해 막대한 초과수익을 얻었다. 그리고 기술주 거품이 붕괴한 다음에는 소형주에 투자한 펀드가 커다란 초과수익을 얻었다. 그러나 2004년 번스타인이 논문을 발표한 이후에는 원래 그가 추정했던 대로 표준편차가 다시 감소했다.[26]

펀드매니저의 단기 실적이 대부분 운에 좌우된다고 말할 수는 있어도, 100% 운에 좌우된다고 말해서는 곤란하다. 분석에 의하면 펀드매니저 대부분이 보수 차감 전 기준으로는 초과수익을 낸다. 그러나 보수를 차감하고 나면 투자자가 얻는 수익은 벤치마크에 못 미친다.[27] 종합적으로 볼 때 실력도 투자 실적에 영향을 미친다고 보는 편이 합리적이다. 그러나 보수를 차감하고서도 초과수익을 낼 정도로 실력을 갖춘 펀드매니저는 소수에 불과하다. 따라서 특히 단기적으로 보면 투자 실적은 실력보다 운의 영향을 더 많이 받는다.

그림 4-9는 몇몇 활동을 운-실력 스펙트럼에 표시한 자료다. 각 활동을 운-실력 스펙트럼에 정밀하게 표시할 수는 없지만, 4장에서 소개한 기법을 이용하면 어렵지 않게 위치를 찾아낼 수 있다. 그러나 실제로 중요한 것은 위치 그 자체가 아니라 그 위치를 고려해서 적절한 의사 결정 방법을 선택하는 것이다. 사람들은 절대적으로 실력에 좌우되는 활동을 평가할 때도 운에 좌우되는 활동에 적합한 의사 결

정 방법을 사용하는 실수를 자주 저지른다.

[그림 4-9] 운–실력 스펙트럼에 표시된 활동

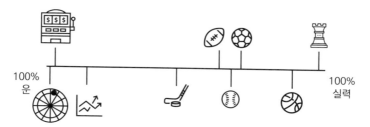

100%
운

100%
실력

자료: 저자의 분석

5장

실력은 나이를 먹는다

메이저리그 야구팀 필라델피아 필리스Philadelphia Phillies의 외야수 제이슨 워스Jason Werth는 2010년 최고 수준의 시즌 성적을 기록했다. 당시 31세이던 그는 같은 해 12월 워싱턴 내셔널스Washington Nationals 와 1억 2,600만 달러에 7년 계약을 맺었다. 깜짝 놀랄 만한 거액이다. 과분한 보수를 지급하는 팀으로 소문난 뉴욕 메츠New York Mets의 야 구단장 샌디 앨더슨Sandy Alderson도 한마디 했다. "덕분에 우리가 맺은 계약들이 싸 보이는군요. 장기 계약이지만 엄청난 금액입니다."[1]

계약을 주선한 에이전트 스콧 보라스Scott Boras는 워스가 "성적 말고도 기여하는 바가 있을 것"이라고 말했다. 워싱턴 내셔널스의 야구단장은 확신하는 듯했다. "선수를 속속들이 파악하고 있는 감독이 경기장 안팎에서 워스를 극찬하더군요. 그의 전성기는 아직 시작되지도 않았다는 감독의 말에 나도 동의합니다."[2]

야구단장의 말은 계약서에도 그대로 나타난다. 워스는 계약 초기보다 후기에 보수를 더 많이 받는 조건이어서, 5~7년 차 보수가 무려 2,100만 달러씩이었다. 계약이 끝나는 해에 그는 38세가 된다. 문제는 워스가 '그 보수에 걸맞은 성적을 낼 수 있는가'다. 이제부터 살펴보겠지만, 전망은 밝지 않다.

지금까지 나는 실력이 대개 그대로 유지된다고 가정했다. 단기적으로는 합리적인 가정이다. 5장에서는 시간이 흐름에 따라 실력이 어떻게 변하는지 더 현실적으로 살펴본다. 우리는 운동, 인지 활동, 사업 성과의 흐름을 조사한다. 세 영역에서 나타나는 전반적인 패턴은 모두 같다. 요컨대 나이가 들수록 불리해진다.

예외가 드문 경기력 정점 연령

사람들은 10대를 거쳐 20대에 들어설 때까지 경기력이 향상되며 대개 20대 중반~말이 되면 정점에 도달한다. 이후에는 경기력이 서서히 계속해서 쇠퇴한다. 스포츠는 그 특성에 따라 경기력 정점에 도달하는 연령이 다르다. 예컨대 단거리 경주는 경기력 정점이 20대 초반이지만 골프는 30대가 넘어서도 경기력이 유지된다. 그러나 어느 스포츠에서든 나이가 들면 결국 경기력이 쇠퇴한다.

이제 야구 선수 워스가 타석에 들어설 때마다 감당해야 하는 힘겨운 과제를 살펴보자. 예일대 물리학 명예교수 로버트 아데어Robert

Adair에 의하면 투수가 던진 공은 0.4초 만에 홈플레이트에 도달한다. 그러나 타자가 공을 보고 근육으로 반응하려면 최소 0.1~0.15초가 소요되므로 이 시간 동안 타자는 어떤 움직임도 보이지 않는다(세계 수준의 육상 단거리 경기장에는 출발대에 정교한 감지 장치가 설치되어 있어서 출발 신호 후 0.1초 이내에 선수가 발을 떼면 부정 출발로 처리된다). 타자의 눈으로 들어온 공의 위치 정보가 뇌로 전달되어 공의 속도와 궤적이 산출되려면 0.075초가 걸린다.

공이 투수와 홈 플레이트의 중간에 도달할 때 타자는 결정을 내려야 한다. 사사구(四死球, 볼넷과 데드 볼)를 기대하면서 기다리든가 스윙을 해야 한다. 이 결정에 0.05초가 걸린다. 스윙에는 약 0.175초가 걸리는데, 처음 0.05초 동안 동작을 미세하게 조정하고 나면 이후에는 동작을 수정할 수 없다. 스윙 시점이 0.007초만 벗어나도 타구는 파울볼이 된다. 안타를 치려면 예리한 시력과 폭발력이 필수적이다.[3]

프로 야구 선수는 시력이 일반인보다 훨씬 좋다. 1990년대 초, 안과 의사들이 LA 다저스LA Dodgers 선수 약 400명의 시력을 측정했다. 처음에 의사들이 사용한 장비로는 시력을 20-15까지만 측정할 수 있었다. 시력 20-15란, 일반인이 4.6m 거리에서 볼 수 있는 사물을 6.1m 거리에서도 볼 수 있다는 뜻이다. 이 장비로 시력을 측정했을 때 최고 시력을 기록한 선수가 무려 81%에 달했다. 그래서 의사들은 인간 시력의 한계로 간주되는 20-8까지 측정할 수 있는 장비를 가져왔다. 다시 측정했을 때 선수들의 평균 시력은 20-13이었고, 두 선수는 20-9를 넘어서서 인간 한계에 육박하는 수준을 기록했다. 또한 메이저리그 야구 선수들은 복잡한 배경 속에서도 형상을 잘 구별해냈으며 사소한 차이도 잘 찾아냈다.[4] 프로 야구 선수들은 시력이 이례적으로 좋았다.

근섬유筋纖維에는 지근(遲筋, slow-twitch)섬유와 속근(速筋, fast-twitch) 섬유가 있다. 지근섬유는 수축 속도가 느리지만 효율성이 높아서 산소로 에너지를 잘 만들어낸다. 쉽게 피로해지지 않으므로 지구력이 좋아서 마라톤 같은 운동에 유리하다. 속근섬유는 속도가 매우 빠르고 힘이 좋지만 무산소성 대사 과정이라서 지속 시간이 짧다. 공을 던지거나 배트를 휘두를 때 사용된다. 나이가 들수록 시력과 속근섬유는 기능이 쇠퇴한다. 따라서 나이가 들면 선수는 절정기 수준의 힘과 속도를 도저히 유지할 수 없다. 경기력이 쇠퇴한다는 말이다. 그래서 나이 든 타자는 자신에게 유리한 공을 더 신중하게 선택하거나 두뇌 싸움으로 투수의 허점을 찌르려 한다. 그러나 이런 방법은 경기력 저하를 늦출 수는 있어도 멈출 수는 없다.

경기력 정점 연령은 스포츠에 따라 달라진다. 주로 사용하는 근육이 지근섬유인가 속근섬유인가에 좌우된다. 나이가 들면 속근섬유는 숫자와 크기가 둘 다 빠르게 감소한다. 반면 지근섬유는 숫자와 크기가 훨씬 오랫동안 유지된다. 따라서 지구력과 조화보다 힘과 속도가 더 중요한 스포츠에서 경기력 정점 연령에 더 빨리 도달한다.

단거리 경주 선수와 장거리 경주 선수를 비교해보자. 종아리 근육 중 속근섬유가 차지하는 비중을 보면, 단거리 경주 선수는 75~80%에 이르지만 장거리 경주 선수는 20~25%에 불과하다. 일반인의 종

아리 근육은 속근섬유와 지근섬유의 비중이 약 50대 50이다.[5] 경기
력 정점 연령을 보면, 단거리 경주 선수는 23세 전후고 장거리 경주
선수는 27세다. 표 5-1은 다양한 스포츠에서 남녀 선수의 경기력 정
점 연령을 나타낸다.[6]

[표 5-1] 스포츠별 경기력 정점 연령

	남자	여자
수영	20~22	23~25
단거리 경주	22~24	21~23
높이뛰기	23~25	22~24
중거리 경주	23~25	23~25
농구	24~26	
테니스	24~26	23~25
장거리 경주	26~28	26~28
아이스하키	26~28	
야구	27~29	
미식축구 러닝백	27~29	
축구	27~29	
미식축구 리시버	29~31	
미식축구 쿼터백	31~33	
골프	30~35	

자료: 저자의 편집

　어느 스포츠를 살펴보아도 경기력 정점 연령을 크게 벗어난 선수
가 경기력을 유지하는 경우는 찾아보기 어렵다. 예를 들어 테니스를
보자. 1968~2011년 남자 그랜드슬램 토너먼트(호주오픈, 프랑스오픈,

윔블던, US오픈) 우승자의 연령 분포를 보면 평균이 24세고 최빈값도 24세다. 게다가 지난 40년 동안 우승자의 연령이 30세를 초과한 경우는 5% 미만이었다.[7]

프로 선수는 성적에 따라 보상을 받으므로 성적의 가치를 금액으로 환산할 수 있다. 실제로 야구단장의 주요 과제는 주어진 예산으로 가능한 최고의 팀을 구성하는 것이다. 따라서 그는 저평가된 선수를 발굴하고 고평가된 선수는 피해야 한다. 그러나 야구 선수는 흔히 경기력 정점 연령 무렵에 자유 계약 선수가 되므로 저평가된 선수를 발굴하기가 매우 어렵다. 연령은 어느 야구단장에게나 매우 중요한 고려 사항이다.

30대 후반까지 절정의 경기력을 유지할 수 있는 야구 선수는 거의 없다. 워스는 31세에 탁월한 시즌 성적을 기록하고서 매우 유리한 조건으로 7년 계약을 맺었다. 그러나 시간과 자연의 섭리를 생각해볼 때 그가 과연 계약에 걸맞은 성적을 올릴 수 있을지 의문이다.

유동성 지능과 결정성 지능

인지 활동에서 실력은 주로 의사 결정 능력을 가리킨다. 심리학자 멜리사 피누케인Melissa Finucane과 크리스티나 걸리언Christina Gullion은 다양한 연령 집단의 의사 결정 방식을 분석했다. 두 사람은 의사 결정 능력의 핵심이 "정보를 이해하고, 일관된 방식으로 통합하고,

판단 과정에서 정보의 타당성을 확인하고, 충동적 반응을 억제하는 능력"이라고 말했다.[8] 이들은 나이가 들어감에 따라 사람들의 의사 결정 능력이 변화하는 추세도 분석했다.

의사 결정 능력을 평가하는 방법은 두 가지다. 첫 번째 방법은 그동안 습득한 전문 지식에 기초해 자동으로 판단하는 능력, 즉 직관력이 어느 정도인지 확인하는 것이다. 어떤 활동을 오랜 기간 실행해서 핵심 요소를 습득하면 그 활동에 대한 직관력이 높아진다. 심리학자의 분석에 의하면 소방관과 간호사는 스트레스가 심하고 시간이 부족한 상황에서도 비교적 빠르고 정확하게 판단한다.[9] 체스 선수도 직관력이 뛰어나서 상대방 체스 말의 배치를 즉시 파악하고서 최선의 수를 신속하게 찾아낼 수 있다.

나이가 들면 스포츠 경기력이 쇠퇴하듯이 직관력도 쇠퇴하지만, 이 쇠퇴는 느리게 진행된다. 예일대 경제학 교수 레이 페어Ray Fair는 나이가 달리기, 수영에 미치는 영향과 함께 체스 게임에 미치는 영향도 분석했다. 그의 분석에 의하면 "체스 게임 능력의 쇠퇴 속도는 다른 신체 활동의 쇠퇴 속도보다 훨씬 느리다는 점이 인상적이다." 그의 추정에 의하면 마라톤 완주에 4시간이 걸리는 35세의 사람은 35년 후 70세가 되면 완주에 5시간 18분이 걸려서 기록이 32% 저하된다. 반면 같은 기간 체스 선수의 경기력은 7% 저하된다.[10] 바로 이런 특성 덕분에 틴슬리는 무려 45년 동안 체커 세계 챔피언 자리를 유지할 수 있었다.

그러나 직관력이 모든 환경에서 작용하는 것은 아니다. 직관력은 안정적인 환경에서 매우 오랜 기간에 걸쳐 학습할 경우에만 작용한다.[11] 체스와 체커는 직관력이 작용하는 대표적인 환경이다. 이 밖에도 직관력이 작용하는 분야는 많다. 예를 들어 노련한 의사는 환자의 표정이나 몸짓만 보고서 중요한 단서를 찾아내기도 한다. 그러나 노련한 의사 역시 직관만으로는 판단하기 어려운 상황에 직면한다.

직관에 지나치게 의존해서 결정하면 곤경에 처할 수 있다. 사람들은 나이가 들수록 인지 활동의 부담을 줄이려고 어림셈의 비중을 점진적으로 늘려가는 경향이 있다. 그러나 불안정하고 복잡한 환경에서 어림셈에 의존하면 의사 결정이 부실해지기 쉽다.[12] 사업과 투자가 그렇다. 분석에 의하면 사람들이 내리는 투자 의사 결정의 질은 나이가 들수록 낮아진다. 나이가 들수록 투자 실력이 저하된다는 말이다. 스포츠에 경기력 정점 연령이 있듯이(표 5-1 참조) 투자에도 실력 정점 연령이 있다. 다만 42세로 스포츠보다 다소 높을 뿐이다. 특히 70세쯤 되면 투자 실력이 급감하는 것으로 밝혀졌다.[13]

의사 결정 능력을 평가하는 두 번째 방법은 유동성 지능(流動性知能, fluid intelligence)과 결정성 지능(結晶性知能, crystallized intelligence)을 측정하는 것이다.[14] 유동성 지능은 처음 보는 문제를 해결하는 능력이다. 따라서 유동성 지능을 평가할 때는 미리 학습하지 않았어도 해결할 수 있는 문제를 풀게 한다. 예컨대 공간 시각화 능력, 작동 기억(working memory: 정보를 일시적으로 저장하고 다루는 능력), 열거된 숫자에서 빈칸 채우기 등을 평가한다. 예를 들어 다음에 열거된 숫자의 빈칸을 채워보라. 1, 5, 6, 10, 11, 15, ( )? 답은 16이다.

결정성 지능은 학습을 통해서 축적된 지식을 사용하는 능력이다. 결정성 지능을 평가할 때는 어휘, 지리, 역사 지식을 측정한다. 일반 지능 검사에서는 유동성 지능과 결정성 지능을 모두 측정한다.

유동성 지능은 20세 무렵 정점에 도달한 후 평생 계속해서 꾸준히 하락한다. 예컨대 20대 초에는 유동성 지능 점수가 성인 평균보다 표준편차 0.7이 높지만 80대 초가 되면 성인 평균보다 표준편차 1이 낮아진다. 20세가 넘으면 해마다 약 1%p 하락하는 것이다. 즉 25세에 유동성 지능 점수가 상위 30%였던 사람이 65세가 되면 상위 70%에 위치한다는 뜻이다.

이렇게 나이가 들면서 유동성 지능이 하락하는 것은 대뇌 전두엽前頭葉의 용량이 감소하고 기능도 저하되기 때문으로 보인다. 전두엽은 계획, 감정적 반응 억제 등 고등 행동을 관장하며 유동성 지능과 관련된 업무를 수행할 때 활성화된다. 분석 자료에 의하면 전두엽의 기능은 모든 연령에서 거의 일정하게 유지된다.[15]

숫자를 다루는 능력도 나이가 들어감에 따라 저하되는 경향이 있다. 어느 실험에서 피험자는 다음과 같은 질문을 받았다. "1등 당첨금이 200만 달러인 복권에서 1등 당첨자가 5명 나오면 각 당첨자가 받는 금액은 얼마인가?" 정답은 40만 달러다. 피험자 중 50대 초반은 약 절반이 정답을 맞혔지만 90대는 10%에 불과했다.[16]

다행히 결정성 지능은 나이가 들수록 개선되는 경향이 있다. 나이가 들수록 지식이 증가하기 때문에 더 현명해지는 것이다. 어휘, 동의어, 반의어 시험을 보았을 때 75~97세 피험자의 평균 점수가

[그림 5-1] 유동성 지능, 결정성 지능, 전반적인 인지 능력

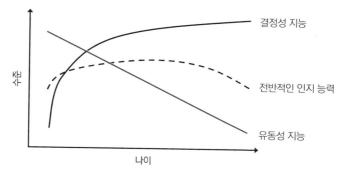

자료: 수밋 아가왈, 존 드리스콜, 사비어 가베이, 데이비드 레입슨,
'The Age of Reason: Financial Decisions over the Life Cycle and Implications for Regulation'

25~45세 피험자보다 25% 이상 높게 나왔다.[17] 일정 연령까지는 개선되는 결정성 지능이 저하되는 유동성 지능을 보완해준다. 그러나 그 연령을 넘어서면 두 지능의 합이 저하된다(그림 5-1 참조).

경제학자 4명(수밋 아가왈Sumit Agarwal, 존 드리스콜John Driscoll, 사비어 가베이Xavier Gabaix, 데이비드 레입슨David Laibson)은 재무 의사 결정 능력의 정점 연령을 조사했다. 이들은 사람들이 대출(주택 담보 대출, 자동차 담보 대출, 신용 카드 대출)을 가장 낮은 금리로 받는 연령과 신용 카드 연체 이자를 가장 적게 내는 연령을 조사했다. 이 분석에서 연령과 재무 의사 결정 능력의 관계를 보여주는 그래프는 뒤집힌 'U'자 모양이었다. 또한 재무 의사 결정 능력의 정점 연령은 평균 53세로, 다양한 재무 분야에서 매우 일관되게 나타났다.

이들은 미국 노년층에 널리 퍼진 치매와 인지 장애도 조사했는데,

80~89세 노인의 약 절반, 90세 이상 노인의 약 4분의 3이 둘 중 하나에 시달리고 있었다.[18] 레입슨의 분석에 의하면 65세 이상 미국인이 보유한 재산은 20조 달러에 육박한다. 이렇게 막대한 재산을 보유한 사람들의 의사 결정 능력이 인지 장애 탓에 저하되고 있는 것이다.[19]

나이에 따라 능력이 변하는 현상은 다른 분야에서도 나타난다. 예술적 창의성artistic creativity을 심층적으로 연구한 시카고대 경제학 교수 데이비드 갤런슨David Galenson은 혁신적 예술도 유형에 따라 정점 연령이 달라진다고 주장한다. 개념적 혁신가conceptual innovator는 다른 예술가와 차별화된 독창적 작품을 만들어낸다. 그는 작품을 시작하기 전에 치밀한 준비 작업을 하는데, 기존 작품에 크게 의존하지 않으면서 "특정 아이디어나 정서를 소통하려는 욕구가 강하다." 갤런슨은 개념적 혁신가의 대표적인 인물로 파블로 피카소Pablo Picasso를 꼽는다. 피카소의 절정기는 26세 시절이었는데, 이때 그린 작품이 가장 높은 가격에 거래되고 있다.

반면 실험적 혁신가experimental innovator는 많은 연구를 통해서 지식을 축적하며 점진적으로 발전하는 예술가다. 그는 자신의 최근 작품에 대해서도 개선의 여지가 많다고 생각하면서 불만을 표시한다. 갤런슨은 실험적 혁신가의 대표적인 인물로 폴 세잔Paul Cézanne을 꼽는다. 세잔은 '내가 그토록 오랜 기간 노력해온 목표를 과연 달성할 수 있을까?'라고 자신에게 물었다. 세잔의 절정기는 67세였으며 역시 이때 그린 작품이 가장 높은 가격에 거래되고 있다.[20]

개념적 혁신가가 젊어서, 실험적 혁신가가 늙어서 절정기를 맞이

하는 현상은 각각 유동성 지능 및 결정성 지능의 특성과 일맥상통한다. 수학과 물리학 등 문제 해결에 독창성이 중요한 분야에서는 흔히 젊은 학자가 큰 성과를 거둔다. 반면 역사, 생물학, 소설 등에서는 나이 많은 사람들이 큰 성과를 거두는 경향이 있다.[21]

똑똑한 사람이 어리석게 행동하는 이유

지능 검사는 인지 능력 중 일부만 측정하므로 의사 결정 능력 등의 인지 능력은 평가하지 못한다. 토론토대 심리학 교수 키스 스타노비치Keith Stanovich는 인지 능력을 지능 지수(Quotient, 이하 IQ)와 합리성 지수(Rationality Quotient, 이하 RQ)로 구분한다. 사람들은 지능과 합리성이 서로 연관되어 있다고 생각하지만 스타노비치는 둘이 전혀 다른 능력이라고 말한다. 그래서 똑똑한 사람이 어리석게 행동하기도 한다는 것이다. 인지 능력을 제대로 평가하려면 주로 RQ를 평가해야 한다. 그러나 안타깝게도 RQ를 평가하는 방법은 아직 충분히 개발되지 않았다.

스타노비치는 RQ에 '적응 행동, 신중한 판단, 효율적인 행동 조절, 합리적인 우선순위 설정, 심사숙고, 철저한 근거 확인' 등 다양한 능력이 포함되어야 한다고 말한다.[22] 그는 IQ는 높지만 RQ는 낮은 사람이 많다고 주장한다. 이는 대개 정보 처리 능력이 부족하거나 지식이 부족해서 나타나는 현상이다.

다음 문제를 풀면서 자신의 정보 처리 능력을 확인해보자. 잭은 앤을 바라보고 있고 앤은 조지를 바라보고 있다. 잭은 기혼자고 조지는 미혼자다. 기혼자가 미혼자를 바라보고 있는가?

(A) 그렇다

(B) 아니다

(C) 알 수 없다

정답은 (A)지만 (C)를 선택하는 사람이 80%가 넘는다. 사람들은 앤의 혼인 여부를 알 수 없기 때문에 이 문제를 풀 수 없다고 대답한다. 첫 번째 문장에서, 잭은 기혼자지만 앤은 혼인 여부를 알 수 없어서 확인이 안 된다고 생각한다. 두 번째 문장에서도, 조지는 미혼자지만 앤은 혼인 여부를 알 수 없어서 확인이 안 된다고 생각한다. 그래서 사람들 대부분은 답으로 '(C) 알 수 없다'를 선택한다. 그러나 앤의 혼인 여부에 대해 가정을 세우면 문제가 풀린다. 앤이 기혼자라고 가정해보고, 앤이 미혼자라고도 가정해보면 된다. 앤이 미혼자라면 첫 번째 문장에서 기혼자 잭이 미혼자 앤을 바라보고 있으므로 '그렇다'가 된다. 앤이 기혼자라면, 두 번째 문장에서 기혼자 앤이 미혼자 조지를 바라보고 있으므로 역시 '그렇다'가 된다. 이 문제는 반드시 가정을 세워야 정답을 찾을 수 있다.

그러나 사람들은 문제를 손쉽게 해결하려는 경향이 있다. 번거롭게 오랜 시간 인지 능력을 사용해서 문제를 해결하는 대신 신속하고

편하게 해결하고 싶어 한다. 그래서 스타노비치는 인간이 '인지적 구두쇠cognitive miser'라고 말한다.[23] 이렇게 인간은 인지 능력 사용에 인색한 까닭에 추론할 때도 대개 이기적 관점을 유지한다. 이런 편향 탓에 사람들은 뻔히 알면서도 비합리적인 판단에서 좀처럼 벗어나지 못한다. IQ와 RQ 사이의 상관관계는 20~30%에 불과하다. 똑똑한 사람도 어리석게 행동하기 쉽다는 뜻이다.[24] 뒤집어 생각하면 IQ가 높지 않아도 훌륭한 의사 결정이 가능하다는 뜻도 된다.

지식이 부족해도 RQ가 낮아진다. 확률, 통계, 가설 검증 관련 문제에 대해서는 정확하게 생각하는 방법을 배워야 한다. 예를 들어 다음과 같은 확률 문제는 어떻게 풀어야 할까?

> 다음과 같이 가정하자. 재퍼 바이러스는 1,000명당 1명만 감염되는 심각한 질병이다. 그리고 이 바이러스 감염자를 100% 알아낼 수 있는 검사법이 있다. 다만 이 검사법이 비감염자를 감염자로 오인할 확률은 5%다(위양성률 5%). 병력을 전혀 모르는 사람 1명을 무작위로 선택해서 이 검사를 했더니 재퍼 바이러스 감염자라고 나왔다. 이 사람이 실제로 감염자일 확률은 얼마인가?[25]

이 문제에 대한 답으로 가장 많이 나오는 것이 95%지만 정답은 약 2%다. 다양한 확률이 등장하는 문제는 풀기 어렵다. 사람들은 첫 번째 가정인 '재퍼 바이러스는 1,000명당 1명만 감염되는 심각한 질병'이라는 것을 간과하는 경향이 있다. 이 문제는 조건부 확률 계산 공식인 베이즈 정리Bayes's theorem로 풀 수 있다. 그러나 모든 확률을 실제 숫자로 대체하면 더 직관적으로 해결할 수 있다.[26]

모집단이 1,000명이면 바이러스 감염자는 1명이며 이 사람이 검사를 받으면 감염자로 나온다. 나머지 999명이 검사를 받으면 약 50명(999명의 5%)이 감염자로 나온다. 따라서 1,000명 모두 검사를 받으면 51명이 감염자로 나오지만 실제 감염자는 1명뿐이다. 그러므로 무작위로 검사한 1명이 감염자로 나왔을 때 그가 실제로 감염자일 확률은 약 2%(1/51)다.

정확하게 생각하는 방법을 배우면 풀 수 있지만 그렇지 않으면 풀기 어렵다. 스타노비치의 추산에 의하면 IQ와 응용 문제 해결 능력 사이의 상관관계는 25~35%에 불과하다. IQ가 높다고 해서 RQ도 높다고 볼 수는 없다는 뜻이다.

RQ를 측정하는 방법은 없으므로 나이가 들면서 RQ가 어떻게 바뀌는지도 알 수 없다. 그러나 사람들은 나이가 들수록 어림셈에 더 의존하는 경향이 있으므로 그만큼 RQ가 낮아진다고 추정할 수 있다.

과학자들이 다양한 연령 집단의 인지 반응cognitive reflection을 측정해 인지 능력 활용 수준을 비교했다. 분석에 의하면 나이가 들수록 인지 반응이 확실히 저하되는 것으로 드러났다(그림 5-2 참조).[27] 인지 반응 검사에서 노년 2 집단(75~97세)의 점수가 청장년 집단(25~45세)의 점수보다 훨씬 낮았다. 그러나 연령과 RQ의 상관관계를 정확하게 파악하려면 RQ 측정 방법을 더 개발해야 한다.

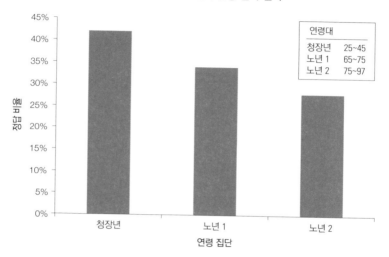

[그림 5-2] 연령별 인지 반응 검사 결과

연령대	
청장년	25~45
노년 1	65~75
노년 2	75~97

자료: Melissa L. Finucane, Christina M. Gullion,
'Developing a Tool for Measuring the Decision-Making Competence of Older Adults'

기업 실적도 수명 주기를 따라간다

나이가 들면 사람들의 실력이 저하되듯 조직도 노화하면 실력이 저하된다. 오랜 기간 좋은 성적을 거둔 훌륭한 스포츠 팀도 시간이 흐르면 실력이 저하된다. 선수가 노화하며, 선수를 교체하려면 많은 비용이 들기 때문이다. 나이 많은 선수는 실력이 연봉에 반영되어 있어서 실력을 파악하기 쉽지만 젊은 선수는 실력을 파악하기도 쉽지 않다.

[그림 5-3] 기업의 수명 주기

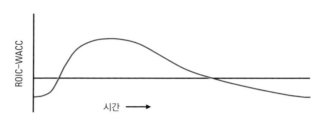

자료: 저자의 분석

　기업의 실적도 수명 주기를 따라간다(그림 5-3 참조). 기업의 실적은 ROIC로 정의되며, 자본의 기회비용보다 높아야 한다. 기업의 자본은 주로 자기자본과 부채로 구성되므로 둘의 가중평균자본비용(Weighted Average Cost of Capital, 이하 WACC)은 자본의 기회비용이 된다. 일반적으로 초기에는 기업의 실적이 저조하다. 그러나 산업이 성장하고 기업의 실력이 향상되면서 실적이 상승한다. 이후 산업이 성숙기에 도달하고 경쟁이 치열해지면 실적이 저하된다. 특히 경쟁이 기업의 실적에 중대한 영향을 미친다. 기업의 수익성과 성장성이 높게 유지되면 이를 차지하려는 다른 기업이 진입해 치열한 경쟁을 벌이게 된다. 그 결과 제품의 가격이 하락하고 기업의 ROIC가 자본의 기회비용 수준으로 낮아진다.[28]

　최근 연구에 의하면 기업 실적의 평균 회귀 경향이 더 강해지고 있다. 기업이 노화할수록 수익성도 더 저하되는 것으로 나타난다. 게다가 기술의 변화 속도가 빨라지고 제품의 수명 주기가 짧아짐에 따라

기업의 노화 속도마저 빨라지고 있다.[29]

기업의 실적은 경영자의 능력에 좌우되지만 운의 영향도 크게 받는다. 6장에서는 운이 미치는 영향을 더 자세히 알아본다.

기업은 조직 경직화 때문에 몰락하기도 한다. 기업은 기존 시장 활용과 신규 시장 개척 사이에서 균형을 유지해야 한다. 기존 시장을 활용하려면 프로세스를 최적화해 효율성을 높여야 하며 단기적으로 좋은 실적을 안정적으로 유지할 수 있다. 신규 시장을 개척하려면 조사와 분석이 필요하며 단기적으로는 수익을 기대할 수 없다.[30]

기존 시장 활용과 신규 시장 개척 사이의 비중 조절은 환경의 변화 속도에 좌우된다. 환경의 변화 속도가 느리면 기업은 기존 시장 활용에 더 비중을 둔다. 반면 환경의 변화 속도가 빠르면 수익성이 빠르게 저하되므로 기업은 신규 시장 개척에 더 비중을 두게 된다. 일반적으로 기업은 기존 시장 활용에 더 비중을 둔다. 그러면 단기적으로는 효율성과 수익성이 개선되지만 시간이 흐를수록 조직이 경직화한다. 개인과 마찬가지로 기업도 노화할수록 과거에 통했던 기법과 어림셈에 더 의존하게 된다.

개인은 물론 기업도 나이가 들수록 실력이 향상되었다가 저하된다. 따라서 성과를 예측하려면 현재 자신의 위치가 어디인지 파악해야 한다.

6장

운을 과소평가하지 말라

아일랜드 태생의 칼리 헤네시Carly Hennessy는 크리스마스 캐럴 음반을 발표하고 뮤지컬 '레미제라블'에 캐스팅되어 유럽 순회공연을 하다 MCA 레코드 임원의 눈에 띄었다. 당시 음반업계는 브리트니 스피어스Britney Spears를 뒤이을 신인 스타 발굴에 애썼는데 특히 3가지 자질을 눈여겨보았다. 카리스마, 열정, 음성. 헤네시가 딱 들어맞았다. 1999년 여름 MCA 레코드 경영진은 베벌리 힐스의 고급 음식점 스파고Spago에서 헤네시를 만나 그녀를 팝스타로 만들어주겠다는 근사한 계획을 들려주었다. 당시 헤네시는 겨우 16세였다. 그 후 MCA 레코드는 수년에 걸쳐 이 신인 가수의 음반 제작과 홍보에 230만 달러라는 적지 않은 금액을 지출했다.

헤네시는 자신이 행운을 잡았다고 느꼈다. "기회를 잡으려 애쓰는 수많은 사람들에 비하면 나는 운이 아주 좋았죠." MCA 레코드는

2001년 말 헤네시의 첫 앨범인 '얼티미트 하이Ultimate High'를 출시했다. 기대치는 높았지만 결과는 참담했다. 처음 3개월 동안 앨범은 겨우 378장 팔렸고 수입은 5천 달러가 채 안 되었다. MCA 레코드 대표는 곤혹스러웠다. 소위 음반업계 전문가들이 어떻게 이런 말도 안 되는 결정을 내렸을까?[1]

2004년 4월 ABC 엔터테인먼트 그룹 회장인 로이드 브라운Lloyd Braun은 ABC TV가 4개 주요 방송사 중 꼴찌 평가를 받은 데 대한 책임을 지면서 해고되었다. ABC 엔터테인먼트 그룹의 모회사 디즈니의 대표였던 로버트 아이거Robert Iger는 당시 상황을 두고 "너무도 형편없는 성과에 변화의 필요성을 느꼈다"고 말했다. 아이거와 브라운 사이에는 오래전부터 불화가 있었다. 브라운은 인기 프로그램 '어프렌티스The Apprentice'를 경쟁사인 NBC에 빼앗긴 것도 아이거가 대책을 마련하지 못했기 때문이라고 생각했다.

한 해 전 여름 브라운은 '로스트Lost'라는 새 드라마를 기획했다. 톰 행크스Tom Hanks 주연의 무인도 생존기 '캐스트 어웨이Cast Away'와 최후의 1인이 남을 때까지 경쟁하는 리얼리티 TV 쇼 '서바이버Survivor'가 뒤섞인 프로그램이었다. 아이거의 보스였던 디즈니 CEO 마이클 아이스너Michael Eisner는 이 드라마의 기획안을 보고 10점 만점에 2점을 주었다. 나중에는 "끔찍하다"고 표현하기도 했다. 브라운은 회사를 떠났지만 프로그램 제작은 계속되었고, 그해 가을 편성에 반영되었다.[2]

아이스너는 비관적으로 전망했지만 '로스트'는 엄청난 성공을 거두었다. 첫 번째 시즌은 회당 1,570만 명이 시청하면서 황금 시간대에 가장 인기 있는 드라마가 되었다. '로스트'는 에미상 드라마 시리즈 부문 최우수상을 수상했다. 이 드라마는 여섯 시즌 동안 계속되었고, ABC의 부진을 만회하고 수익성을 개선하는 데 크게 기여했다.

헤네시의 실패와 '로스트'의 성공이 모두 운 때문이라고 말한다면 당신은 아마 동의하지 않을 것이다. 헤네시 노래는 찾는 사람이 거의 없었고 '로스트'는 엄청난 시청률을 기록했다는 사실만으로도 전자는 평범했고 후자는 훌륭했다고 판단하기에 충분하다고 생각할 수 있다. 하지만 이런 생각은 완전히 틀렸다. 이런 생각은 일상에 미치는 운의 영향력을 과소평가하는 것이다. 이번 장을 읽고 나면 운을 바라보는 관점이 크게 바뀔 것이다.

운의 측정: 독립 사건과 종속 사건

3장에서는 운과 실력을 설명하기 위해 두 항아리 모형을 사용했다. 두 개의 항아리에서 연속해서 숫자를 뽑을 경우 뽑힌 숫자는 종형의 정규 분포를 이룬다. 하지만 현실 세계에서 벌어지는 대부분의 사건, 특히 우리가 흥미를 느끼는 사건의 분포는 정규 분포와 매우 다르다. 신곡의 성공도 마찬가지다.

단순해 보이는 두 항아리 모형이 좋은 통찰을 줄 수 있다. 현실 세계에서 운의 분포를 알아보려면 우선 사건들이 서로 독립적인지 종속적인지 살펴보아야 한다. 독립적인 사건은 이전 사건이 다음 사건에 영향을 주지 않는다. 반면 종속적인 경우는 이전 사건이 다음 사건에 영향을 준다. 종속적인 시스템은 이전에 벌어진 일을 기억한다.

사건이 독립적이면 동전 던지기나 항아리 속 숫자 뽑기 같은 단순 모형을 적용해볼 수 있다. 하지만 대부분의 사회적 상호 작용처럼 사건이 종속적이면 운은 한쪽으로 치우쳐 분포한다. 비대칭 분포에서 행운과 불운은 평균을 중심으로 고르게 분포하지 않는다. 일부가 극단적으로 행운을 독차지한다. 실력과 성공은 느슨하게 연결될 뿐이다. 사건이 무작위로 발생하는 것은 아니지만, 예측할 수 없다.

먼저 스포츠 분야를 살펴보자. 스포츠에서 운은 종형 분포를 따르는 것처럼 보인다. 핫 핸드hot hand 관련 연구가 많은데, 농구 경기를 예로 들자면 핫 핸드는 방금 골을 성공시킨 선수가 다음 골을 성공시킬 확률이 평균 이상으로 높다는 것이다. 연구자들은 농구 팬들이 실제로 핫 핸드를 믿고 있는지 검증해보았다. 슛 성공률이 50%인 선수가 골에 성공한 직후에 슛을 했을 때와 실패한 직후에 슛을 했을 때의 성공률이 얼마인지 물어보았다. 농구 팬들이 답한 성공률은 전자가 평균 61%, 후자가 평균 42%였다. 농구 팬들은 핫 핸드를 믿었다. 농구 선수 역시 마찬가지였다.

경기가 계속해서 잘 풀릴 때가 있다는 데는 별다른 이견이 없다. 하지만 그렇게 잘 풀리는 때가 단순히 무작위 과정의 결과인지 아니면 시간이 흐르면서 실제로 선수의 역량이 오르내린 결과인지는 깊이 들여다볼 필요가 있다. 실제 경기 데이터가 행운 모형의 예측 결과와

일치한다면 핫 핸드는 실제라기보다 심리적 문제일 가능성이 높다.[3]

통계학자인 짐 앨버트Jim Albert와 제이 베넷Jay Bennett은 야구 경기에서 경기가 계속해서 잘 풀리는 기간과 잘 풀리지 않는 기간을 심도 있게 분석했다. 두 시기를 모두 겪었던 선수를 선정해 그들의 경기 데이터를 분석했다. 예를 들어 분석 대상 기간 중 토드 질Todd Zeile의 타율은 2할 8푼이었지만 8경기 이동 평균 타율은 낮을 경우 6푼 9리까지 떨어졌고(경기가 잘 안 풀린 시기), 높을 경우 5할 4푼 8리까지 치솟았다(경기가 잘 풀린 시기). 앨버트와 베넷은《커브 볼Curve Ball》이라는 책에서 이런 편차가 행운의 결과인지 역량의 변화 때문인지 검증할 수 있는 두 개의 모형을 제시했다.

첫 번째 모형(그림 6-1)은 '독립 모형Mr. Consistent'이라고 이름 붙였는데, 28%의 안타 영역과 72%의 아웃 영역을 가진 회전판과 비슷하다. 회전판을 한 번 돌리는 것은 '타수'가 한 번 바뀌는 것과 같다(타석 plate appearance은 타자가 타격을 위해 나온 횟수, 타수at bat는 타격 행위를 완료한 타석수로, 자신이 친 타구가 안타가 되거나 아웃을 당한 경우만 타수로 인정하고 사사구는 포함하지 않는다 - 역자 주). 회전판을 계속 돌려 안타와 아웃의 이동 평균 값을 계산해볼 수 있다. 이 모형에서 실력은 변하지 않는다. 통계 결과는 오직 돌려진 회전판의 운만을 반영한다. 독립 모형은 매번 독립적인 결과를 만들어내며 이전에 벌어진 일을 기억하지 못한다.

'종속 모형Mr. Streaky'으로 이름 붙인 두 번째 모형(그림 6-2)은 두 개의 회전판을 가진다. 하나의 회전판은 경기가 잘 풀린 때를 나타내고

[그림 6-1] 야구 선수의 독립 모형

자료: 저자의 분석

[그림 6-2] 야구 선수의 종속 모형

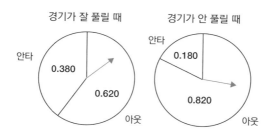

자료: 저자의 분석

다른 회전판은 경기가 잘 풀리지 않은 때를 나타낸다. 앨버트와 베넷은 경기가 잘 풀릴 때 선수의 타율을 시즌 평균 타율보다 1할 높은 3할 8푼으로 가정했다. 경기가 안 풀릴 때는 1할 8푼을 주었다. 그리고 선수의 성적은 지속되는 경향이 있으므로, 이 모형에서는 다음 게임에서 회전판이 같을 확률을 90%로 설정했다. 한 경기에서 경기가 잘 풀리면 다음 경기에서도 잘 풀릴 확률이 90%인 것이다. 이 모형은 과거를 기억하며 선수 역량 변화를 반영한다.[4]

    나는 이 접근 방법을 2011 시즌 참가 선수에게 적용해보았다. 그림

[그림 6-3] 애덤 존스의 8경기 이동 평균 타율(2011년)

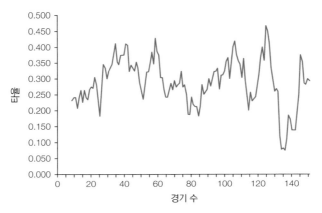

자료: 저자의 분석

6-3은 볼티모어 오리올스Baltimore Orioles의 외야수인 애덤 존스Adam Jones에게 적용한 결과를 보여준다. 존스는 145게임에 출전해 타율 2할 8푼의 시즌 성적을 기록했다. 이 그림은 8경기 이동 평균 타율을 나타낸다. 앨버트와 베넷의 사례처럼 존스 역시 타율에 기복이 있었다. 타율은 최고 4할 6푼 7리(0.467)에서 최하 7푼 4리(0.074)까지 변했다. 독립 모형과 종속 모형 중 어느 것이 존스의 실력을 잘 반영한 것일까?

나는 '독립 모형'과 '종속 모형'을 1만 번 돌려보았다. 그리고 모형의 결과와 존스의 실제 타율을 비교하기 위해 다음과 같은 통계 데이터를 살펴보았다. 1) 이동 평균의 최댓값과 최솟값의 차이, 2) 존스가 안타를 치지 못한 경기 수, 3) 존스가 3회 이상 안타를 친 경기 수, 4) 존스의 평균 타율보다 높거나 낮은 타율이 6경기 이상 연속된 경우의 수, 5) 존스의 평균 타율보다 높거나 낮은 타율이 연속된 경우의 수 등이다[존스는 145경기(G1~G145)에 출전했고, 각 경기에서 안타(H)를 치거나 아웃(O)을 당했다. 따라서 G1(HHHOOHH), G2(OHHOHO), G3(OOOHH), ⋯ G145(OHOHHH) 같은 기록을 구할 수 있다. 이에 대해 우리는 다음과 같은 세 종류의 타율을 구해볼 수 있다. 145경기 전체에 대한 존스의 타율(B1), 8경기 이동 평균 타율(B2), 각 경기별 타율(B3)이다. B1은 G1~G145 전체 경기의 모든 H 개수를 모든 H와 O를 더한 값으로 나눈 값이다. B2는 'G1부터 G8', 'G2부터 G9', 'G3부터 G10', ⋯ 'G138부터 G145' 각각에 대해 H의 비율을 구한 값(138개)이다. B3은 각 경기별(G1, G2, G3, ⋯ G145)로 H의 비율을 구한 값(145개)이다. B3은 전체 타율(B1)보다 높거나 낮은데, 4)는 존스의 평균 타율보다 높거나 낮은 타율이 6경기 이상 이어진 경우의 수를 세본 것이고, 5)는 존스의 평균 타율보다 높거나 낮은 타율이 계속 이어진 경우의 수가 총 몇 개인지를 세본 것이다 – 역자 주].

5)의 통계는 경기가 잘 풀리는 시기에서 안 풀리는 시기로 얼마나 자주 바뀌는지를 보여준다. 표 6-1은 이 통계들의 평균과 표준편차를 요약한 값이다.

독립 모형은 존스가 거둔 결과를 깔끔하게 잘 설명한다. 무안타 경기 수를 제외하면 모든 수치에서 종속 모형보다 실제 결과에 더 가깝다. 타석의 매 순간이 독립적이라고 가정한 단순한 모형이 완벽하지는 않더라도 실제 결과의 대부분을 잘 포착한다.

이 결과는 앨버트와 베넷의 결론과 일치한다. 선수가 다양한 환경

[표 6-1] 애덤 존스의 실제 성적 결과를 독립 모형 및 종속 모형과 비교

	실제 결과	독립 모형	종속 모형
최댓값-최솟값	0.393	0.371	0.466
표준편차		0.055	0.063
안타를 치지 못한 경기 수	47	41.8	45.2
표준편차		5.3	7.4
3회 이상 안타를 친 경기 수	11	10.4	13.2
표준편차		3.0	4.1
좋거나 나쁜 경기가 6경기 이상 연속된 경우의 수	0	1.5	2.7
표준편차		1.1	1.4
좋거나 나쁜 경기가 연속된 경우의 수	75	70.7	64.0
표준편차		6.1	6.7

자료: 짐 앨버트, 제이 베넷, 《커브 볼》, 저자의 분석 추가

에 노출된다는 점을 감안하면 운동 경기의 결과가 완전히 독립적이라고 말할 수 없다(예를 들어 선수는 홈 경기를 뛸 수도 있고 어웨이 경기를 뛸 수도 있다. 상대 투수가 달라지고, 부상을 입을 수도 있다). 선수가 예상 밖의 상황에 잘 대처해 능력 이상으로 실력을 발휘하거나, 심한 스트레스로 제 실력을 못 내기도 한다. 하지만 이런 효과는 그리 강하지 않다. 실제적으로 독립 모형이 야구 경기에서 운과 실력의 상대적 영향을 잘 나타낸다.[5]

마이클 바-엘리Michael Bar-Eli, 심차 아뷔고스Simcha Avugos, 마르쿠스 라브Markus Raab는 야구, 농구, 볼링, 다트, 골프, 테니스, 배구 등의 경기를 분석한 논문 40개 이상을 검토했다. 일부 경기에서 핫 핸드가 존재할 수도 있다는 몇몇 증거가 나왔다. 편자 던지기에서는 한동안

실력이 오르거나 떨어진다는 약간의 증거가 있었고, 볼링에서는 스트라이크를 넣을 확률이 이전 결과에 독립적이지 않았다. 하지만 이런 일부 사례를 제외하면 핫 핸드가 존재한다는 증거를 보여주는 실증 연구는 매우 제한적이었다.[6]

주사위 던지기처럼 운의 항아리에서 어떤 숫자가 뽑힐지 그 분포를 알 수 있는 경우는 많다. 통계학자는 운의 분포를 알고 있을 때 기대할 수 있는 통상적인 결과 변동을 체계적 변동common-cause variation이라 부른다. 예를 들어 한 시즌 존스의 평균 타율 변화는 대부분 체계적 변동이다. 체계적 변동으로 제조 과정의 최종 결과나 복권 당첨을 설명할 수도 있다. 체계적 변동은 경제학에서 말하는 리스크와 비슷하다. 프랭크 나이트Frank Knight는 리스크를 "한정된 경우의 수를 가지는 사건의 분포가 알려진 경우"로 정의한다. 비록 구체적인 결과는 알 수 없지만, 발생 가능한 결과는 알 수 있다. 이렇게 리스크를 정의하면 카드 돌리기나 주사위 던지기에서 기대되는 리스크를 계산할 수 있다.[7]

운동 경기, 도박, 일부 사업 분야는 간단한 두 항아리 모형을 이용해 어떤 결과를 얻게 될지를 잘 설명할 수 있다. 그 활동이 운–실력 스펙트럼의 어디에 위치하는가에 따라 운의 영향이 크거나 작을 수 있지만, 시간이 흐르면서 운의 역할이 어떻게 변하는지 알 수 있다. 하지만 다른 여러 활동에서 운은 훨씬 더 난폭한 영향을 미친다.

멱법칙과 멱법칙 생성 메커니즘

앞에서 언급한 헤네시의 음반이나 드라마 '로스트'가 성공할지 실패할지를 전망할 때 실력이나 품질이 어느 정도인지를 따져보는 것은 별 도움이 되지 않는다. 대략적인 결과를 가늠해볼 수는 있지만, 예능의 세계에서 성공 가능성을 전망하는 것은 본질적으로 예측이 불가능한 측면을 가진다. 분야에 따라 사건의 독립성과 운의 종형 분포를 통해 어떤 결과가 나올지 대부분 알 수 있는 경우도 있다. 하지만 흥행 사업에서 성공은 사회적 상호 작용에 의존한다. 사람들이 어떤 아이템의 품질을 판단할 때 여러 다양한 기준을 사용할 수 있고 그것이 서로의 선택에 영향을 미친다면, 이 아이템의 성패에는 운이 막대한 영향을 미친다. 극작가인 윌리엄 골드먼William Goldman은 이를 빗대어 "그 누구도 아무것도 알지 못한다"라고 풍자했다.[8]

예를 들어 어떤 노래가 우연히 다른 노래보다 적시에 약간 더 인기를 끌게 되면 사람들이 서로 영향을 주고받으면서 그 노래는 훨씬 더 많은 인기를 끌게 될 수 있다. 누적 이득cumulative advantage으로 알려진 이런 효과 때문에 품질이나 재능이 비슷한 두 음반의 판매량 격차가 커지는 것이다. 따라서 성공 가능성을 예측하는 것은 불가능에 가깝다.[9] 성패를 가르는 데 실력은 물론 중요하지만 막대한 운의 영향력에 묻혀버릴 수도 있다. 이 분야에서 운의 항아리에는 실력의 항아리에 없는 훨씬 더 큰 숫자나 작은 숫자가 담겨 있다. 이렇듯 항아리가 바뀔 때 얻게 되는 결과와 그 메커니즘, 이어지는 매우 놀라운 결론을 조금 더 깊이 살펴보자.

사회적 영향과 누적 이득 과정은 종종 멱함수 분포를 만들어낸다. 그림 6-4는 2010년 기준 미국에서 가장 큰 275개 도시의 크기(인구)에 따른 순위를 나타낸다. 도시의 순위는 가로축, 도시의 크기는 세로축이다. 가로축과 세로축은 모두 로그 스케일(두 수치 사이의 퍼센티지 변화량이 동일한 스케일)이다. 예를 들어 1과 10의 퍼센티지 차이는 10과 100의 차이와 같다. 둘 다 10배 차이가 난다. 데이터는 직선에 가깝게 분포하는데, 간단한 멱함수 식으로 표현할 수 있다. 이 멱함수를 계산하면 미국에서 7번째로 큰 도시(인구 132만 5,000명의 텍사스주 샌안토니오)의 크기가 얼마인지, 마찬가지로 70번째로 큰 도시(인구 26만 명의 뉴욕주 버펄로)의 크기가 얼마인지 예상할 수 있다.

멱법칙(冪法則, power law)은 지수(혹은 멱수)가 선의 기울기를 결정하기 때문에 붙여진 이름이다. 놀랍도록 다양한 사회적 현상이 멱법칙을 따른다. 출간된 서적의 판매량과 순위, 과학 논문의 인용 횟수와 순위, 테러에 따른 사망자 수와 순위, 전쟁의 사망자 수와 순위 같은 것들이 모두 멱함수 분포를 보인다.[10]

멱함수 분포의 주요 특징 중 하나는 몇 개의 매우 극단적으로 큰 값과 여러 개의 작은 값이 공존한다는 것이다. 그 결과 평균이 의미를 가지지 못한다.

도서 판매를 예로 들어보자. 판매되는 수백만 종류의 책 중에 상위 10위 안에 드는 책은 1년에 100만 부 이상이 팔린다. 반면 하위 100만 종의 책은 1년에 100부도 안 팔린다. 이처럼 엄청난 성공을 거둔 극소

[그림 6-4] 로그 스케일로 나타낸 미국 도시의 인구와 순위

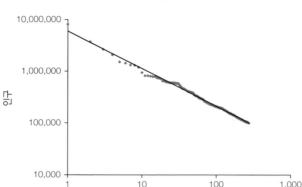

자료: 미국 인구조사국, 저자의 분석

수의 상업적 승자와 패자가 존재한다. 100만 부 이상 팔린 책은 매우 드물어서 그 책의 작가가 실력이 좋아 성공했다고 말하기는 어렵다. 실력만으로는 멱법칙을 설명할 수 없기 때문에, 이렇듯 매우 편파적인 결과를 만들어내는 메커니즘이 무엇인지 살펴볼 필요가 있다.

사건(결과)이 독립적인지 종속적인지 구별해보는 것이 중요하다. 야구 경기에서 타자가 안타를 칠 확률이 바로 앞 타석에서 안타를 쳤는지 여부와 완전히 독립적이라고 하긴 힘들다. 하지만 한 시즌 전체로 보면 매 타석을 독립된 사건으로 볼 수 있다. 두 항아리 모형으로 선수의 성과를 잘 나타낼 수 있다.

반면 경로 의존적 과정에 의하면 다음에 일어날 사건은 이전에 일어난 사건에 큰 영향을 받는다. 과정은 과거를 기억한다. 이 과정은

초기 조건에 매우 민감하며 부익부 빈익빈 현상을 만들어낸다. 저명한 사회학자인 컬럼비아대 로버트 머튼Robert K. Merton 교수는 이것을 마태 효과라 불렀다. 신약성경의 마태복음에는 다음과 같은 구절이 있다. "무릇 있는 자는 받아 풍족하게 되고 없는 자는 그 있는 것마저 빼앗기리라."[11]

실력이 비슷한 두 명의 대학원생이 교수직에 지원했다고 하자. 우연히 한 명은 아이비리그 대학에서, 다른 한 명은 그보다 약간 명성이 떨어지는 대학에서 교수직을 시작할 수 있다. 아이비리그 대학 교수는 다른 대학에 비해 우수한 대학원생과 함께 연구하고, 수업 부담도 적고, 동료 교수도 뛰어나고, 연구비도 풍족할 것이다. 이런 이점으로 인해 그는 더 많은 논문을 발표하고, 그 논문은 더 많이 인용되고, 그는 더 많은 학문적 성취를 이룰 것이다. 이런 누적 이득은 은퇴 시점에서 그 교수가 다른 교수보다 더 실력이 뛰어나다고 평가하게 만들 것이다. 하지만 마태 효과는 이러한 결과가 나타나게 된 과정을 설명한다.[12] 이런 시스템에서는 초기 조건이 중요하다. 그리고 이 조건은 시간이 흐르면서 점점 더 큰 차이를 만들어낸다.

여러 가지 메커니즘이 이런 현상을 만들어낸다. 그중 하나는 선호적 연결preferential attachment이라 알려진 메커니즘이다. 여러분이 새로운 웹사이트를 만들고 최대한 많이 알려지길 원한다고 가정하자. 조금만 생각해보면 연결이 별로 없는 사이트보다 구글이나 위키피디아처럼 이미 수많은 연결을 가진 사이트에 당신의 웹사이트를 연결해야 한다는 논리적 결론에 이를 것이다. 앞서가기 위해서는 이미 잘 알려지고 사람들이 빈번하게 방문하는 사이트에 연결하려는 선호를 가지게 된다.

이런 행동은 양의 피드백positive feedback 효과를 일으킨다. 이미 많은 연결을 가진 곳이 더욱더 많은 연결을 가지게 된다. 선호적 연결 과정을 통해 어떤 사이트는 더 많은 링크를 끌어들이고 다른 사이트는 네트워크에 들어오는 새로운 사이트에 묻혀 점점 잊히고 사라진다. 그리 크지 않았던 초반의 차이는 시간이 지나면서 증폭된다.[13]

이런 과정을 잘 보여줄 수 있는 간단한 모형이 있다. 빨간색 구슬 5개, 검은색 구슬 4개, 노란색 구슬 3개, 초록색 구슬 2개, 파란색 구슬 1개를 담고 있는 항아리가 있다고 가정하자. 눈을 감고 무작위로 하나의 구슬을 뽑는데 검은색 구슬이 뽑혔다고 해보자. 뽑은 구슬을 항아리에 다시 집어넣는데 이때 같은 색의 검은색 구슬을 하나 더 집어넣는다. 이제 항아리에 들어 있는 다른 구슬의 숫자는 변함이 없지만 검은색 구슬은 5개로 1개가 더 늘어났다. 이 과정을 100번 정도 하고 나면 항아리가 구슬로 꽉 찰 것이다.

처음에 어떤 색의 구슬이 뽑힐 확률은 항아리에 들어 있는 그 구슬 수에 비례한다. 예를 들어 노란색 구슬이 뽑힐 확률은 20%(15개 중에 3개)다. 앞의 과정이 왜 경로 의존적인지는 쉽게 알 수 있다. 만약 처음에 노란색 구슬이 뽑히면 다음에 노란색 구슬이 뽑힐 확률은 25%(16개 중에 4개)로 올라간다. 최초의 구슬 분포를 보면 특정 색 구슬이 다른 구슬보다 더 선택 우위를 가지지만, 그럼에도 최종 승자를 예측하는 것은 어렵다.

그림 6-5는 컴퓨터를 이용해 이 게임을 3차례 시뮬레이션해본 결과를 보여준다. 맨 위 그래프는 가장 개수가 많은 빨간색 구슬이 수월하게 우승한 모습을 보여준다. 가운데 그래프를 보면 노란색 구슬이 우승이고 빨간색 구슬이 그다음이다. 마지막 그래프는 초기 단계에 연거푸 파란색 구슬이 뽑혀 우승까지 하게 된 매우 드문 경우다. 구슬 개수를 실력으로 생각해보자. 실력이 제일 좋은 구슬이 우승할 가능성이 가장 높다. 하지만 실력이 승리를 결정한다고 확신할 수는 없다. 운은 초기 분포를 놀라울 정도로 뒤섞어 버린다.[14]

한편 어느 한 색이 일단 충분히 앞서게 되면 그 게임은 이제 끝난 것이나 다름없다. 선호적 연결은 결과를 고착시켜버린다. 이 구슬 모형은 현실 세계에 비해 매우 단순해 보이지만 경로 의존적 상황에서 성공이 실력과 얼마나 유리될 수 있는지 잘 보여준다.

임계점critical points과 상전이phase transitions 또한 마태 효과의 핵심 요소다. 상전이는 흔히 티핑 포인트tipping point로 알려져 있는데, 작은 변화가 점진적으로 쌓이면서 큰 효과를 낳을 때 발생한다. 통에 물을 채워 냉동고에 집어넣고 임계점인 섭씨 0도까지 온도를 낮추면 물은 얼음이 된다. 임계점에서는 약간의 온도 변화로도 액체에서 고체로 급격한 변화를 일으킨다. 사회 시스템 역시 임계점과 상전이를 가진다.

스탠퍼드대 사회학 교수 마크 그라노베터Mark Granovetter는 임계점의 중요성을 보여주는 매우 단순한 모형을 만들었다. 100여 명의 잠재적인 폭도가 광장을 배회한다고 가정하자. 폭도는 각기 '폭동 임계

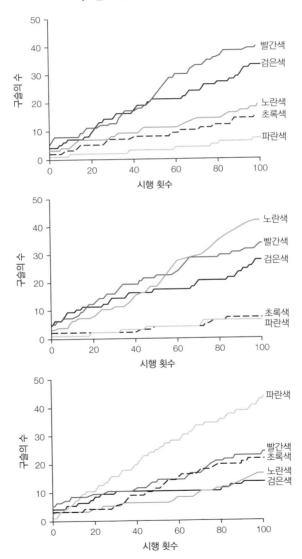

[그림 6-5] 간단한 선호적 연결 모형

자료: 저자의 분석

치(어떤 폭도가 폭동에 참가하기 전에 목격해야 하는 폭도의 수)'를 가지고 있다. 예를 들어 어떤 폭도(선동가)는 임계치 0을, 다른 폭도는 임계치 1을, 또 다른 폭도는 임계치 2를…, 이런 식으로 임계치를 99까지 가질 수 있다. 이처럼 임계치가 균등 분포uniform distribution를 따르면 도미노 효과를 일으켜 필연적으로 폭동이 발생할 것이다. 선동가가 돌을 던져 유리창을 깨면 다음 폭도가 가세하고, 계속해서 자신의 임계치에 도달한 다음 폭도가 폭동에 가세하게 될 것이다.

이제 동일한 구성에 약간의 변화를 주어, 폭동 임계치가 1인 폭도를 빼고 대신 폭동 임계치가 2인 폭도를 넣어보자. 이 새로운 집단은 첫 번째 집단과 거의 동일하다. 하지만 이 집단에서는 폭동이 일어나지 않는다. 언론은 첫 번째 집단을 난폭한 세력으로 묘사하고 두 번째 집단은 차분한 세력으로 묘사할 것이다. 하지만 실제로 두 집단은 거의 차이가 없다. 단지 한 명의 임계치를 약간 바꾸었을 뿐인데 폭동과 평화라는 큰 차이가 만들어진 것이다.

이 사례는 매우 단순해 보인다. 그러나 조금만 더 현실적인 가정을 추가하면 혁신의 도입(아이패드)이나 유행(저인슐린 다이어트), 패션(요가복), 질병의 전파(독감)를 나타내는 모형으로 사용될 수 있다. 일단 혁신이 어떤 수준의 유행에 이르면 성공은 떼어놓은 당상이다. 하지만 같은 이유로, 도미노 효과가 일어나지 않으면 위대한 혁신도 실패할 수 있다.[15]

경제에서 빈익빈 부익부 결과는 수확 체증increasing returns과 네트워크 효과network effects 때문인 경우가 많다. 네트워크 효과란 더 많은 사람이 쓸수록 제품이나 서비스의 가치가 커지는 것을 뜻한다. 전통 경제학 이론은 대부분 수확 체감diminishing returns을 가정한다. 어떤 상품에 대한 수요가 공급을 초과하면 가격이 오르고 그 상품을 만드는 기업은 더 많은 돈을 벌 것이다. 높은 이윤은 경쟁자를 끌어들여 생산량을 늘리고 가격을 떨어뜨린다. 이런 과정을 음의 피드백negative feedback이라 부르는데, 강한 자는 약해지고 약한 자는 강해져 시스템은 안정화된다.

하지만 수확 체감으로 경제의 모든 분야를 설명할 수 있는 것은 아니다. 변화를 촉진하는 양의 피드백이 작동하기 때문이다. 고전적인 사례로 기술 표준을 선점하기 위한 경쟁을 들 수 있다. 1970년대 VHS와 베타맥스 간에 벌어졌던 비디오테이프 포맷 전쟁이나 더 최근에는 고화질 광디스크 표준을 두고 벌어졌던 블루레이와 HD DVD 전쟁을 들 수 있다. 이런 사례는 양의 피드백이 작동한 경우다. 승자 독식 게임으로, 충분히 우세를 점한 표준이 결국 시장을 장악하게 된다. 1970년대 중반 VHS와 베타맥스는 거의 비슷한 시장 점유율을 보였다. 하지만 VHS가 약간 앞서기 시작하면서 몇 년 후 비디오테이프시장의 90%를 장악하게 되었다. 부익부 빈익빈의 결과로 이어진 것이다.[16]

수확 체증 효과는 초기 투자 비용이 매우 크고 추가되는 한계 비용은 적으면서 네트워크 효과가 있을 때 특히 두드러지게 나타난다. PC 운영체제 시장에서 마이크로소프트의 경쟁력은 초기의 높은 비용과 그로 인한 네트워크 효과, 수확 체증 효과를 잘 보여준다.

마이크로소프트 윈도즈의 첫 번째 버전을 만드는 데는 높은 초기 투자 비용이 필요했다. 다시 말해 개발하는 데 상당한 시간과 자금을 투자해야 했다. 하지만 추가적인 카피를 만드는 데 드는 비용은 매우 낮아서, 당시 소프트웨어를 제공하는 데 이용했던 플로피 디스크 제작비 수준이었다. 운영체제 시장에서 네트워크 효과는 강력했다. 실질적인 표준으로 자리 잡으면서 사람들이 서로 파일을 교환할 수 있도록 만들었기 때문이다. 표준이 사람들 사이에 확산될수록 프로그래머는 윈도즈용 소프트웨어를 개발할 유인(誘因, incentive)이 생겼고, 표준은 더 확산되었다. 사람들은 다른 사람이 많이 사용하는 제품을 사용할 때 더 가치를 느꼈고 그런 제품을 원했다. 수요 측 규모의 경제로 알려진 효과를 가져왔던 것이다. 소비자에게 더 가치 있는 소프트웨어가 더 많은 수요를 불러일으켰고, 결국 생산자에게 더 많은 이윤을 가져다주었다.

소프트웨어의 경제적 특징에 네트워크 효과가 더해지면 수확 체증이라는 결과를 얻는다. 승자의 수익성은 급증하는데, 처음에 경쟁 제품과 보였던 차이에 비하면 지나치게 막대한 성과를 수익으로 챙긴다. 지금까지 살펴본 메커니즘을 통해 우리는 이런 시스템이 초기 조건에 민감하고, 결정적인 상전이 순간을 거치며, 승자 독식의 결과를 가져온다는 것을 알았다. 실력은 성공을 보장하지 않는다. 운이 성공을 좌우한다. 이런 메커니즘은 사실상 운 생성 장치라 할 수 있다.[17]

운에 의한 부익부 빈익빈

작고한 시카고대 경제학 교수 셔윈 로젠Sherwin Rosen은 1981년 '슈퍼스타 경제학The Economics of Superstars'이라는 매우 영향력 있는 논문을 발표했다. 그는 소위 아주 잘나가는 일부 슈퍼스타의 수입이 실력 차이가 그리 크지 않은 다른 스타의 수입에 비해 엄청나게 많다는 사실을 발견했다. 팬은 슈퍼스타를 몹시 선호하지만, 슈퍼스타와 다른 스타의 실력 차이가 그렇게 커다란 수입 격차를 낼 정도로 크지는 않다고 주장했다. 그는 과학 기술이 그런 현상을 일으키는 주요 원인이라고 지적했다.[18]

실력이 비슷한 두 명의 가수가 있고 한 명이 약간 더 실력이 좋다고 가정해보자. 음반 산업이 발전하지 않았을 때는 두 가수가 공연을 해서 돈을 벌 경우 실력이 더 좋은 가수가 그 실력 차이만큼 더 많은 돈을 벌었을 것이다. 하지만 일단 음반 산업이 발전하면 소비자는 두 가수 중에 상대적으로 실력이 떨어지는 가수를 더 이상 찾지 않는다. 거의 대부분 실력이 뛰어난 가수의 음반을 사게 된다. 두 가수의 수입은 크게 벌어진다. 실력 차이가 크지 않음에도 승자 독식 시장이 되어버리는 것이다.

《승자독식사회The Winner-Take-All Society》라는 책을 쓴 로버트 프랭크Robert Frank와 필립 쿡Philip Cook은 상위 일부가 막대한 수입을 챙기게 만드는 또 다른 요인으로 '인재 경쟁이 심화되는 추세'를 지적한다. 연간 100억 달러의 수익을 내는 기업의 이사회가 두 사람의 후보자 중 한 명을 CEO로 선택해야 하는 상황이라고 가정하자. 한 후보는 다른 후보자보다 의사 결정 능력이 조금 뛰어나 3억 달러의 추가 수익을 만들어낼 수 있다. 이때 두 후보자 사이에 존재하는 약간의 능력 차이는 경악할 만한 급여 차이를 만들어낼 수 있다. 더구나 요즘 기업은 과거에 비해 외부에서 CEO를 영입하는 경우가 더 많으며 CEO의 몸값 역시 더 올라가는 추세다. 이런 추세는 야구에서 자유 계약 선수 제도로 선수의 몸값이 높아지는 것과 마찬가지다.[19]

프랭크와 쿡의 주장을 뒷받침하는 연구가 있다. 먼저 CEO의 수입이 그가 일하는 기업의 규모에 비례한다는 연구가 있다. 기업 규모가 멱함수 분포를 따르므로 CEO의 수입 역시 멱함수 분포를 따른다. 이 연구에 따르면 상위 기업 집단의 주가 상승에 비례해 CEO의 수입도 증가해왔다. 특히 1980년부터 2003년 사이 CEO의 연봉이 6배 가까이 상승했는데, 기업의 주가 역시 6배 상승했다. 이런 결과는 경쟁 때문일 수 있지만 연구자는 전염 효과의 가능성도 염두에 두고 있다. 예를 들어 CEO 급여 책정 시 이사회는 다른 기업의 동향을 살펴 자신들의 정책에 반영할 수 있다. 대부분의 기업이 이렇게 행동한다면 CEO 연봉을 과도하게 지급하는 기업이 조금만 있어도 시간이 지나면서 전반적인 급여 상승을 이끌어낼 수 있다. 연구에 따르면 경쟁 기업보다 두 배 높은 연봉을 지급하는 기업이 10%만 존재해도 업계 전반의 CEO 연봉은 두 배 상승한다. 경쟁보다는 전염 때문에 막대한 연봉이 지급되는 것이다.[20]

지금까지 경로 의존성과 사회적 상호 작용이 불평등으로 이어지는 과정을 살펴보았다. 기술과 경쟁 역시 이런 현상을 심화한다. 하지만 이런 슈퍼스타 경제학 모형을 사용할 때 우리는 암묵적으로 누가 가장 실력이 있는지 구별할 수 있다고 가정한다.[21] 앞으로 살펴보겠지만 이런 가정은 잘못된 것이다. 사회적 영향은 불평등을 낳을 뿐 아니라 예측 가능성까지 현저히 떨어뜨린다. 실력 있는 사람이 성공에 유리하겠지만, 가장 개수가 많았던 항아리 속의 빨간색 구슬처럼 유리함은 결코 최종 성공을 보장하지 않는다.

CEO 보상이 주가에 비례한다는 앞의 연구 결과를 다시 한번 들여다보자. 연구자는 대기업의 CEO들 사이에 어떤 실력 차이가 있는지 찾아보려고 노력했다. 하지만 큰 차이를 발견할 수 없었다. 모형의 예측에 의하면 미국에서 규모가 250위인 기업의 CEO 자리에 규모가 1위인 기업의 CEO를 앉혀도 그 기업의 시장 가치는 겨우 0.016% 증가하는 데 그칠 뿐이다. 사실상 0에 가깝다는 이야기다.[22]

능력이나 품질을 평가하는 여러 방법이 있다. 예를 들어 음악을 평가한다면 리듬, 조성, 가사, 가창력, 연주 같은 요소를 살펴볼 수 있다. 사람마다 평가 목록이 다를 수 있고 가중치가 달라질 수도 있다. 하지만 어떤 방법을 써서 품질을 평가하든 사회적 영향을 통해 운이 끼어들면서 우리의 의견 형성에 영향을 미친다. 운은 불평등한 결과를 만들 뿐 아니라 우리가 무엇을 실력으로 볼 것인지도 결정한다. 따라서 어떤 제품이 사회적 과정을 통해 판단된다면 그 제품의 성공 가능성은 예측이 거의 불가능하다. 비록 그 결과가 무작위적이지는 않더라도 최종 결과를 보기 전까지는 어떤 결과가 나올지 전혀 알 수 없는 것이다.

이제 결과를 객관적으로 평가할 수 있는 경우를 살펴보자. 5명의 육상 선수 중 누가 가장 빠른지 알고 싶다면 5명을 나란히 줄 세운 후 경주를 시켜보면 된다. 속도만을 평가 기준으로 삼는다면 경주의 우승자는 가장 실력 있는 선수가 된다. 운은 개입되지 않는다.

이제 진학을 앞둔 자녀가 가장 적합한 대학을 선택해야 하는 상황을 살펴보자. 〈U. S. 뉴스 앤드 월드 리포트〉에 실린 '명문 대학 연례 가이드'를 참고할 수 있다. 가이드는 수백 개 대학의 순위를 보여주는데, 2012년 자료에 따르면 가이드 제작진은 대학을 평가하기 위해 다음과 같은 항목과 가중치를 사용했다.[23]

대학의 학문적 명성	22.5%
신입생의 재학 및 졸업 비율	20.0%
교수진 능력(2010-2011년)	20.0%
입학 난이도(2010년 신입생 기준)	15.0%
재정 상태	10.0%
실제 졸업 비율	7.5%
동문 기부 규모	5.0%
합계	100%

이 목록은 각 대학의 역량을 측정하는 객관적 기준을 제공하는 것처럼 보이면서 학생과 부모를 혹하게 만든다. 하지만 이런 유형의 순

위 프로그램에는 두 가지 큰 결함이 있다. 우선 〈U. S. 뉴스 앤드 월드 리포트〉가 채택한 기준에 따라 대학 순위가 대부분 결정된다. 물론 이 매체의 편집자는 최선을 다해 기준을 선별했겠지만 이 방식은 매우 획일적이다. 학생과 부모는 각자 요구 사항이 다를 수 있다. 예를 들어 어떤 학부모에게는 재학 비율(재학생 유지율)이나 입학 난이도보다 학비나 지리적 위치가 훨씬 더 중요할 수 있다. 목록에서 높은 순위를 차지한 대학이 이들 학부모에게는 매력적이지 않을 수 있다. 2012년 상위권 대학으로 선정된 하버드대, 프린스턴대, 예일대가 뛰어난 대학임에는 틀림없다. 이 순위표는 대학의 역량보다 편집자가 사용한 방식에 대해 더 많은 것을 알려준다. 육상 선수와 달리 대학은 어떤 대학이 최고라고 말하기가 쉽지 않다.

순위표를 볼 때면 항상 다른 방식으로 평가될 수도 있다는 점을 명심해야 한다. 어떤 방식을 쓰는지에 따라 순위는 달라진다. 평가자가 사용한 방식이 당신이 염두에 둔 기준과 정확하게 일치하면 좋겠지만 그럴 가능성은 희박하기 때문에 순위는 참고로만 받아들여야 한다. 최고의 거주지, 최고의 자동차, 최고의 대학 순위는 복잡한 세상에 대한 너무 단순한 대답이다. 선거나 스포츠 팀 순위를 매기는 상황에서도 마찬가지 문제가 발생한다. 미국 대통령 선거든 학생회장 선거든 누가 선거에서 승리할지는 개표 방식과 가중치 부여 방식에 따라 달라질 수 있다.[24]

순위 프로그램의 두 번째 결함은 변수를 평가할 때 기존 견해가 투영된다는 점이다. 대학 순위 프로그램에서 가장 가중치가 높았던 '대학의 학문적 명성'이라는 변수를 예로 들어보자. 〈U. S. 뉴스 앤드 월드 리포트〉는 주로 여러 대학의 총장, 학장, 입학 사정관의 견해를 반영해 이 변수를 평가했다. 하지만 이들이 전국에 있는 모든 대학 사정을 상세히 알 수는 없으므로 아마도 이미 발표된 순위 자료를 참고해 점수를 주었을 것이다.

오벌린대의 사례가 흥미롭다. 〈U. S. 뉴스 앤드 월드 리포트〉가 처음 대학 순위를 매기기 시작한 1980년대 초, 오벌린대는 높은 평판에 힘입어 리버럴 아트 칼리지 부문 5위를 차지했다. 하지만 몇 년이 지나 이 매체는 평가 방식을 바꾸었다. 총장, 학장, 입학 사정관의 응답에 부여하는 가중치를 낮춘 것이다. 오벌린대는 10위권 밖으로 밀려났다. 이후 순위는 계속 하락해 10년이 안 되어 전체 순위 25위권 밖으로 밀려날 위기에 처했다. 조금 더 자세히 들여다보면, 이 기간 대학 품질을 측정하는 다른 객관적 지표의 점수는 동일하게 유지되었고 오직 타 대학 평가 위원의 평가 점수만 하락했다. 평가 방식의 변경으로 초래된 순위 하락이 타 대학 평가 위원의 눈에 오벌린대의 위상 하락으로 비친 것이다. 이것이 바로 사회적 영향이 작동하는 방식이다.[25]

이렇듯 사회적 영향력이 작동하면 부익부 빈익빈 현상을 만드는 양의 피드백 효과가 생긴다. 이런 증폭 과정에서 누가 이득을 챙길지는 상당 부분 운에 달렸다. 하지만 우리를 더 당혹스럽게 만드는 것은 우리 각자가 다른 방식을 이용해 (미술, 음악, 문학, 영화 등의) 품질이나 실력을 평가할 때조차 운이 개입해 품질이나 실력에 대한 우리 생각을 조작할 수 있다는 점이다. 좋은 작품이 성공할 가능성은 물론 높지만 성공에 이르기까지 수많은 우연이 경로를 흐트러뜨린다. 헤네시의 음반이 실패하고 드라마 '로스트'가 성공한 것도, 실력 차이가 크지 않은 CEO의 보수가 천문학적으로 차이가 나는 것도, 정원 1,700명의 하버드대에 34,000명의 지원자가 응시하는 것도 바로 세상이 그렇게 작동하기 때문이다. 마치 운의 항아리에 들어 있던 운이 실력의 항아리를 흔들어 분포를 바꾸어버리는 것과 같다.

히트작 예측은 불가능하다

2006년 매튜 살가닉Matthew Salganik, 피터 도즈Peter Dodds, 던컨 와츠Duncan Watts는 사회적 영향이 불평등을 키우고 세상을 예측할 수 없게 만드는 과정을 보여주는 주목할 만한 연구 결과를 발표했다.[26] 이들의 실험은 '뮤직랩MusicLab'이라고 불렸는데 얼핏 보면 음악 취향 조사 같았다. 이들은 인터넷에 음악 웹사이트를 만들고 14,000명 이상의 참가자를 모집했다. 참가자는 사이트를 방문해 여러 무명 밴드가 연주한 48개 곡을 감상하고 평가할 수 있었다. 좋아하는 곡을 다운로드할 수도 있었다.

실험 참가자는 몰랐지만, 처음 웹사이트에 방문했을 때 그들은 두 개의 조건 중 하나에 임의로 할당되었다. 하나는 독립적으로 음악을 평가할 수 있도록 화면이 구성되었고(독립 조건), 다른 하나는 사회적 영향력이 작동하도록 화면이 구성되었다(사회적 영향 조건). 전체 실험 참가자의 20%가 할당된 '독립 조건'에서는 연구자가 무작위 순서로 음악을 정렬해서 보여주었다. 참가자는 자유롭게 음악을 듣고 평가하며 다운로드할 수 있었고, 다른 참가자의 평가에 대해서는 알 수 없었다. 사회적 상호 작용이 일어날 수 없는 '독립 조건'에서 참가자의 선택은 음악의 품질에 대한 믿을 만한 측정치라 할 수 있다. 참가자는 기본적으로 자기가 좋다고 생각한 음악에 투표했다. 다른 참가자가 어떤 선택을 했는지는 전혀 알 수 없었다.

'사회적 영향 조건'에 할당된 참가자는 다시 8개의 집단으로 나뉘었다. 각 집단에는 전체 참가자의 10%씩 할당되었다. 참가자는 자유롭게 음악을 듣고 평가하며 다운로드할 수 있었고, 각각의 곡을 지금까지 몇 명이 다운로드했는지도 볼 수 있었다. 사회적 효과를 높이기 위해 다운로드가 많은 순서대로 정렬해서 음악을 보여주기도 했다. 이 8개의 집단은 마치 8개의 평행 우주와 같았다. 동일한 초기 조건으로 시작했지만 사회적 영향의 힘이 그들을 어느 방향으로 데려갈지 알 수 없었다.

실험 결과에 따르면 음악의 품질이 중요했다. 독립 조건 참가자가 형편없다고 평가한 곡은 사회적 영향 조건 참가자에게도 낮은 점수를 받았다. 마찬가지로 독립 조건 참가자가 좋다고 평가한 곡은 사회적 영향 조건 참가자에게도 높은 점수를 받았다. 하지만 사회적 영향력이 작동했던 집단에서는 심한 불평등이 생겼다. 독립 조건의 경우에 비해 사회적 영향 조건에서 가장 높게 평가받은 곡의 점유율이 월

등히 높았던 것이다. 앞서 살펴본 로젠의 불평등 연구, 프랭크와 쿡의 연구 결과와 일치한다.

뮤직랩 실험의 가장 중요한 발견은, 품질은 상업적 성공과 어느 정도 관계가 있지만 그것만으로는 크게 성공할 제품을 예측하는 것이 불가능하다는 사실이다. 정말 형편없는 곡은 성과도 나빴다. 하지만 독립 조건에서 중간 이상의 순위에 든 곡은 어떤 곡이든 크게 성공할 가능성이 있었다. 예를 들어 '52메트로'라는 밴드가 연주한 '락다운 Lockdown'이라는 곡은 독립 조건에서 26위로 중간 순위를 차지했는데, 사회적 영향 조건의 한 집단에서는 1위를 차지했고, 또 다른 집단에서는 40위를 차지했다. 살가닉은 "나쁜 곡보다 좋은 곡에 운이 훨씬 더 큰 영향을 준다"라고 지적했다.

뮤직랩 실험의 특징은 독립 세계와 상호 작용 세계를 비교해 사회적 상호 작용이 어떻게 불평등 환경을 만들어내는지를 구체적으로 보여주었다는 점이다. 여러 개의 상호 작용 세계가 동시에 공존하는 환경을 만들어, 어떤 곡이 성공할지 예측하는 것이 얼마나 어려운 일인지 보여주었다. 뮤직랩은 단순한 설계에도 불구하고 히트작을 예견하는 우리 능력에 한계가 있을 수밖에 없는 이유를 명쾌하게 보여준다.

운을 인정하지 않는 사람들

이쯤 되면 실력이나 품질이 성공에 결정적인 역할을 하지 못할 수도 있다는 사실을 인정하고 받아들일 수 있겠는가? 하지만《다빈치 코드》같은 소설, '타이타닉' 같은 영화, '모나리자' 같은 명화가 그리 특별하지 않다는 주장을 여전히 받아들이기 힘들어하는 사람이 있을 것이다.[27] 이 세 작품이 오랫동안 많은 사람에게 사랑받아왔다는 사실 자체가 다른 작품과 구별되는 특별한 것을 가지고 있다는 증거라고 생각할 수도 있다. 하지만 이들 작품의 성공은 모두 의외의 결과였다. 사람의 마음은 '의외였다'는 사실을 깨끗이 지워버리고 기억을 새롭게 구성한다. 새로 만들어진 기억은 이들 작품이 특별했다고 말한다.

사람들은 자신의 성공에 대해 스스로를 기만하는 데 능숙하다. 심리학자는 이런 현상을 자기중심적 귀인 편향self-serving attribution bias이라고 부른다. 사람들은 운이 좌우하는 분야에서 거둔 성공조차도 자신의 특별한 재능에 의한 결과라고 말한다. 사람들이 이렇게 생각하는 것은 스스로를 어느 정도 유능한 존재로 보기 때문이다. 우리는 무엇인가를 할 수 있고 어떤 일이 일어나게 만들 수도 있다. 그래서 자신의 실력으로 성공을 이루었다고 생각한다. 반면 실패는 불운과 같은 외부 요인 탓으로 돌린다.[28]

'앞면은 내 실력, 뒷면은 운이 나빠서Heads I Win, Tails It's Chance'라는 논문에서 엘렌 랭어Ellen Langer와 제인 로스Jane Roth는 다음과 같은 사례를 보여준다. 랭어와 로스는 실험 참가자 앞에서 동전을 30번 던지면서 '동전이 앞면일지 뒷면일지 맞혀보라'고 요구했다. 그런 다음 참가자가 실제로 맞혔는지에 상관없이 미리 짜놓은 각본대로 거짓 결과를 알려주었다. 각본에 따라 모든 참가자는 30번 중 절반인 15번을 맞혔다고 통보받았다. 그런데 일부 참가자에게는 맞혔다는 이야기를 초반부에 집중해 들려주었고, 일부 참가자에게는 반대로 맞히지 못했다는 이야기를 초반부에 집중해 들려주었다. 처음 8번 중 7번을 맞혔다고 들은 참가자는 자신의 예측력을 5.7(0은 매우 나쁨, 10은 매우 좋음)로 평가했다. 초반부에 많이 틀렸다고 들은 참가자에 비해 매우 높은 수치였다. 이 실험은 무작위적인 결과가 예상되는 상황에서도 초반부의 성공은 스스로를 재능이 있다고 착각하게 만든다는 것을 보여준다.[29]

　마찬가지로 다른 사람의 성공을 대하는 경우 사람들은 기본적 귀인 오류fundamental attribution error에 빠진다. 이 경우 모든 외적인 상황은 무시하고 행위자의 능력 같은 내적인 특성으로만 결과를 설명한다. 성공을 설명하는 서사를 만들고 나면 다른 가능성은 무시하고 모든 것이 필연이었다고 간주한다. 연구자에 따라 CEO가 기업 성과에 미치는 영향이 어느 정도인지에 대해서는 견해가 다르지만, CEO의 중요성이 대체로 과장되어 있다는 점은 대부분 인정한다.

　하버드대 경영대학원에서 리더십 강의를 맡고 있는 라케시 쿠라나Rakesh Khurana 교수는 《Searching for a Corporate Savior기업 구세주를 찾아서》라는 책에서 다음과 같이 말한다. "사회 심리학자의 연구에 따르면, 기업이 거둔 성과에 들어맞는 리더의 특성만을 골라내 리더의 이미지가 만들어진다. 결과가 좋든 나쁘든 기업 성과는 리더에게 귀속되고, 결과에 따라 리더의 밝은 면이 부각될지 어두운 면이 부각될지가 결정된다." "업황이나 거시 경제 상황이 CEO 효과를 압도한다"라는 사실에도 불구하고 이런 일이 발생하는 것이다.[30] 한 개인의 노력만으로 기업이 성공할 수는 없다. 기업의 성공은 수많은 사람의 노력과 환경이 만들어낸 합작품이다. 그럼에도 사람들은 집단적으로 이룬 성과에 대한 찬사를 어느 한 개인에게 돌리고는 한다.

먹법칙에 기초한 단순 모형은 말 그대로 단순 모형이다. 우리가 좋은 답을 구하고 직관에 과도하게 의존하지 않는 데 도움을 받을 수 있다. 하지만 현실 세계는 모형보다 훨씬 더 복잡한 곳이다. 예를 들어 도시의 규모를 살펴보자. 도시 규모가 먹법칙을 따른다는 것을 알기에 이를 이용해 그럴듯한 모형을 만들어볼 수 있다. 하지만 어떤 도시가 어떻게 그 정도 규모로 성장했는지 더 현실적으로 살펴보려면 여러 차원에서 분석해야 한다. 사람들이 들어오면 도시가 커지고 사람들이 떠나면 작아진다는 것에서 시작할 수 있다. 그다음으로 '그렇다면 왜 사람들이 들어오고 나가는지'에 대한 질문이 이어져야 할 것이다. 이런 현상은 기업의 확장이나 축소와 관련이 있을 수 있다. 기업은 거시 경제적 상황, 세금 우대 조치, 규제 회피 등 여러 다양한 이유로 확장되거나 축소될 수 있다. 사회적 영향을 이끌어내는 여러 가지 실제 메커니즘이 존재하지만 밝혀내기는 쉽지 않다. 이런 이유로 누군가가 "사회적 영향이 존재하는 문제의 결과를 예측할 수 있다"라고 큰소리를 친다면 항상 회의적인 시선으로 경계해야 한다.

　마지막으로 지적해두고 싶은 것이 있다. 사회적 영향이 작동하는 분야에서 일하는 사람은 자주 행운의 덕을 보지만 그만큼 불운으로 고통받지 않는다는 것이다. 2007~2009년의 경제 위기 때를 떠올려 보자. 시장이 달아올랐을 때 금융회사 임원, 트레이더, 브로커 같은 많은 금융 전문가는 막대한 보수를 챙겼다. 행운 때문에 한몫 챙긴 것이다. 하지만 금융 시스템이 붕괴되고 많은 기업이 파산할 위기에 처하자 정부가 개입해 시장을 안정시켰다. 수익은 사유화되고 손실은 사회화된 것이다. 이렇듯 불공정한 현실은 많은 사람의 분노를 일으켰다. 그런데 금융 분야만 불공정한 것이 아니다. 미술, 음악, 영화 같은 분야에서도 같은 일이 일어난다. 우리는 운의 존재를 적절하게 인정하고 받아들여 성공에 실력이 얼마나 공헌했는지 제대로 파악하고 보상할 수 있도록 최선을 다해야 한다.

7장

쓸 만한 통계가
되기 위한 조건

2010년 봄에 열린 콘퍼런스에서 나는 비디오 게임 개발사 CEO의 혁신 계획을 듣게 되었다. 비용을 절감하고 수익성 상위 제품에 집중하겠다는 계획은 특별할 것이 없었다. 하지만 그가 제품 품질 향상에 역점을 두고 있다는 사실은 다소 뜻밖이었다. 그는 이용자 평가를 종합해 평점을 산정하는 메타크리틱 웹사이트www.metacritic.com에서 100점 만점에 80점 이상을 받는 신작 게임 15종을 출시하겠다는 목표를 세웠다. 경영진의 성과급에도 이 평점을 반영할 계획이라고 했다.

질 좋은 제품을 만드는 것은 물론 좋은 일이다. 모든 기업은 고객 만족을 원한다. 하지만 메타크리틱 평점의 신뢰도는 검증된 적이 없었고, 그보다 중요한 것은 이 평점이 '장기적 주주 가치 창조'라는 CEO의 목표와 어떻게 부합하는지 명확하지 않다는 점이다. 품질 저하는 기업의 경쟁력을 손상시킨다. 하지만 과도하게 높은 품질을 추구하는 것 역시 경쟁력을 손상시킨다. 품질과 가치의 관계는 그리 명백하지 않다.

배관 자재 및 밸브 유통사인 월리스 컴퍼니Wallace Company의 사례를 살펴보자. 월리스는 1990년 최고의 품질과 서비스를 생산하는 기업에 수여되는 말콤 볼드리지 국가 품질상Malcolm Baldrige National Quality Award을 수상했는데, 2년도 못 되어 파산하고 말았다. 월리스는 정시 배송 등에 성과를 거두며 시장 점유율을 높이는 데 성공했지만 고객은 품질과 서비스 향상에 따른 가격 인상을 달가워하지 않았다. 나중에 월리스를 인수한 기업의 대표는 "볼드리지 품질상을 받기 위해 부담스러운 고비용 구조를 만들어낸다면, 상을 받는 것은 오히려 기업에 해가 된다"라고 지적했다.[1]

7장에서는 유용한 통계의 특성을 살펴볼 것이다. 사람들은 어떤 통계가 유익한지 잘 따지지 않는다. 통계의 유용성을 따질 때는 우리가 얻는 결과에 실력과 운이 뒤섞여 있다는 사실을 유념해야 한다.

유용한 통계는 두 가지 특성을 가져야 한다. 첫째는 일관성이다. 일관성이 있다는 것은 지금 일어난 일이 과거에 일어난 일과 유사하다는 의미다. 어떤 일이 실력과 관련이 있다면 반복해서 견실한 성과를 낼 수 있어야 한다. 잘 훈련된 단거리 육상 선수의 기록을 이틀 연속 측정한다면 비슷한 기록을 볼 수 있을 것이다. 통계학에서는 이 일관성을 신뢰도라 부른다. 운의 역할이 크면 통계의 신뢰도는 낮아질 것이다. 일관성 혹은 신뢰도를 검증하려면 시간을 두고 여러 번 반복해서 같은 값을 측정해야 한다.[2]

둘째는 예측력이다. 예측력이 있다는 것은 목표 달성 여부를 잘 예견할 수 있다는 의미다. 농구 경기에서 한 선수의 슛 점유율을 기록했다고 하자. 팀의 목표는 공격 시 득점을 올리는 것이다. 다른 조건이 같다면 이 선수의 슛 점유율과 비례해 득점도 높아질 것이다. 통계학에서는 이 예측력을 타당성이라 부른다. 한 선수의 슛 점유율이 높을 경우 그의 득점도 높을 것이라고 결론내리는 것은 타당하다. 물론 모든 인과관계가 방금 이야기한 사례처럼 명확하지는 않다. 두 측정값을 비교해야 예측력을 검증할 수 있다. 이 선수의 경우 슛 점유율과 득점을 비교할 수 있다.

통계학자는 상관 계수coefficient of correlation를 이용해 일관성과 예측력을 평가한다. 상관 계수는 두 변수 사이의 선형 관계 정도를 측정한 값이다. 상관 계수 r은 −1부터 1 사이의 값을 가진다. r=1이라면 두 변수가 취하는 값이 양의 기울기를 가지는 직선을 따라 정확하게 대응된다. r=−1이라면 두 변수는 완전한 음의 상관관계를 가진다. 한 변수의 값이 증가하면 다른 변수 값은 감소한다.[3] 이 장에서는 주로 양의 상관관계를 살펴볼 것이다[상관관계를 이용해 일관성을 평가하려면 시간을 달리해 두 번 측정한 다음 두 측정값 사이의 상관 계수를 계산하면 된다. 잘 훈련된 단거리 육상 선수의 기록을 이틀 연속 측정한다면 비슷한 기록을 볼 수 있어야 한다. 상관관계를 이용해 예측력(타당성)을 평가하려면 측정한 통계와 목표 사이의 상관 계수를 계산해보면 된다. 농구 경기에서는 선수의 슛 점유율과 득점 사이의 상관 계수를 계산해볼 수 있다 - 역자 주].

상관 계수를 어떻게 해석해야 하는지 예를 들어 살펴보자. 야구 경기에서 메이저리그 팀이 득점한 점수와 (메이저리그 총 경기 대비) 승리한 경기의 비율은 상관관계가 0.75로 다소 높다. R=0.75는, 어떤 팀의 득점이 평균에 비해 표준편차 1만큼 앞설 경우 승리한 경기의 비율도 평균보다 표준편차 0.75만큼 앞선다는 의미다. 따라서 상관 계수는 득점과 승리한 경기 비율 사이의 관계에 대해 유용한 정보를 제공한다.[4]

어떤 통계가 유용한지 결정하려면 우선 그 통계를 어디에 쓸 것인지 목표를 명확히 정해야 한다. 스포츠에서 목표는 경기에 이기는 것이다. 투자에서 목표는 돈을 버는 것이다. 조금 더 기술적으로 이야기하자면, 일정 기간 벤치마크를 초과한 위험 조정 수익을 창출하는 것이다. 목적지를 모르면 경로를 설정할 수 없듯이 목표를 아는 것이 중요하다. 다음으로 목표 달성에 필요한 요인을 파악해야 한다. 이론으로 제시된 인과관계를 구체적으로 관찰하고 측정할 수 있는 수치로 바꾸는 작업이 필요하다. 이런 작업을 통해 우리는 재능이나 실력(높은 일관성)이 경기 승리나 투자 수익 창출에 어떻게 공헌(높은 예측력)하는지 평가할 수 있다.[5]

이제 질 좋은 제품과 서비스를 강조하는 CEO에 대해 주주가 가지는 우려를 이해할 수 있다. 사람들은 다양한 항목과 특성을 보고 비디오 게임을 평가한다. 따라서 측정 시점에 따라 품질 측정값은 달라지기 쉽고 신뢰하기도 어렵다. 더 중요한 것은 질 높은 게임과 장기적 주주 가치 창조라는 목표 사이의 인과관계 증명이 매우 어렵다는 점이다. 월리스의 사례가 보여주듯, 지나친 품질 저하나 과도하게 높은 품질 추구 모두 기업 수익성에, 나아가 기업 가치에 해로울 수 있다.

이제 스포츠, 사업, 투자 분야에서 사람들이 일반적으로 사용하는 통계를 살펴보자. 이 통계들이 일관성과 예측력을 제대로 갖추고 있는지 검증하는 것이 이 장의 목표다. 실력이 중요할수록 측정된 통계는 일관성과 예측력에서 상관 계수가 높게 나올 것이다. 따라서 상관 계수를 살펴보면 그 활동의 본질에 관해 많은 것을 추론할 수 있다.

일관성과 예측력으로 보는 야구 통계

6장에서 소개한 통계학 교수 앨버트는 야구 경기에서 타자의 실력을 드러낸다고 알려진 대표적 통계인 타율을 분석했다. 그는 먼저 선수가 타석에 들어섰을 때 일어날 수 있는 여러 가지 경우를 살펴보았다. 그림 7-1에서 타율은 타수 대비 안타(1루타, 2루타, 3루타, 홈런)의 비율이다. 하지만 타자의 실력을 분석하는 데 쓸 수 있는 다른 통계도 많다. 출루율은 타자가 1루에 진출한 횟수에 안타 수를 더한 다음 타석수로 나눈 값이다. 또 다른 통계로 삼진 아웃 당한 횟수를 타석수로 나눈 삼진 비율이 있다. 앨버트는 이런 통계 중 어떤 것이 실력의 결과이고 어떤 것이 운의 결과인지 알고 싶었다.[6] 다시 말해 어떤 통계가 일관성이 높은지 알고 싶었다.

어떤 통계가 실력의 결과인지(일관성이 높은지)를 검증하는 좋은 방

[그림 7-1] 야구 공격 분석

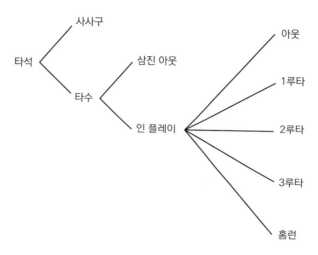

자료: Jim Albert, 'A Batting Average: Does It Represent Ability or Luck?'에 기초한 저자의 분석

법은 두 시즌의 데이터를 비교해보는 것이다. 만약 어떤 통계가 실력을 정확하게 반영한 것이라면 해가 바뀌어도 측정값은 비슷하게 나올 것이다. 반면 해가 바뀌면서 측정값이 크게 달라진다면 운의 영향이 크다고 볼 수 있다.

그림 7-2는 타율, 출루율, 삼진 비율의 산포도를 보여준다. 타율(r=0.37)과 출루율(r=0.44)은 두 시즌 간에 어느 정도 상관관계를 가진 것처럼 보인다. 하지만 운 역시 크게 작용했다는 것을 알 수 있다. 반면 맨 오른쪽에 나타난 삼진 비율은 두 시즌 사이에 상관관계(r=0.77)가 매우 높다. 타자의 실력을 보여주는 매우 좋은 지표로 볼 수 있다.

[그림 7-2] 타율, 출루율, 삼진 비율의 산포도(타수 100회 이상 선수, 2010~2011년)

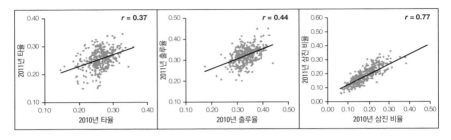

자료: 저자의 분석

산포도를 보면 맨 왼쪽의 타율은 맨 오른쪽의 삼진 비율에 비해 값이 훨씬 흩어져 있는데, 이는 실력이 아니라 운이 더 많이 작용했다는 것을 의미한다. 이 상관관계는 직관적으로 이해가 된다. 타자가 친 공이 안타가 될지 되지 않을지는 여러 요인의 영향을 받는다. 그 공이 날아간 방향과 속도, 수비의 수준, 경기장, 날씨 등. 반면 삼진 비율은 투수와 타자 양자의 실력 싸움이며, 심판이 결과에 영향을 줄 수 있는 거의 유일한 변수다.

그림 7-3은 2010~2011년 메이저리그 야구 경기 데이터로 만든 8개 통계의 상관 계수를 보여준다. 타수가 100회 이상인 선수 약 340명이 포함되었다. 삼진 비율, 홈런 비율, 볼넷 비율 같은 통계가 실력을 측정하는 강력한 지표로 보인다. 타율, 1루타 비율, 2루타 비율 같은 측정치는 운의 영향을 크게 받는다.

운이 많이 개입될 때는 실력이 중요한 경우보다 훨씬 더 많은 표본을 살펴보아야 의미 있는 결론을 내릴 수 있다. 예를 들어 삼진 비율

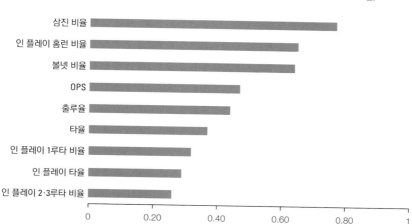

[그림 7-3] 상관 계수로 정렬한 공격 통계(타수 100회 이상 선수, 2010~2011년)

자료: 저자의 분석

* 삼진 비율=삼진/타석수, 인 플레이 홈런 비율=홈런/(타수-삼진), 볼넷 비율=볼넷/타석수, OPS=출루율
+장타율, 출루율=(안타+사사구)/(타수+사사구+희생타), 타율=안타/타수, 인 플레이 1루타 비율=1루타/
(타수-삼진), 인 플레이 타율=안타/(타수-삼진), 인 플레이 2·3루타 비율=(2루타+3루타)/(타수-삼진)

을 가지고 한 선수의 실력을 파악하려면 100타수 정도를 살펴보면
될 것이다. 반면 인 플레이 타율(인 플레이 대비 홈런 포함 안타 수의 비율)
로 선수의 실력을 파악하려면 1,100타수 정도는 살펴보아야 한다.[7]

데이비드 베리와 마틴 슈미트Martin Schmidt는《Stumbling on Wins
우연한 승리》에서 축구, 농구, 아이스하키 경기에 사용되는 통계의 신뢰
도를 계산했다. 예를 들어 하키에서 분당 유효 슈팅 수shots on goal는
연도별 측정값의 상관 계수(r=0.89)가 매우 높았다. 반면 득점 슈팅 비
율은 상관 계수가 0.63으로 중간 정도였고, 특정 선수가 뛰고 있을 때

팀의 득점 대비 실점 비율인 플러스-마이너스plus-minus는 상관 계수가 상대적으로 낮았다(r=0.32).[8] 일반적으로 통계가 팀 동료 간의 상호 작용을 많이 반영할수록 상관 계수는 더 낮았다.

지금까지 야구 경기에서 사용되는 통계의 일관성(신뢰도)을 살펴보았다. 이제 통계의 예측력(타당성)을 살펴보자. 어떤 통계가 승리 팀을 예측하는 데 가장 효과적인지 살피되 공격력 측정에 목표를 두고 득점에 초점을 맞추기로 한다. 궁극적인 목표는 시즌에서 승리하는 것이므로, 팀은 수비에서 잃은 점수보다 더 많은 점수를 공격에서 얻어야 한다. 팀의 실점은 수비를 분석하는 데 적합하다.

그림 7-4는 그림 7-2에 나타난 3개의 통계 수치(타율, 출루율, 삼진 비율)와 팀 득점 사이의 상관관계를 보여준다. 분석 대상이 개별 선수가 아니라 팀이기 때문에 그림에는 30개의 데이터 포인트만 표시되어 있다. 상관 계수는 출루율이 경기당 득점과 매우 강한 상관관계(r=0.92)가 있음을 보여준다.

타율은 상관관계가 출루율에 비해 약하고(r=0.81), 삼진 비율의 역수(값이 크면 삼진을 덜 당한다는 의미)는 상관관계가 가장 약하다(r=0.51). 보다시피 맨 오른쪽 그림에 찍힌 점들은 사방으로 흩어져 있고 따라서 매우 무작위적이다.

이제 일관성을 가로축으로, 예측력을 세로축으로 한 그림을 그려보자(그림 7-5). 사분면의 오른쪽 위에 위치한 측정치가 가장 좋은데, 일관성이 높을 뿐 아니라 팀의 득점을 예측하는 데도 뛰어나다. 사분면의 왼쪽 아래에 위치한 측정치는 거의 쓸모가 없다. 기간별로 일관

[그림 7-4] 타율, 출루율, 삼진 비율과 경기당 득점의 상관관계(팀, 2011년)

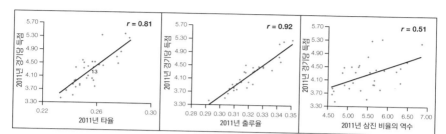

자료: 저자의 분석

성이 떨어지고 우승과 상관관계도 높지 않다.

마이클 루이스Michael Lewis가 쓴 베스트셀러 《머니볼Moneyball》이 바로 이런 내용을 담고 있다. 이 책은 제대로 실력을 인정받지 못하던 선수들로 저비용 야구단을 만들어 승리를 거머쥐었던 오클랜드 애슬레틱스Oakland Athletics 구단의 이야기다. 루이스에 따르면, 메이저리그에서 선수를 평가하는 일반적인 방법은 주루, 투구, 수비, 타격, 장타 능력을 보는 것이었다. 구단 매니저는 "득점을 언급할 때면 주로 팀의 타율에 초점을 맞추었다." 반면 애슬레틱스는 선수의 출루율이 득점을 예측하는 데 훨씬 더 중요하다는 사실을 깨달았다. "선수의 출루율, 특히 무난하게 출루하는 능력이 다른 능력에 비해 상당히 저평가되어왔다."[9]

그림 7-5를 보면 애슬레틱스의 방식이 왜 먹혔는지 알 수 있다. 일관성 차원에서 출루율의 상관 계수는 0.44이며 타율의 상관 계수 0.37보다 더 높다. 일관성이 더 높다는 것은 선수의 타율보다 출루율

[그림 7-5] 타율, 출루율, 삼진 비율의 산포도(타수 100회 이상 선수, 2010~2011년)

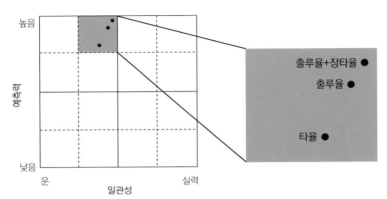

자료: 저자의 분석

이 그의 실력을 더 잘 말해준다는 의미다. 예측력 차원에서 이들 통계를 비교해보면 어떤 통계가 예측에 더 유용한지 명확히 드러난다. 선수의 출루 횟수와 팀의 득점은 상관 계수 0.92 값을 가지는데, 타율은 상대적으로 이보다 못하다.

실제로 애슬레틱스는 단순히 타율과 출루율의 상관관계를 비교하는 것을 넘어 훨씬 더 복잡한 분석을 수행했다. 이 중 흥미로운 통계는 출루율과 장타율Slugging percentage을 더해 만든 OPS다. 장타율은 타수당 기대 루타 수를 나타내는데, 1루타는 1점, 2루타는 2점, 3루타는 3점, 홈런은 4점을 주고 이를 타수로 나눈 값이다. OPS의 일관성과 예측력 수치는 출루율보다 높았다. 여기서 요점은 애슬레틱스가 효과적인 비용으로 승리하기 위해 관습적인 통계를 버리고 가장 유용한 통계를 찾기 위해 노력했다는 점이다.

　사실 출루율이 중요하다는 생각은 전혀 새로운 것이 아니었다. 1940년대 흑인 선수 재키 로빈슨Jackie Robinson을 영입해 인종 차별 장벽을 무너뜨린 혁신적 야구 감독 브랜치 리키Branch Rickey는 1954년 〈라이프 매거진〉에 출루율에 관한 글을 기고했다.[10] 1970년대 후반부터 야구와 관련된 글을 쓴 빌 제임스Bill James 역시 득점하는 데 출루가 중요하다는 사실을 깨달았다. 하지만 대부분의 구단 경영진과 감독은 운과 실력을 구별해 보여주는 통계적 접근법을 받아들이지 않고 자신들의 직관에 의존했다. 제임스는 말했다. "야구인은 매일매일 우연히 발생한 결과를 정성스럽게 수집하고 그 우연들을 상상으로 엮어 동화를 만든다. 그리고 그렇게 생겨난 가상의 패턴에 의미를 부여한다."[12]

　다른 여러 분야와 마찬가지로 스포츠 분야의 감독과 코치진은 선수 평가와 전략 구상에 필요한 경험 법칙을 발전시켜왔다. 이런 경험 칙이 통계와 일치하는 경우도 많다. 경험칙에서 우수한 선수는 대개 통계에서도 우수한 선수로 나온다. 하지만 대부분의 팀은 일관성과 예측력을 갖춘 통계 분석을 활용하는 데 미적거렸고, 우승의 진짜 원인을 놓쳤다. 이런 일은 스포츠 분야에서만 벌어진 것이 아니었다.

따라 하기와 지어내기

프로 야구는 사업이지만 많은 선수, 팬, 감독은 사업보다는 운동 경기로 생각한다. 하지만 기업의 목표는 더 명확하다. 가장 널리 인정받는 목표는 주주 가치 극대화다. 현실적으로 말하자면 투자한 돈 이상의 가치를 만들어내는 것이다.[12] 지금부터 주주 가치 극대화라는 기업 목표 달성에 필요한 요인은 무엇인지, 측정하고 관리해야 할 통계는 무엇인지 살펴보자.

기업은 대개 재무 지표와 비재무 지표를 함께 측정한다. 경영진의 보상 구조를 살펴보거나 경영진이 가장 중요하다고 이야기하는 항목을 들어보면 가장 인기 있는 통계가 무엇인지 알 수 있다. 어느 경우나 결과는 동일한데, 주당순이익(Earnings Per Share, 이하 EPS)이 가장 중요했다.

프레더릭 쿡Frederic W. Cook & Co.의 경영진 보상 조사에 따르면 과반수의 기업이 사용하는 가장 인기 있는 성과 지표는 EPS였다.[13] 독립적으로 수행된 스탠퍼드대 경영대학원의 연구 결과도 마찬가지였다.[14] 기업 역시 EPS를 이용해 자신들의 성과를 측정한다고 일관되게 이야기한다. 재무학 교수인 존 그레이엄John Graham, 캠벨 하비Campbell Harvey, 시바 라즈고팔Shiva Rajgopal이 400명의 재무 담당 임원을 조사한 결과에 따르면, 3분의 2에 가까운 기업이 '외부에 보고하는 가장 중요한 지표 3가지' 중에서 EPS를 첫 번째로 꼽았다. 이 밖에 매출과 매출 성장이 성과 측정과 외부 소통에 중요한 지표로 언급되

[그림 7-6] EPS성장률과 매출성장률의 상관관계(2008~2010년 vs. 2005~2007년)

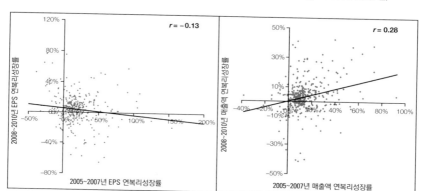

었다.[15]

그렇다면 EPS 성장은 과연 주주 가치 창조라는 기업 목표에 기여하는가? 상황에 따라 다르다. 이익 성장과 가치 창조는 함께 갈 수 있다. 하지만 가치를 파괴하면서 EPS만 높이는 것도 가능하다.[16] 실제연구 결과는 충격적이다. "대다수 기업이 단기 이익을 얻으려고 장기기업 가치를 기꺼이 희생한다."[17] EPS 성장과 가치 창조 사이의 인과관계는 보잘것없었다.

이제 일관성 측면에서 EPS와 매출 성장을 살펴보자. 그림 7-6은미국의 300여 개 비금융 대기업을 대상으로 측정한 EPS성장률의기간별 상관 계수를 보여준다. 2005~2007년의 연복리성장률을2008~2010년의 연복리성장률과 비교했다. 상관 계수는 음수였고매우 약했다(r=-0.13). 매출 성장은 EPS 성장보다 상관 계수가 약간

[그림 7-7] EPS성장률, 매출성장률, S&P500 대비 주주수익률의 상관관계(2008~2010년)

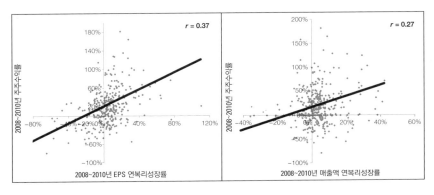

자료: 저자의 분석

높았다(r=0.28). 이익 성장은 일관성이 낮고 매출 성장은 일관성이 높다는 학계의 연구 결과와 부합한다. 덧붙여 이익성장률은 급격히 평균으로 돌아가는 경향이 있는데, 이는 운의 역할이 크다는 것을 암시한다.[18]

그림 7-7은 EPS와 매출 성장의 예측력을 보여주는 상관관계다. 세로축에 표현된 종속 변수는 각 개별 기업 총주식수익률에서 S&P500의 총수익률을 차감해 조정한 값이다. 조정수익률은 상당히 좋은 상관관계(r=0.37)를 보여준다. 이것은 만약 우리가 이익성장률을 예측할 수 있다면 매력적인 수익을 얻게 된다는 것을 의미한다. 모든 이익 성장이 가치를 창출하는 것은 아니라는 점을 감안하더라도 매력적이다. 문제는 일관성 결여로 이익 예측이 쉽지 않다는 것이다.[19]

매출 성장은 조금 다른 관계를 보여준다. EPS 성장보다 일관성은 더 높지만 주주수익률과의 상관관계는 다소 약하다(r=0.27). 이처럼 성과 측정에 빈번하게 이용되는 두 측정치는 모두 제한적이다. 기대치 변화를 반영해 주가 변동이 일어난다는 점을 고려하면 이 사실은 그리 놀랍지 않다. 기대치는 당연히 기업 성과를 전망하면서 형성된다. 하지만 기업 성과와 기대치가 항상 보조를 맞추며 나아가는 것은 아니다. 그래서 신중한 경영자와 투자자는 주가에 기대치가 어느 정도 반영되었는지 계산하고 이 기대치가 합리적인지 판단하기 위해 노력한다.

앞서 비디오 게임 개발사의 사례에서 보았듯이 기업은 성과 측정 지표로 비재무 항목을 사용하기도 한다. 제품의 품질, 작업장의 안정성, 고객 충성도, 종업원 직무 만족도, 고객의 제품 추천 의향 같은 항목이 자주 이용된다. 이런 항목 역시 경영자 보상에 크게 영향을 미친다. 안타깝지만 경영자는 자신을 돋보이게 만드는 항목을 선택해서 측정할 가능성이 높다.

크리스토퍼 이트너Christopher Ittner와 데이비드 라커David Larcker는 〈하버드 비즈니스 리뷰〉에서 "대다수 기업이 자사 전략을 개선할 수 있는 비재무적 성과 영역을 찾아보려는 노력을 거의 하지 않는다. 나아가 이런 비재무 요소의 개선이 현금흐름, 수익 개선, 주가 상승과 어떤 인과관계가 있는지도 전혀 설명하지 않는다"라고 지적했다. 이트너와 라커의 조사에 따르면 157개 조사 대상 기업 중 70% 이상이 기업 관리 항목과 목표 달성 사이에 실제적인 연관성이 있음을 보여주지 못했다. 나아가 4분의 3 이상은 자사 평가 항목이 수익성에 미치는 효과를 구체화하지 않았다. 조사된 기업의 최소 70% 정도가 비재무 항목의 연속성(신뢰성)과 예측력(타당성)을 전혀 염두에 두지 않았다고 지적했다.

하지만 상황이 우울한 것만은 아니다. 이트너와 라커는 비재무 지표를 측정하고 이 값들이 실제적 성과와 연결되는지 실증하려 애쓴 소수의 기업이 그렇게 하지 않은 기업보다 훨씬 더 수익성이 높다는 것을 발견했다.[20] 비재무 지표를 이용해 기업 성과를 개선할 수 있다는 의미다.

안타깝게도 기업이 관리하고 외부와 소통하기 위해 사용하는 대부분의 지표는 주주 가치 창조에 그리 기여하지 못한다. 대충 선택된 비재무 지표는 더 엉망이다. 구체적인 효용을 따져보지 않고 널리 사용된다는 이유만으로 선택하는 기업이 너무 많다. 사려 깊은 경영자라면 목표를 명확히 하고 목표 달성에 도움이 되는 신뢰도 높은 지표를 찾으려 애쓸 것이다. 높은 신뢰성은 운보다 실력이 중요하다는 것을 말해준다. 현명한 경영자는 기업 가치와 주주 가치를 결정하는 인과관계를 파악하고 추적·관리하는 데 도움이 되는 지침을 만들어나갈 것이다.

과거 투자 실적은 미래 수익을 보장하지 못한다

투자업계는 똑똑하고 의욕 넘치는 투자 전문가로 넘쳐난다. 앞서 살펴본 것처럼 매우 경쟁적이고 평균 회귀가 강력히 작동하는 분야다. 시장 대비 위험 조정 초과수익을 올리는 펀드매니저가 극히 드물다는 사실은 시장 효율성의 증거가 되기도 한다. 시장 효율성의 핵심은 모든 알려진 정보가 주가에 반영되어 있다는 것이다. 하지만 종종 극단으로 치닫는 시장을 보면 이는 사실과 거리가 멀다. 그럼에도 오직 소수의 투자자만이 오랜 기간 체계적으로 시장을 이겨왔다. 이는 투자자의 실력 부족보다는 실력의 역설 때문이다. 시간이 지날수록 투자자의 수준이 높아지고 정보는 더 저렴하고 빠르게 확산된다. 실력의 편차는 줄어들고 행운이 더 중요해지는 것이다.[21]

투자는 단기로 보면 많은 요행에 좌우된다. 따라서 단기적인 성과는 결코 실력을 입증하지 못한다고 보는 것이 합리적이다. 하지만 사람들은 결과의 원인을 쉽게 찾으려 하고, 돈을 벌었다는 사실 자체로 펀드매니저의 역량을 판단한다. 이런 잘못된 생각이 투자에서 값비싼 대가를 치르게 한다.

학계는 사람들이 투자 시점과 투자처를 어떻게 결정하는지 자세히 살펴보았다. 개인과 기관 공히 성과가 나쁜 펀드매니저나 자산에서 돈을 회수해 성과가 좋은 펀드매니저나 자산에 투자하는 경향을 보였다. 연기금이나 대학 재단 같은 기관의 자금은 금융시장에 정통한 전문가가 맡아 운영한다. 하지만 그런 전문가 역시 평범한 개인과 마찬가지로 최근 성과에 집중하는 경향이 있었다.[22]

대부분의 투자자는 성과와 상관관계가 높은 요인을 검토하는 대신 성과 자체를 직접 살펴본다. 그림 7-8은 1,500여 개 뮤추얼펀드의

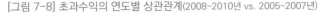

[그림 7-8] 초과수익의 연도별 상관관계(2008~2010년 vs. 2005~2007년)

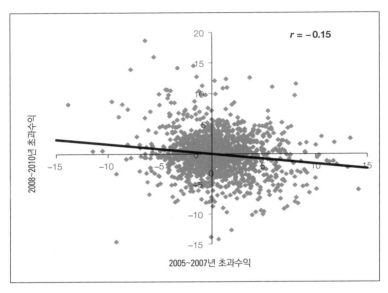

자료: 저자의 분석

2005~2007년 위험 조정 초과수익과 2008~2010년 위험 조정 초과수익이 상관관계가 매우 낮음(r=-0.15)을 보여준다. 각 펀드의 수익률은 주요 벤치마크 지수의 수익률과 비교되었다(금융 전문가는 초과수익을 그리스 문자 α로 나타낸다. 높은 수익은 높은 위험 부담의 결과일 가능성이 높기 때문에, α는 투자자가 부담한 위험을 고려해 조정된 초과수익으로 측정된다). 낮은 상관관계는 실력의 역설과 들어맞고 투자업계에서 빈번하게 발생하는 평균 회귀 결과와 일치한다.

투자 전문가처럼 정교한 분석 도구가 없는 개인 투자자는 펀드 평가 업체의 정보에 의존하곤 한다. 모닝스타Morningstar, Inc.가 대표적인데, 이 업체는 5점 척도로 뮤추얼펀드의 등급을 매긴다. 연구에 따르면 투자자는 등급이 높거나 등급이 향상된 펀드에 꽤 많은 돈을 맡기고, 등급이 낮거나 하향된 펀드에서는 돈을 인출한다.[23]

모닝스타의 등급 체계는 위험 조정 수익률을 계산한 다음 정규 분포에 맞추어 점수를 부여한다. 예를 들어 상위 10%의 펀드가 5점을 받고, 다음 22.5%의 펀드가 4점, 그다음 35%가 3점, 그다음 22.5%가 2점, 마지막 10%가 1점을 받는다. 펀드의 존속 기간도 고려하는데 최근의 성과보다는 과거 전체 성과에 가중치를 부여한다. 아쉽게도 모닝스타 등급 체계는 실제로 돈을 벌게 해주는 통계가 아니다. 단지 펀드의 과거 성과를 보여줄 뿐이다.[24]

시간이 지나면서 등급이 얼마나 바뀌는지 알아보기 위해 400여 개 뮤추얼펀드의 2007년 말과 2010년 말 모닝스타 점수 사이의 상관관계를 살펴보았다. 상관 계수는 r=0.29로 보통 수준이었다. 상당수 펀드가 3점으로 시작해 그 점수에 머무른다는 점을 고려하면 당연해 보인다. 3점 펀드와 달리 1점과 5점 펀드에서는 강력한 평균 회귀가 발생한다. 1점과 5점 펀드는 다음 해에 자신의 등급을 유지하는 비율이 절반에 못 미친다.[25] 평균에 가까울수록 그 점수대에 머무를 가능성이 더 높다.

투자자라면 모닝스타 등급이 펀드의 미래 성과를 예측하는 데 도움이 되는지 궁금할 것이다. 나는 모닝스타 점수를 이용해 펀드의 2005~2007년과 2008~2010년의 초과수익률을 비교해보았다. 그림

7-8의 결과와 동일하게 상관관계는 거의 발견되지 않았다(r=-0.10). 개인과 기관 모두 펀드의 과거 성과를 보고 펀드를 선택한다. 하지만 과거 성과는 미래 성과를 알려주는 데 거의 도움이 되지 않는다.

뮤추얼펀드 가입에 따른 비용도 살펴보았다. 투자자는 뮤추얼펀드의 총수익에서 수수료와 기타 비용을 제한 금액을 수익으로 얻는다. 다른 조건이 동일하다면 비용이 저렴한 펀드의 수익률이 그만큼 더 높을 것이다. 위탁 자산 대비 발생 비용의 크기는 기간별로 상관관계가 매우 높았다. 2010년 비용은 2007년 비용과 매우 유의미한 상관관계(r=0.91)를 보였다. 안타깝게도 자산 대비 비용은 다음 해의 수익과는 거의 상관관계가 없었다. 2007년 비용과 2008~2010년 초과수익 사이의 상관관계는 거의 0(r=0.01)에 가까웠다.

투자에 도움이 되는 통계를 찾으려는 시도는 부질없어 보인다. 실제로 8장에서 나는 펀드의 투자 과정에 초점을 맞추는 것이 과거 성과에 관심을 두는 것보다 훨씬 더 유용함을 보여줄 것이다. 그럼에도 액티브 셰어active share라 불리는 통계는 한번 살펴볼 가치가 있다. 경제학자 마르타진 크레머스Martijn Cremers와 안티 페타지스토Antti Petajisto가 개발한 액티브 셰어는 벤치마크 지수와 포트폴리오의 구성 내역이 얼마나 다른지를 측정한 값으로 액티브 운용 자산의 비중을 나타낸다. 액티브 셰어는 0%에서 100% 사이 값을 가지는데, 0%는 펀드 구성이 벤치마크와 완전히 동일한 상태를, 100%는 펀드 구성이 벤치마크와 완전히 다른 상태를 의미한다. 액티브 셰어 값이 작은 펀드는 포트폴리오 구성이 인덱스와 비슷해서 '클로짓 인덱서(closet

[그림 7-9] 액티브 셰어 분석: 일관성과 예측력

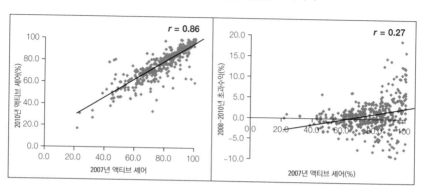

자료: 저자의 분석

indexers, 인덱스를 베낀다는 뜻 - 역자 주)'라고 비꼬여 불린다. 수수료를 감안하면, 큰 차이는 아니지만 벤치마크보다 항상 수익이 낮다. 액티브 셰어 값이 큰 펀드는 벤치마크와 다른 주식을 편입하거나 산업별 가중치를 조절해 높은 수익을 추구한다.[26]

액티브 셰어는 펀드매니저의 스타일을 나타내므로 기간별 상관관계가 높을 것이다. 그림 7-9를 보면 2007년과 2010년 액티브 셰어의 상관관계(r=0.86)가 매우 높다. 오른쪽 그림은 2007년 액티브 셰어와 2008~2010년 초과수익 사이에 어느 정도 상관관계가 있음(r=0.27)을 보여준다. 다른 분야라면 이 정도의 상관관계는 의미를 부여하기 힘들지만 투자에서는 의미가 있다. 이 그림을 보면 액티브 셰어가 큰 펀드의 성과가 좋기는 하지만 초과수익률의 편차 역시 위아래로 매우 크다는 것을 알 수 있다. 크레머스와 페타지스토는 포트폴리오가 벤치마크 인덱스를 얼마나 잘 쫓아가는지를 측정하는 추적 오차 tracking error 방식을 도입해 추가 분석을 수행했다. 연구에 따르면 중간 정도의 추적 오차에 액티브 셰어가 큰 펀드가 이 둘이 모두 큰 펀드보다 위험 조정 초과수익이 더 높았다.

투자 세계는 매우 경쟁적인데, 이는 투자 결과가 우연에 크게 좌우된다는 것을 의미한다. 실력이 중요하다는 증거가 있지만, 소수의 투자자만이 실력을 갖추고 있고 그들조차 단기적 결과만으로는 자신의 실력을 잘 보여줄 수 없다. 대다수 사람이 과거 성과가 좋은 펀드 매니저에게 돈을 맡긴다. 하지만 그가 미래에도 잘할지는 알 수 없다. 우연이 크게 작용하는 투자 활동은 결과보다 과정이 중요하다.

스포츠 · 사업 · 투자 분야의 통계

장기간 일관성을 가지고 예측에 도움이 되는 통계가 유용하다. 이런 지표는 목표로 삼은 결과와 상관관계를 통해 측정된다. 일관성과 예측력은 스포츠, 사업, 투자처럼 다양한 활동을 동일한 기준으로 분석할 수 있게 해준다.

그림 7-10을 보면 스포츠 분야의 통계가 기업이나 투자 세계의 통계보다 일관성이나 예측력이 더 높다. 조금 덧붙이자면 분야에 따라 기간과 표본 크기가 다르다는 점을 알 필요가 있다. 기본적으로 각 분야 전문가가 즐겨 쓰는 기간을 가져와 사용했다. 예를 들어 스포츠

[그림 7-10] 일관성과 예측력에 따른 통계량

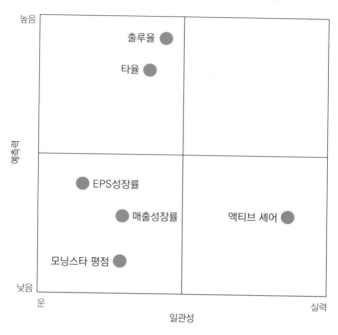

자료: 저자의 분석

에서는 시즌별로 기간을 구분하는 것이 자연스럽고, 사업과 투자에서는 3년 단위가 많이 이용된다.

상관관계가 인과관계는 아니라는 점 역시 중요하다. 이론은 인과관계에 대한 설명이며 통계는 이론을 검증하는 수단이다. 목표를 명확히 확인하고 어떤 요인이 목표 달성에 필요한지 철저히 따져보는 것이 꼭 필요하다. 앞서 상당수 기업이 비재무 지표 도입 전에 이런 절차를 건너뛴다는 것을 살펴보았다.

실력은 일관성을 보이지만 일관성이 항상 실력을 보여주는 것은 아니다. 개인이나 팀이 통제할 수 있는 성과 요인이 무엇인지 주의 깊게 살펴볼 필요가 있다. 예를 들어 액티브 셰어는 외부 제약이 없다면 포트폴리오 매니저가 확실히 통제할 수 있다. 반면 마태 효과로 인한 성공(부익부)은 일관성을 보이지만 상당 부분 운의 결과다.[27]

통계는 다양한 분야에서 널리 사용된다. 하지만 이런 통계가 정말 유용한지 따져보며 이용하는 사람은 많지 않다. 간단한 일관성과 예측력 검증만으로도 큰 도움이 될 것이다.

THE
SUCCESS EQUATION

3부

적용

8장

실력을 쌓기 위한 방법

학계에서는 공동 연구가 자주 이루어진다. 그런데 2009년 두 학자가 공동 연구한 논문 '전문가 양성에 필요한 조건Conditions for Expertise'은 정말 특이한 사례다.[1] 두 저자 중 한 명인 대니얼 카너먼은 의사 결정 과정을 이른바 '어림셈과 편향'으로 분석했다. 흔히 사람들은 서둘러 직관적으로 판단하는 탓에 뻔한 실수를 저지른다는 주장이었다. 이런 주장에 동조하는 사람은 직관적 판단이 지닌 결함에 주목하므로 전문가의 실력을 의심한다. 카너먼은 베스트셀러《생각에 관한 생각Thinking, Fast and Slow》에서도 이런 관점을 제시한다.[2]

다른 저자 게리 클라인Gary Klein은 자연적 의사 결정(naturalistic decision making, 복잡하고 제약 많은 현실 세계에서 전문가가 실제로 의사 결정하는 과정을 연구하는 기법) 연구로 유명해진 심리학자다. 클라인은 소방, 전투, 의료 등의 분야에서 전문가가 직관을 이용해서 성과를 거둔 사례를 분석했다. 자연적 의사 결정 기법에서는 직관적 판단에 장점이 많다고 주장한다. 클라인은 저서 《인튜이션Sources of Power》에서도 직관의 장점을 자세히 분석했다.[3]

위 논문의 부제 '마침내 합의에 이르다A Failure to Disagree'가 두 사람의 결론을 암시한다. 두 사람이 전문가를 바라보는 관점은 정반대였지만 전문가 양성에 특정 조건이 필요하다는 점에 대해서는 의견이 일치했다. 인과관계가 명확하고 일관되게 나타나야 하며, 정확한 피드백을 받으면서 집중적으로 연습해야 전문가가 될 수 있다는 의견이었다.[4]

운의 영향을 많이 받지 않는 안정적인 환경에서는 체계적인 훈련을 통해서 실력을 향상시킬 수 있다. 예를 들어 바이올린을 체계적으로 꾸준히 연습하면 시간이 흐를수록 연주 솜씨가 향상된다. 타자도 꾸준히 연습하면 속도가 빨라지고 오타도 감소한다.

그러나 운의 영향을 많이 받는 활동이라면 정확한 피드백을 받을 수가 없다. 자신의 노력과 결과 사이에 상관관계가 낮기 때문이다. 이런 경우에는 결과가 아니라 과정에 주목해야 한다. 예를 들어 포커는 운의 영향을 받으므로 열심히 연습해도 승률 변동이 심하다. 그러나 실력이 쌓이면 장기적으로 승률이 상승한다.

대부분 업무는 익숙한 작업과 익숙지 않은 작업으로 구성된다. 이런 업무에 체크리스트를 사용하면 실력을 대폭 높일 수 있다. 대부분 체크리스트에는 이미 알고 있는 내용이 포함된다. 그래도 체크리스트를 사용하면 해야 할 작업을 빠뜨리지 않고 모두 수행할 수 있다.

업무에 관심을 집중할 수도 있다. 체크리스트는 이렇게 유용한데도 아직 사용되지 않는 분야가 너무도 많다.

최근 실력에 대한 언론의 관심이 대폭 증가했지만, 실력을 대하는 사람의 사고방식도 그만큼 개선되었는지는 의문이다. 실력 향상에 특정 조건이 필요하다는 사실은 도외시한 채, 노력하면 선천적인 격차마저 극복할 수 있다고 믿는 사람이 많기 때문이다. 이는 근거 없는 직관적 판단에 불과하다.

예를 들어 운이 큰 영향을 미치는 투자를 생각해보자. 투자에서는 노력을 많이 한다고 해서 그만큼 좋은 성과가 나오는 것이 아니다. 시장 예측이 계속 적중하는 전문가를 찾아보기도 어렵다. 투자에서는 인과관계가 불투명하고 명확한 피드백을 받기도 힘들다. 환경이 계속 변하기 때문에 직관력을 높이기도 거의 불가능하다. 그런데도 사람들은 직관에 의존해서 투자하려고 한다. 노련한 투자자 250여 명을 대상으로 한 설문 조사에서, 다음 항목에 동의한 사람이 3분의 2에 육박했다. "예측·추천이 더 복잡하고 어려워지므로 나는 형식적인 정량 분석보다 나의 판단에 더 의존하는 경향이 있다."[5] 환경이 복잡해지는데도 투자자는 더 단순하고 직관적인 방식을 선택한다는 뜻이다. 카너먼은 이를 '대체substitution'라고 부른다. 문제가 어려워서 답을 쉽게 찾을 수 없으면, '시스템 1'이 답을 더 쉽게 찾을 수 있는 다른 문제로 대체한다는 의미다.[6]

그러나 직관은 특정 환경에서만 작동한다는 사실을 잊지 말아야 한다.

실력의 영역에서는 체계적 훈련이 중요하다

카너먼은 의사 결정 시스템 두 가지를 제시한다. 시스템 1은 경험에 바탕을 둔 시스템으로, "무의식적으로 신속하게 작동하고, 노력이 거의 들어가지 않는 동시에 임의로 통제할 수도 없다." 시스템 2는 분석 시스템으로, "복잡한 계산 등 노력이 필요한 정신 활동에 주로 사용된다." 시스템 1은 통제하기 어렵지만 시스템 2는 통제하기 어렵지 않다. 두 시스템의 차이를 이해하면 체계적인 훈련을 통해서 실력이 향상되는 과정도 이해할 수 있다.

카너먼은 두 시스템이 상호 작용하는 과정을 다음과 같이 설명한다. "시스템 1과 시스템 2는 우리가 깨어 있을 때면 항상 작동한다. 시스템 1은 저절로 작동하고 시스템 2는 능력의 극히 일부만 사용하는 편안한 상태로 유지된다. 시스템 1은 시스템 2에 인상, 직관, 의도, 감정을 지속적으로 전달한다. 시스템 2가 승인하면 인상과 직관은 믿음으로 바뀌고 충동은 자발적 행동으로 이어진다. 평소처럼 만사가 순조롭게 진행되면 시스템 2는 시스템 1의 제안을 거의 모두 그대로 받아들인다. 우리는 대개 받아들인 인상을 그대로 믿고 욕망에 따라 행동한다. 이렇게 해도 보통은 아무 문제가 없다."[7]

체계적인 훈련을 통해서 시스템 1을 학습시키면 우리는 전문가가 될 수 있다. 의식적으로 노력할 필요 없이 무의식적으로 일을 처리하는 경지에 이르면 전문가가 되는 것이다. 노련한 체스 선수는 큰 노력을 들이지 않고서도 상대방 체스 말의 배치를 즉시 파악하고서 최선의 수를 찾아낸다. 탁월한 테니스 선수는 아무 생각도 하지 않고서 공을 손쉽게 받아넘긴다. 초보자는 시스템 2를 사용해서 상황을 분석해야 하지만 전문가는 체계적인 훈련 덕분에 패턴을 무의식적으로 인식해 문제를 신속하게 해결하며 정확하게 반응한다.[8]

운-실력 스펙트럼에서는 실력에 가까운 활동이어야 체계적인 훈련을 통해서 전문가가 될 수 있다. 안정적이고 선형적인 활동에 대해서만 시스템 1을 학습시킬 수 있기 때문이다. 4장에서도 설명했지만, '안정적'이란 시간이 흘러도 활동의 기본 구조가 변하지 않는다는 뜻이다. '선형적'이란 똑같은 행동에 대해서 항상 똑같은 결과가 나온다는 뜻이다. 예컨대 체스판은 항상 가로 8칸 세로 8칸으로, 밝은 색과 어두운 색이 교차하는 64개 칸으로 구성된다. 체스 말은 항상 똑같은 방식으로 움직이며 실수를 저지르면 잃게 된다.

선형 시스템에서는 원인이 같으면 결과도 항상 똑같다. 당구공의 상호 작용이 그런 사례에 해당한다. 당구공의 속도와 충돌 각도 등을 알면 이후 당구공의 움직임을 매우 정확하게 예측할 수 있다. 이번에는 주식시장을 생각해보자. 주식시장의 흐름은 주요 정보의 영향을 받는다. 예컨대 2001년 9월 11일 테러 공격이 발생한 이튿날 S&P500은 4.9% 하락했다. 주식시장이 큰 폭으로 오르내리면 대중 매체는 그 원인을 명확하게 밝히려고 한다. 그러나 경제 전문가는 9·11 테러가 좋은 기삿거리는 될지언정 실제로 주식시장에 미친 영향은 크지 않았다고 분석했다.[9] 주식시장에서는 인과관계가 명확하게 드러나지 않으므로 시스템 1을 학습시켜서 주가를 예측할 수 없다. 체스, 음악, 스포츠 등에서는 체계적 훈련이 큰 효과를 발휘하지만, 아무 분야에서나 효과를 발휘하는 것은 아니다. 체계적 훈련을 찬양하는 인기 서적 중에는 이 사실을 간과하는 책들이 많다.[10]

체계적인 훈련이 되려면 코치가 참여해서 효과적인 훈련 계획을 수립해야 한다.[11] 그러나 훈련 계획까지 수립하면서 체계적인 훈련을 받는 사람은 많지 않다. 예를 들어 어린이 스포츠 팀의 훈련은 대개 체계가 부실하다. 어린이가 받는 훈련은 실력 향상과 무관한 경우가 많으며 실력의 한계를 시험하는 경우는 드물다. 체계적인 훈련이 되려면 다소 고통스럽더라도 자신의 한계에서 벗어나 실력을 향상시키려고 노력해야 한다.

체계적인 훈련에는 엄청난 시간과 노력이 필요하다. 세계 최고의 소매치기 아폴로 로빈스Apollo Robbins의 사례를 살펴보자. 로빈스는 관객 한 명을 무대 위로 불러낸 후 수많은 관객 앞에서 그의 다양한 소지품을 훔치겠다고 말한다(그는 훔쳤던 소지품을 모두 돌려준다. 그래서 '신사 도둑'이다). 그는 능숙한 솜씨로 관객의 시선을 다른 곳으로 돌린 채 날랜 손놀림으로 임무를 완수한다. 그는 라스베이거스 시저스 매지컬 엠파이어Caesar's Magical Empire에서 기술을 연마했다. 사람들은 그의 쇼를 보려고 늘 장사진을 이루었다. 그는 5년 연속 주 5일, 밤마다 5시간에 걸쳐 관객 25명의 소지품을 훔쳤다. 그는 기술 연마에 6,000시간 이상을 들였고 이제는 대부분 동작이 무의식적으로 이루어진다. 동작에 대해 생각할 필요가 없다는 뜻이다. 그는 장기간 반복 훈련을 통해서 시스템 1을 학습시켰다. 특히 최고의 기술을 연마할 때는 오랜 시간 정말로 열심히 노력했다.

체계적인 훈련은 재미있는 활동이 아니다. 체계적 훈련 이론에 정통한 심리학자 안데르스 에릭손Anders Ericsson은 "체계적 훈련은 본질적으로 재미가 없지만 사람들은 성과를 개선하려고 실행한다"라고 말한다.[12] 체계적 훈련에는 엄청난 집중력이 필요하지만 그 집중력을 유지하기는 쉽지 않다. 연간 1,000시간 이상 훈련하면 탈진 상태에 빠질 위험도 있다. 성과를 개선하겠다고 끊임없이 생각하면서 인지 상태를 계속 유지해야 한다. 정체기를 극복하고 전문가 수준에 도달하려면 체계적인 훈련이 필수다. 그러나 카너먼에 의하면 사람들은 수고스럽게 시스템 2를 사용하는 대신 편안하게 시스템 1 상태를 유지하려는 경향이 있다. 사람들은 선천적으로 게으르기 때문이다.

피드백은 체계적 훈련의 요소를 연결해주는 접착제에 해당한다. 실력은 적시에 정확한 피드백을 받을 때만 향상된다. 그래서 일류 선수는 대개 코치를 둔다.

하버드대 의과 교수 아툴 가완디Atul Gawande는 보스턴 브리검 여성병원 외과 의사이며 〈뉴요커〉의 전속 필자로 활동하고 있다. 그는 다른 의사처럼 철저한 훈련을 거쳐 외과 의사가 되었고 혼자 힘으로 실력을 쌓아야 했다. 처음 몇 년 동안 그는 자신의 수술 실력이 꾸준히 개선되고 있다고 생각했다. 그러다가 정체기를 맞았다. 그는 코치를 쓰면 실력이 더 향상되지 않을까 생각했다.

가완디는 자신의 스승이었다가 은퇴한 외과 의사 로버트 오스틴Robert Osteen을 코치로 선택했다. 그는 오스틴이 지켜본 첫 수술이 완벽하게 마무리되었다고 생각했다. 그러나 수술이 끝난 후 휴게실에서 오스틴은 그에게 개선 사항을 말해주었다. 환자의 자세 설정과 수술포(drape, 수술 부위에 덮어 오염 등을 방지하는 멸균 기구) 설치에 개선할 여지가 있었고, 수술할 때 팔꿈치의 위치가 지나치게 높았으며, 수술용 무영등이 흔들렸다. 그는 이례적으로 코치를 영입한 덕분에 피드백을 받아 실력을 개선할 수 있었다. 이 경험이 계기가 되어 그는 다른 분야에서도 널리 코치를 사용해야 한다는 글을 썼다.[13]

실력 향상에 체계적 훈련이 필수인 것은 사실이지만, 일부 인기 서적은 이 사실을 왜곡하기도 한다. 예컨대 '어느 분야에서든 전문가가 되려면 1만 시간의 체계적 훈련이 필요하다'는 주장이다. 평균적으로 필요한 훈련 시간은 1만 시간일지 몰라도 실제로 필요한 시간은 사람마다 크게 다르다. 예를 들어 체스 마스터 달성에 필요한 평균 훈련 시간은 6,700시간이지만 실제로는 3,000~2만 3,600시간에 이르기까지 사람마다 필요한 시간이 크게 다르다. 전문가가 되려면 오랜 훈련이 필요하지만 1만 시간으로 확정된 것은 아니다.[14]

일부 인기 서적의 사실 왜곡 중 또 하나는 '선천적인 재능이 실력에 아무런 영향을 미치지 못한다'는 주장이다. 이들은 전문가의 실력이 오로지 체계적인 훈련을 얼마나 하느냐에 좌우된다고 이야기한다. 그러나 최근 연구에서 밝혀진 내용은 이와 다르다. 미시간 주립대 교수 자크 햄브릭Zach Hambrick과 엘리자베스 마인츠Elizabeth Meinz는 체계적 훈련 이외에 실력에 영향을 미치는 요소를 분석하고서 다음과 같이 썼다. "기본 능력이 없어도 노련한 선수가 될 수 있다는 주장에 대해서는 증거를 발견하지 못했다. 반면 체스에서 음악에 이르는 다양한 분야의 복잡한 과업에서, 기본 능력으로 노련한 선수의 성패 까지도 예측할 수 있다는 증거가 충분히 발견되었다." 노력이 중요하 긴 하지만 전부는 아니라는 말이다.[15]

IQ와 관련해서 왜곡된 주장이 또 있다. 인지 영역에서 높은 성과를 내려면 IQ가 일정 수준(대개 IQ 120으로, 상위 10%에 해당하는 수준)을 넘 어야 하지만 그 수준만 넘어서면 IQ가 훨씬 높더라도 크게 유리하지 는 않다는 것이다.[16] 그러나 학계 연구에 의하면 상위 1%에 속하는 청소년 사이에서도 인지 능력의 차이에 따라 학교생활과 이후 직장 생활에서 성과가 크게 달라진다. 예를 들어 13세에 SAT 수학 섹션에 서 상위 0.1%를 기록한 청소년은 상위 0.9%를 기록한 청소년보다 수 학이나 과학 분야에서 박사가 될 확률이 18배나 높았다.[17] 주로 실력 에 좌우되는 활동에서는 기본 능력이 중요하다.

청소년이 실력을 개선하려면 체계적인 훈련에 노력을 기울여야 하 며 이를 대신할 방법은 어디에도 없다. 따라서 부모, 선생, 코치는 청 소년이 선천적인 재능에 상관없이 노력을 기울이도록 격려해야 한 다.[18] 하지만 선천적인 재능이 실력에 아무런 영향을 미치지 못한다 며 근거 없는 주장까지 펼치면 안 된다. 높은 성과는 약간의 기본 능 력과 많은 노력이 결합되어 시스템 1을 잘 학습시킬 때 나타난다.

운과 실력의 중간 영역에서는 체크리스트를 수용하라

대부분 업무는 지침에 따라 진행되지만 간혹 특수한 상황에 대처해야 하는 경우가 발생하기도 한다.[19] 수술이 대표적인 사례다. 의사는 지침에 따라 수술 준비를 하지만 수술을 하다 보면 예상 못한 복잡한 상황에 직면하기도 한다. 대부분 의사는 주로 수술에 집중하고 지침에 대해서는 관심을 충분히 기울이지 않는다. 그 결과 일부 지침을 위반하게 되어 환자의 생명이 위태로워지기도 한다. 이런 문제는 의사가 지침을 몰라서가 아니라 지침에 관심을 충분히 기울이지 않아서 발생한다.

피터 프로노보스트Peter Pronovost는 존스 홉킨스 병원Johns Hopkins Hospital 마취과 교수 겸 중환자 진료 전문의다. 그는 미국에서 정맥 주사관 감염에 의해서 사망하는 환자가 매년 4만 명에 이른다는 사실에 주목했다. 이런 사망은 대개 수술 후 합병증으로 발생했는데, 사실은 얼마든지 방지할 수 있었다. 이렇게 감염에 의해 매년 사망하는 환자의 수는 유방암으로 사망하는 환자의 수와 같았다. 프로노보스트는 의사가 정맥 주사관을 삽입할 때 간단한 체크리스트를 사용하게 해 수천 명의 생명을 구하고 수억 달러의 비용을 절감했다. 아완디의 〈뉴요커〉 기고문에 의하면 "지난 10년 동안 임상 병리사가 달성한 성과 중 최고"였다.[20]

체크리스트는 정시에 정확하게 수행해야 하는 조치 목록을 가리킨다. 항공, 건설 등 인과관계가 명확한 활동에서는 체크리스트가 널리 사용된다. 전 세계의 비행기 조종사는 체크리스트를 사용하는 덕분에 모든 절차를 항상 정확하게 수행할 수 있다.

체크리스트는 매우 효과적인데도 충분히 활용되지 않고 있다. 솜씨가 좋은 전문가는 체크리스트를 사용하면 품위가 손상된다고 생각하기 때문이다. 그러나 이런 잘못된 태도 탓에 값비싼 대가를 치르게 된다.

의사가 매년 삽입하는 정맥 주사관이 500만 개에 이르는 것을 본 프로노보스트는 간단하고 실용적인 체크리스트가 필요하다고 생각했다. 120쪽에 달하는 미국 질병통제예방센터Centers for Disease Control and Prevention의 지침서는 실용적이지 않았기 때문이다. 그는 동료와 협력해서 5단계로 구성된 체크리스트를 만들어냈다.

1. 비누나 알코올로 손을 씻는다.

2. 멸균 장갑, 수술모, 마스크, 가운을 착용하고 환자에게도 멸균 수술포를 씌운다.

3. 가능하면 사타구니에는 정맥 주사관을 삽입하지 않는다.

4. 삽입 부위를 소독제로 닦아낸다.

5. 필요가 없어진 정맥 주사관은 제거한다.

프로노보스트는 중환자 진료 전문의에게 체크리스트를 배포한 후 간호사에게 진료가 실제로 체크리스트에 따라 실행되는지 확인해달라고 요청했다. 실제 준수율은 38%에 불과했고 그는 매우 실망했다.

환자 3명 중 2명이 감염에 노출되었기 때문이다. 확인해보니 주된 문제는 멸균 장갑, 수술모, 마스크, 정맥 주사관 등이 여기저기에 따로 보관되어 있어서 의사와 간호사가 직접 가지러 다녀야 하는 것이었다. 그는 '정맥 주사관 카트'를 따로 만들어 필요한 의료품을 모두 이곳에 모아두게 했다. 이제 준수율이 70%로 상승했다. 전보다는 좋아졌지만 아직 개선의 여지가 많았다. 여전히 남은 문제는 의사가 일상적인 단순 업무에 관심이 없다는 것이었다.

프로노보스트는 준수 책임을 간호사에게 맡기는 이례적인 조처를 취했다. 그는 간호사를 모아놓고 체크리스트 준수가 왜 중요한지 설명했다. 그러나 병원도 다른 조직과 마찬가지로 계층 구조이며 그 정점에 의사가 있다. 의사들은 프로노보스트가 자신의 권위를 훼손한다고 생각했으며 간호사들은 의사에게 질책을 받지 않을까 두려워했다. 그러나 프로노보스트는 이들을 모두 설득해 새 기법을 수용하게 했다. 이후 1년도 지나지 않아 감염률이 거의 0%로 하락했다.[21]

프로노보스트가 체크리스트를 도입해서 이룬 성과를 알게 된 가완디는 마침내《체크! 체크리스트The Checklist Manifesto》를 저술하게 되었다. 이 책에서 그는 다양한 분야에서 체크리스트가 사용되는 사례를 소개하고 효과적인 체크리스트 작성 방법을 제시한다. 체크리스트 작성에는 특히 실무자의 참여가 중요하다.[22] 프로노보스트의 경우 처음에는 질병통제예방센터에서 작성한 길고 복잡한 체크리스트 활용을 검토했지만, 사려 깊은 실무자가 참여한 실용적인 체크리스트가 더 효과적일 것이라고 생각하게 되었다. 처음부터 실무자를 참여시키면 문화적 갈등도 완화할 수 있다.

체크리스트는 항공 산업에서 가장 오랜 기간 널리 사용되었으므로 가완디는 세계 최대의 항공기 제작 회사인 보잉의 엔지니어 대니얼 부어먼Daniel Boorman으로부터 많은 조언을 받았다. 부어먼은 체크리스트를 작성한 경험이 풍부했다.[23] 그는 체크리스트의 항목을 5~9개로 압축해서 한 페이지에 모두 담아야 한다고 조언했다. 그의 조언에 따르면 체크리스트의 표현은 단순 명료하고 친숙해야 한다. 또한 복잡한 색상이나 도표로 주의를 산만하게 해서는 안 되며 읽기 쉬운 서체를 사용해야 한다. 잘 작성된 체크리스트는 의사소통을 증진하므로 팀원이 문제를 더 쉽게 찾아내고 방지하며 해결하게 해준다. 체크리스트 사용자는 필요할 때마다 체크리스트를 시험하고 개선해야 한다. 체크리스트는 계속 진화하는 문서다.[24]

부어먼에 의하면 체크리스트에는 두 종류가 있다. 절차 확인용 체크리스트Do-Confirm Checklist와 문제 해결용 체크리스트Read-Do Checklist다. 절차 확인용 체크리스트는 조종사가 기억에 기초해 모든 절차가 실제로 완벽하게 수행되고 있는지 확인하는 용도로 사용된다. 절차 확인용 체크리스트에는 예컨대 '플랩 설정, 브리핑 완료'라고 적혀 있다.

문제 해결용 체크리스트는 주로 비상 상황에 대처하는 용도로 사용된다. 조종사에게 익숙하지 않은 비상 상황이 벌어지면 문제 해결용 체크리스트는 대응 방안을 제시한다. 그러면 조종사는 이 대응 방안에 따라 문제를 해결할 수 있다. 예컨대 보잉 747에서 'Door FWD

Cargo' 경고등에 불이 들어왔다면 항공기 전면의 화물 출입구가 열렸다는 뜻이다. 이때 문제 해결용 체크리스트는 다음과 같이 대응 방안을 제시한다. "조종실 기압을 다소 낮춘다. 안전 고도와 8,000피트 중 더 높은 고도까지 하강한다. 공기 유출 스위치를 수동으로 전환하고 30초 동안 눌러서 남은 기압을 방출한다." 문제 해결용 체크리스트를 이용하면 실수를 저지르기 쉬운 급박한 상황에서도 올바른 대응 방안을 쉽게 찾아낼 수 있다.[25]

프로노보스트는 전 세계 병원에 체크리스트를 공개하면서 이것이 성과를 내려면 3대 요소가 필수적이라고 말했다. 첫째, 체크리스트를 실용적으로 작성해야 한다. 둘째, 조직 문화가 체크리스트 사용에 우호적이어야 한다. 체크리스트를 도입하면 일부는 '나는 다 아니까 필요 없어'라는 태도를 보인다. 그러나 체크리스트를 사용하면 기술 수준을 높이지 않고서도 성과를 개선할 수 있다. 프로노보스트와 함께 일하던 의사는 세계 일류 수준이어서 지식과 실력에 부족함이 없었다. 이들이 저지른 실수는 명백한 지침을 간과한 결과였다. 프로노보스트가 제안한 체크리스트 내용은 1800년대 조지프 리스터Joseph Lister가 주장했던 "청결한 환경이 감염을 방지한다"와 크게 다르지 않다. 셋째, 데이터를 수집해서 분석해야 한다. 프로노보스트는 뉴저지주의 모든 병원에 체크리스트를 제공했다. 그러나 병원들은 체크리스트 사용 관련 데이터를 분석해서 보고하지 않았다. 주 당국은 체크리스트로 성과를 거두고 있다고 주장했지만 그는 인정하지 않았다. "우리 팀이 경험한 바로는, 신뢰할 만한 데이터가 없으면 과학이 아니라 미신이고 사실이 아니라 희망에 불과합니다. 우리는 품질 개선 작업이 과학이라고 생각합니다. 과학 실험에는 정확한 데이터가 필수적입니다."[26] 정확한 피드백을 받으려면 정확한 데이터가 필요하다는 말이다.

사람들은 자신이 저지른 실수에 대해 깊이 생각하려 하지 않는다. 그러나 깊이 생각해서 체크리스트를 작성하면 똑같은 실수를 피할 수 있다. 이 복잡한 세상에서 완벽하게 살아갈 수 있는 사람은 아무도 없다. 우리가 언제든 실수를 저지를 수 있다고 겸허히 인정한다면 체크리스트를 수용해야 한다. 현명한 소비자는 장 보러 갈 때도 쇼핑 리스트를 준비한다. 하물며 큰 위험이 따르는 업무라면 체크리스트가 꼭 필요하지 않겠는가.

운의 영역에서는 결과가 아닌 과정에 집중하라

인과관계가 명확한 분야에서는 체계적 훈련과 체크리스트가 큰 효과를 발휘한다. 앞서 살펴본 것처럼 의사가 정맥 주사관 삽입에 체크리스트를 사용하자 감염률이 거의 0%로 하락했다. 그러나 운이 영향을 미치는 활동에서는 인과관계가 명확하게 나타나지 않는다. 매번 정확하게 판단해도 단기적으로는 성과가 나쁘게 나올 수 있다. 심지어 매번 잘못 판단해도 단기적으로는 성과가 좋을 수도 있다. 당신이 카지노에서 블랙잭 게임을 한다고 가정하자. 받은 카드가 17일 때에는 카드를 추가로 받지 않는 편이 유리하다. 그런데 한 장 더 받은 카드가 4여서 21이 되었다면 이는 잘못된 과정에서 좋은 성과가 나온 사례가 된다. 판단은 어리석었지만 운이 좋았다는 뜻이다. 그러나 이런 식으로 판이 거듭되면 결국 손실을 피할 수 없다.

이번에는 내가 당신의 블랙잭 게임 실력을 평가한다고 가정하자. 평가하는 방법 중 하나는 당신에게 블랙잭 게임 자금 1,000달러를 주고 나서 성과를 지켜보는 것이다. 그러나 하룻밤 성과는 흔히 운에 좌우된다. 블랙잭은 운의 영향을 많이 받는 게임이므로 성과를 보고 당신의 실력을 평가하려면 오랜 시간이 필요하다.

당신을 평가하는 다른 방법은 당신이 게임을 할 때 기본 전략을 따르는지 어깨너머로 지켜보는 것이다. 블랙잭에서는 먼저 받은 카드의 수를 고려해서 카드를 한 장 더 받을지 말지 합리적으로 판단하는 것이 기본 전략이다(예컨대 받은 카드가 17이면 더 받지 말아야 하고, 받은 카드가 16 이하인데 딜러가 7 이상이면 더 받아야 한다). 기본 전략을 따르면 장기적으로 손실을 최소화할 수 있다. 당신이 기본 전략을 따른다면 나는 당신이 어느 정도는 버틸 수 있다고 평가할 것이다. 블랙잭처럼 운이 큰 영향을 미치는 활동이라면 단기 성과에 휘둘리지 말고 신뢰할 만한 과정을 충실히 따라가야 한다. 그래야만 승산이 있다.

운이 영향을 미치는 스포츠, 사업, 투자 분야에서 과정을 구성하는 3대 요소는 분석, 심리, 조직이다. 세 요소 중 어느 하나도 잘하기가 쉽지 않다. 하물며 세 요소를 모두 잘하기는 지극히 어렵다. 이제 투자 과정을 예로 들면서 3대 요소를 살펴보기로 한다.

주식의 가치 평가와 투자 규모 산정

주식 투자에서 분석이란 저평가된 주식, 즉 주식의 가치보다 가격이 낮은 주식을 찾아내는 행위다. 가치는 내가 받는 것이고 가격은 내가 지불하는 것이다. 기업의 가치는 기업의 미래 현금흐름을 할인해 산출한 현재 가치를 가리킨다. 미래에 받을 1달러보다는 오늘 받는 1달러의 가치가 더 높으므로 기업의 현재 가치를 산출하려면 기업이 미래에 창출할 현금흐름을 일정 금리로 할인해야 한다. 오늘 주식을 사면서 우리가 지불하는 가격은 미래에 가치를 얻으려고 포기하는 대가다. 우리는 미래 현금흐름의 현재 가치보다 낮은 가격에 주식을 사려고 노력한다. 그래야 돈을 벌 수 있기 때문이다.

경마에서도 가치와 가격을 구분할 수 있다. 여기서 가치는 말의 속도고 가격은 경마장 전광판에 표시되는 배당률이다. 주식시장에서는 기업에 대한 기대가 주가에 반영되고, 경마장에서는 말의 우승 확률이 배당률에 반영된다. 노련한 경마꾼은 말의 속도와 배당률 사이의 괴리를 찾아내려고 노력한다.[27] 경마장에는 좋은 말, 나쁜 말이 따로 없다. 배당률이 정확한 말과 부정확한 말이 있을 뿐이다. 이런 원칙은 운이 영향을 미치는 모든 영역에 적용된다.

분석을 시작하려면 수요와 공급, 이익, 경쟁 우위 등 성과를 좌우하는 실제 원인을 찾아내야 한다. 가치와 가격이 괴리된 주식을 발견하면 그 괴리의 원인을 나름대로 설명할 수 있어야 한다. 사람들이 왜 가치보다 높은(낮은) 가격을 지불하려 하는지, 왜 그 가격이 틀렸는지

견해를 제시할 수 있어야 한다.

증권분석의 아버지 벤저민 그레이엄이 제시한 이른바 안전마진 margin of safety도 고려해야 한다. 안전마진은 가치보다 훨씬 낮은 가격에 주식을 살 때 확보된다. 그에 의하면 안전마진은 "계산 착오나 불운이 미치는 영향을 완화해준다." 그는 주가가 상승할수록 안전마진은 감소한다고 말한다.[28]

포트폴리오를 구성할 때는 기회를 최대한 이용해야 하지만 사람들은 흔히 두 가지 실수를 저지른다. 첫째, 종목 비중을 결정할 때 각 종목의 매력도를 제대로 반영하지 못한다. 이론적으로는 매력도가 높은 종목의 비중을 높이고 매력도가 낮은 종목의 비중을 낮춰야 한다. 펀드매니저가 적용하기는 어렵겠지만, 수학 공식을 이용해서 비중을 결정하는 방법도 있다.[29] 아무튼 기본 아이디어는 가장 유망한 종목에 가장 많은 자금을 투입하는 것이다. 그러나 종목 비중이 종목의 매력도와 일치하는 포트폴리오는 많지 않다.

둘째 실수는 과도한 투자다. 실적이 저하되면 일부 펀드매니저는 부채를 이용해서 실적을 만회하려고 한다. 예를 들어 가치가 110달러인 주식을 100달러에 산다고 가정하자. 이후 주가가 110달러로 상승하면 10% 수익을 얻게 된다. 그런데 수익을 더 얻으려고 금리 5%에 100달러를 빌려서 주식을 더 사면 주가가 110달러로 상승할 때 15% 수익을 얻게 된다. 그러나 부채까지 동원하는 과도한 투자는 실패 위험을 높이므로 유의해야 한다.

예측이 적중할 때는 부채가 수익률을 높여주지만 예측이 빗나갈 때는 부채가 수익률을 낮추며 심한 경우 재난을 부를 수도 있다. 헤지펀드 롱텀 캐피털 매니지먼트Long Term Capital Management는 과도한 부채가 재난을 부른 대표적인 사례다.[30] 롱텀 캐피털 매니지먼트는 부채를 대규모로 이용한 덕분에 40%가 넘는 수익률을 기록하기도 했다. 그러나 1998년에는 불과 4개월 만에 46억 달러 손실을 입었고, 2000년에는 펀드가 청산되었다.

2005~2007년 미국에서 거액의 주택 담보 대출을 받아 주택을 구입한 사람도 재난을 당했다. 주택 가격이 폭락하자 주택을 팔아도 대출금을 상환하지 못하는 처지가 되었기 때문이다. 우리는 분석을 통해서 주식의 가치를 정확하게 평가해야 하는 동시에 적정 투자 규모도 산정해야 한다.

냉정하게 의사 결정을 할 수 있는 기질

카너먼과 트버스키는 과신overconfidence, 정박 효과anchoring effect, 확증 편향confirmation bias, 최신 편향recency bias 등을 연구했다. 두 사람의 분석에 의하면 이런 편향은 무의식적으로 발생하므로 극복하기가 매우 어렵다.[31]

예를 들어 사람들은 최근 발생한 사건에 과도한 비중을 두는 경향이 있다. 투자자는 최근 급등한 종목을 사려고 하고, 최근 실적이 좋았던 펀드매니저에게 돈을 맡기려 한다. 개인 투자자는 엉뚱한 시점에 사고파는 탓에 시장수익률의 50~75%밖에 얻지 못한다.

두 사람은 사람들의 경제 행위가 합리적이지 않음을 밝히는 전망 이론prospect theory도 발표했다. 위험이 따르는 대안을 선택할 때는 사람들의 행태가 고전 경제학 이론에서 벗어난다는 것이다.[32] 보상에 대해서도 사람들은 절대 금액보다 상대 금액에 더 민감하게 반응하는 경향이 있다. 한 설문 조사에서 신입 직원에게 연봉 평균이 4만 달러인 회사에서 3만 6,000달러를 받는 사람과 연봉 평균이 3만 달러인 회사에서 3만 4,000달러를 받는 사람 중 누가 더 행복하다고 생각하는지 물었다. 응답자의 80%가 3만 4,000달러를 받는 사람이 더 행복할 것이라고 대답했다.[33]

투자에서는 취득 원가가 '기준점'이 되어 정박 효과가 나타날 수 있다. 주식을 30달러에 매수하면 그 30달러는 손익을 가르는 기준점이 된다. 주가가 30달러보다 상승하면 이익을 얻고 30달러보다 하락하면 손실을 보기 때문이다. 사람들은 주식을 포트폴리오의 일부로 보지 않고 기준점을 중심으로 보는 경향이 있다.

손실 회피는 사람들이 손실을 볼 때 느끼는 고통이 이익을 얻을 때 느끼는 기쁨보다 약 2.5배 큰 현상을 가리킨다. 정박 효과와 손실 회피 탓에 투자자는 이익 종목을 성급하게 매도하고 손실 종목을 지나치게 오래 보유하는 경향을 보인다.[34]

운이 큰 영향을 미치는 활동에서 단기 성과에 휘둘리지 않고 과정을 충실히 따라가려면 냉정하게 의사 결정을 할 수 있는 기질이 필요하다. 헤지펀드 바우포스트 그룹Baupost Group의 설립자 겸 대표 세스 클라만Seth Klarman은 이런 기질을 보유한 인물이다. 클라만에 의하면 "가치투자의 핵심은 역발상 기질과 계산의 결합이다."[35] 사람들과 관점이 달라야 하며 가치와 가격의 괴리에 주목해야 한다는 말이다.

사람들의 생각이 한쪽 방향으로 쏠리면 가치와 가격의 괴리가 커진다. 1990년대 말 닷컴 거품기와 2009년 봄 금융위기 절정기가 그 예에 해당한다. 이런 상황에서는 불편하더라도 군중에서 벗어나 역발상 관점을 유지해야 좋은 실적을 기대할 수 있다. 그레이엄도 말한다. "용기 있게 지식과 경험을 활용하라. 내가 사실에 근거해서 결론을 내렸으며 이 판단이 건전하다고 믿는다면 다른 사람의 생각과 다르더라도 실행하라(다른 사람의 생각과 일치해야 내 판단이 옳은 것은 아니다. 내 데이터와 추론이 옳다면 내 판단이 옳은 것이다)."[36] 클라만은 역발상 관점을 유지할 때 계산을 통해서 안전마진도 확보하라고 조언한다.

조직의 관례를 벗어날 수 있는 용기

과정을 구성하는 세 번째 요소는 조직이다. 자산운용사의 이익과 투자자의 이익은 서로 충돌하는 사례가 많다. 이 과정에서 투자자는 값비싼 대리인 비용을 치르기 쉽다.[37] 예를 들어 운용 자산 규모에 비례해서 보수를 받는 자산운용사는 흔히 투자 수익률 제고보다 운용 자산 규모 확대에 더 비중을 둔다. 그래서 최근 성공한 투자 상품을 적극적으로 판매하거나 인기 분야에서 신상품을 개발하며, 포트폴리오 운용은 단지 벤치마크를 따라가는 정도로 만족한다.

그리니치 어소시에이츠를 설립한 찰스 엘리스는 "자산운용사는 수탁자로서 사명감과 수익을 추구하는 기업의 관점 사이에서 균형을 유지해야 한다"라고 말한다.[38] 즉 수탁자 관점에서는 포트폴리오의 장기 수익률 극대화를 추구해야 하고 기업의 관점에서는 자산운용사의 이익을 극대화해야 한다. 고객이 불이익을 당하지 않으려면 자산운용사는 수탁자의 입장에서 저평가 종목 발굴에 노력하면서 균형 잡힌 포트폴리오를 유지해야 하며, 때로는 역발상 관점도 취해야 한다.

저명한 경제학자 겸 투자자 존 메이너드 케인스John Maynard Keynes는 1936년에 출간한 저서 《고용, 이자 및 화폐에 관한 일반이론The General theory of Employment, Interest and Money》에서 장기 투자에 대해 다음과 같이 언급했다. "장기 투자가 일반인의 눈에는 이상하고, 색다르며, 경솔해 보일 것이다. 초과 실적을 내더라도 사람들은 그가 경솔하다고만 생각할 것이다. 그리고 단기적으로는 미달 실적을 내기가 쉬운데, 그러면 용서받기가 쉽지 않다. 세속적 지혜에 의하면 관례를 거슬러 성공하는 것보다 관례를 따르다 실패하는 쪽이 평판에 유리하다."[39]

실제로 펀드매니저가 조직의 관례에서 지나치게 벗어나면 해고당할 위험이 커진다. 관례를 따르다 실패하면 변명이라도 할 수 있지만 관례를 벗어나서 실패하면 전적으로 자신의 책임이 되기 때문이다. 요즘 포트폴리오는 30년 전보다 벤치마크에 더 가까워졌다. 미국에서 액티브 셰어의 평균이 1980년 75%에서 2010년 60%로 하락했다. 관례가 그다지 훌륭하지 않아도 사람들은 조직의 울타리에서 벗어나기를 두려워한다.[40]

과정을 구성하는 세 요소 중 어느 하나도 잘하기가 쉽지 않다. 하물며 세 요소를 모두 잘하기는 지극히 어렵다. 그래서 투자는 물론 스포츠에서도 분석, 심리, 조직의 관례를 극복하고 성공하는 사람은 소수에 불과하다.

9장

운을 다루는 방법

1763년부터 스페인은 국가 복권을 운영해왔다. 매년 한 차례 발매되는데 크리스마스 며칠 전에 추첨을 통해 당첨 번호를 발표한다. 엘고르도(El Gordo, 뚱보)라 불리는 1등 당첨금은 2011년 400만 유로였다. 1970년대 중반 어떤 사내가 끝자리 수 48인 복권을 찾아다녔다. 마침내 복권을 발견해 구입한 사내는 복권에 당첨되었다. 왜 그 숫자를 그렇게 찾아다녔는지 질문이 쏟아지자 그는 다음과 같이 대답했다. "7일 연속 꿈에 숫자 7이 보였거든요. 7 곱하기 7은 48이잖아요."[1]

이번 장은 운을 다루는 방법을 알아본다. 먼저 당신이 불리한 입장일 때 노련한 상대의 강점을 약화하는 방법과 당신이 유리한 입장일 때 당신의 강점을 최대한 살리는 방법을 알아본다. 다음으로 원인과 결과를 효과적으로 대응해서 운의 영향을 줄이는 방법을 살펴본다. 마지막으로 '우리가 알 수 있는 것의 한계를 아는 것'이 중요하다는 점을 살펴본다. 알 수 있는 것과 알 수 없는 것을 구별하는 법을 알아보고, 발생 확률이 매우 낮고 계산할 수조차 없지만 매우 큰 대가를 초래하는 사건에 어떻게 대처해야 하는지 살펴본다.

다윗의 승리가 주는 교훈

성서 속 다윗과 골리앗 이야기는 아마도 가장 유명한 강자와 약자의 대결일 것이다. 블레셋 병사와 이스라엘 병사는 엘라 계곡Valley of Elah 양쪽 산에 마주 서서 대치하고 있었다. 블레셋의 골리앗은 2미터 장신에 청동 투구와 갑옷을 걸치고 거대한 창을 휘둘렀다. 갑옷 무게만도 60kg에 육박했다. 골리앗은 이스라엘 측에 대담한 제안을 했다. "누구든지 나랑 붙어 싸워보자. 패자의 군대는 승자의 노예가 되는 거다." 이스라엘 병사는 잔뜩 주눅 들었다.

양치기 소년 다윗은 여덟 형제의 막내였고 그의 형제 중 셋이 참전한 상황이었다. 다윗의 아버지는 참전한 자식들에게 보급품을 전달하기 위해 다윗을 전장에 보냈다. 골리앗의 도발을 들은 다윗은 골리앗을 죽이면 어떤 보상이 있는지 물었다. 막대한 부를 얻고 공주와 결혼할 수 있다는 이야기를 듣고 괜찮은 조건이라 생각했다. 다윗은 자신이 돌보던 양 떼를 노린 사자와 곰을 죽인 적이 있었는데, 골리앗을 죽이는 것도 크게 다르지 않을 것이라 생각했다.

이스라엘의 지도자 사울Saul은 다윗에게 투구, 갑옷, 칼을 주었다.

골리앗이 제안한 방식대로 싸울 것으로 생각한 것이다. 하지만 골리
앗보다 어리고 약한 다윗은 그 방식이 마음에 들지 않았다. 그는 장
비를 내려놓고 대신 양치기 지팡이, 개울에서 주운 매끈한 돌멩이
5개, 새총을 가지고 전장에 나갔다. 싸울 준비가 된 두 사람은 서로
노려보며 으르렁거렸다. 순간 다윗은 아무도 예상하지 못한 행동을
취했다. 갑자기 새총에 돌멩이를 재어 골리앗에게 발사한 것이다. 이
마 한가운데에 정통으로 돌멩이를 맞은 골리앗은 즉사했다.[2]

이야기의 핵심은 다윗이 골리앗과 백병전으로 싸우지 않았다는 것
이다. 다윗이 보기에 거인에게 가까이 다가가는 것은 자살행위나 다
름없었다. 그는 다른 전략을 사용했다.

다윗의 승리와 골리앗의 패배가 주는 교훈은 다음과 같이 일반화
할 수 있다. 일대일로 맞붙는 경우 두 가지 단순한 규칙을 따르라. 유
리하면 싸움을 단순하게 만들어라. 불리하면 싸움을 복잡하게 만들
어라. 다윗이 골리앗과 정면으로 맞붙어 이길 확률은 매우 희박하다.
하지만 겨루는 방식을 바꾸면 이길 확률을 높일 수 있다.

블로토 대령 게임

블로토 대령Colonel Blotto 게임을 이용해 두 가지 규칙을 조금 더 살
피고 계량화해보자.[3] 2명이 하는 이 게임에서 양측은 주어진 전장에
병사를 배치한다. 어떤 전장에 12명의 병사를 배치했는데 상대편이

[그림 9-1] 단순한 블로토 대령 게임

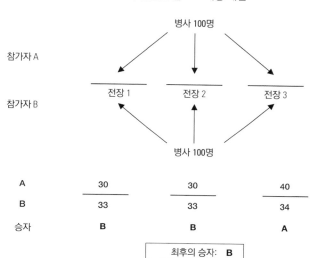

자료: 저자의 분석

11명을 보내면 승리한다. 병사 수가 많은 곳이 항상 이기며, 가장 많은 전장에서 승리한 쪽이 최후의 승자가 된다. 가장 단순한 게임 방식은 2명의 참가자가 3곳의 전장에 100명의 병사를 배치하는 것이다. 참가자의 목표는 가장 많은 전장에서 승리할 수 있는 병사 배치 전략을 구상하는 것이다(그림 9-1 참조).

블로토 대령 게임은 한쪽이 이기면 다른 한쪽은 지는 제로섬zero-sum 게임이다. 전장 1곳에 모든 병사를 배치하는 것 같은 악수를 두지만 않는다면 이 게임은 가위바위보와 비슷하다. 이렇게 단순한 게임에서는 어떤 전략이 최선인지 말하기 어렵다.

하지만 전장과 병사 수를 늘리면 게임이 흥미로워진다. 예를 들어 한쪽 편이 더 많은 병사를 가지고 유리한 입장에서 시작할 수 있다. 아니면 전장을 10곳으로 늘릴 수도 있다. 실제로 대부분의 제로섬 상황에서 보유 자원이 동등한 경우는 드물며 전장도 여러 곳이다.[4]

선수가 보유한 병사 수가 다르면 어떤 일이 벌어지는지 알아보자. 전장이 3곳인 게임에서는 병사 수가 25% 많은 쪽이 60%의 확률로 이긴다. 병사가 상대의 2배라면 78%의 확률로 이긴다. 여전히 운이 개입되지만 병사가 많은 쪽이 결정적 우위를 가진다. 지금까지의 분석은 첫 번째 규칙을 잘 보여준다. 강자라면 게임을 단순화하고 정면 승부를 걸어야 한다. 병사 수가 많을수록 승리할 가능성이 높다.

병사 수가 비슷하면 전장을 늘린다고 해서 승률이 바뀌지는 않는다. 하지만 한쪽의 병사 수가 많을 경우 전장이 늘어날수록 그 강자의 우위는 줄어든다. 예를 들어 전장이 15곳인 게임에서 약자가 승리할 확률은 전장이 9곳인 게임에 비해 거의 3배나 높다.

전략적 함의는 명백하다. 게임을 시작하기 전에 약자는 더 많은 전장을 추가하려고 노력해야 한다. 강자는 여러 전장으로 병사를 분산시킬 수밖에 없고, 약자는 운이 따르면 예상 밖의 승리를 거둘 수 있다. 상대가 병사를 많이 배치하지 않은 전장에 운 좋게 더 많은 병사를 배치한다면 약자가 승리할 수 있다. 패배한 병사 수가 아니라 승리한 전장 수에 따라 승패가 결정되기 때문이다. 여기서 두 번째 규칙이 나온다. 약자라면 전장이나 경쟁 지점을 추가해 경기를 복잡하게 만들어야 한다.[5]

전장을 추가하라

스포츠에서 좋은 사례를 찾아볼 수 있다. 스포츠 전문 방송 ESPN 의 평론가 KC 조이너KC Joyner는 미식축구 감독을 두 가지 유형으로 구분한다. 최고 선수 영입에 집중하는 유형과 좋은 전략을 구상하는 데 진력하는 유형. 최고 인재를 모집하는 감독의 전략은 단순하다. 탁월한 실력과 역량으로 경쟁자를 압도하겠다는 것이다. 두 번째 유형의 감독은 최고 선수 영입에 신경을 덜 쓰고 대신 경쟁자를 한발 앞서는 획기적인 경기 전략 수립에 집중한다.[6]

2009년까지 10년간 텍사스테크대 미식축구팀 감독을 맡았던 마이크 리치Mike Leach는 전형적인 두 번째 유형이다. 감독 경력 후반에는 70%가 넘는 승률을 기록했는데, 일류로 꼽을 만한 선수가 거의 없는 상태에서 거둔 성과라서 더 놀랍다.

약체 팀 감독인 리치는 강팀을 상대로 게임을 복잡하게 만들었다. 그는 다양한 포메이션formation을 구사했는데, 상대 팀은 리치가 어떤 포메이션으로 경기에 임할지 예측할 수 없었다. 그의 포메이션은 경기 구도를 바꾸었고 상대 팀은 수비 전략을 바꿀 수밖에 없었다. 예를 들어 상대 팀의 수비 라인맨(defensive lineman, 최전방 수비수)은 리시버receiver를 보호하기 위해 자주 뒤로 물러날 수밖에 없었다. "수비 라인맨은 원래 리시버 보호가 익숙하지 않아요. 그렇게 많이 뛰어다니는 역할이 아니에요. 그때 우리 팀 선수가 잔뜩 달려들어 괴롭히죠." 그는 게임에 전장을 추가해 강팀의 이점을 약화했다.[7]

기업에서도 비슷한 사례를 찾아볼 수 있다. 하버드대 경영대학원 교수 클레이튼 크리스텐슨Clayton Christensen이 제시한 파괴적 혁신 disruptive innovation 이론을 살펴보자. 크리스텐슨은 유능한 경영진과 풍부한 자원을 가진 거대 기업이 단순하고, 싸고, 열등한 제품을 공급하는 기업에 빈번히 패하는 이유가 무엇인지 연구했다. 그는 이 신흥 기업을 파괴자disruptor라 부르고, 파괴적 혁신을 존속적sustaining 혁신과 구별했다.[8]

존속적 혁신은 기존 제품을 끊임없이 개선하는 작업이다. 대대적 개선이 일어날 수도 있다. 하지만 핵심은 기존 사업 모델이 유지된다는 것이다. 조그만 동네 서점이 수만 권의 책과 커피숍을 갖춘 대형 서점으로 성장했다고 생각해보자. 규모는 훨씬 커졌지만 기본 사업 모델은 동일하다.

존속적 혁신은 같은 전장에 병사만 더 배치하는 것과 같다. 크리스텐슨은 신흥 기업이 기존 제품에 버전만 달리해서는 선도 기업을 결코 꺾을 수 없다고 말한다. 카메라 필름 세계 시장 1위 기업이었던 코닥Kodak은 건전지 사업을 추가했다. 필름시장의 선도 기업이면서 소매업체에 큰 영향력을 행사하고 있었지만 건전지 사업에서는 수익을 내지 못했다. 미국 건전지시장을 장악하고 있던 듀라셀Duracell과 에너자이저Energizer가 막대한 자원을 들여 시장을 방어했기 때문이다. 마치 다윗이 골리앗과 백병전을 하려는 것과 같았다.

파괴적 혁신을 하는 기업은 완전히 새로운 사업 모델을 가지고 시장에 진입한다. 이 파괴자는 거대 기업이 수익을 내지 못하는 시장이나 고객 수요가 적은 하위 시장에 침투한다. 일례로 1970년대에 토요타Toyota나 혼다Honda 같은 일본 자동차회사는 저가 소형차로 미국 시장에 진입했다. GM, 포드, 크라이슬러는 코웃음 치며 대수롭지 않게 여겼다. 선도 기업은 수익성 높은 상위 시장에 집중하고 하위 시장은 방치하는 경향이 있다. 파괴자가 조금씩 성능을 개선하며 슬금슬금 올라오는데도 눈치채지 못한다. 마침내 파괴자는 선도 기업의 고객을 빼앗기 시작한다. 그것도 훨씬 저렴한 비용으로. 토요타 렉서스Lexus의 도약과 GM 캐딜락Cadillac의 몰락이 바로 이런 경우다.

크리스텐슨은 철강 산업 사례를 즐겨 인용한다. 소규모 전기로 공장인 미니밀Mini-mill은 철스크랩(폐철)을 녹여서 철을 만든다. 용광로에서 철을 만드는 일관 제철소에 비하면 매우 작은 규모다. 일관 제철소는 모든 공정을 통제해 고품질의 철을 만들 수 있었기에 막대한 우위를 가지고 시작했다. 반면 1970년대에 등장한 미니밀은 단순하고 값싼 방식으로 시작해 사업 초반에는 아주 낮은 품질의 콘크리트 보강용 철근을 만드는 데 머물렀다. 콘크리트 보강용 철근 시장은 강철시장 중에서 가장 값싸고 부가 가치가 낮은 시장이다. 일관 제철소는 이 시장을 미니밀에 넘겨줬고 그 결과 수익성이 개선되었다. 하지만 일시적이었다. 미니밀은 빠르게 능력을 키워 더 좋은 철을 만들기 시작했고, 점차 상위 시장에 진입해 부가 가치가 높은 제품을 두고 일관 제철소와 경쟁하기에 이르렀다. 이런 식으로 미니밀은 상위 시장까지 계속 치고 들어가 저가를 무기로 일관 제철소의 수익성을 파괴했다.[9]

철강 산업의 경우 제품은 동일하지만 제조 공정과 사업 모델에서 차이가 난다. 파괴자는 이 차이에서 기회를 발견한다. 또한 파괴자는 이전에 없던 새로운 제품을 가지고 시장에 진입할 수도 있다. 크리스텐슨의 연구는 기존 기업이 새로운 제품을 무시할 것이라고 예측한다. 그동안 익숙했던 제품과 너무 다르기 때문이다. PC의 역사가 좋은 사례다. 1970년대 중반까지 컴퓨터는 소수의 훈련된 사람만 작동시킬 수 있는 대형 기계였다. 하지만 1970년대 말과 1980년대 초에 애플, 아타리Atari, 코모도어Commodore, IBM이 PC를 출시하면서 상황이 바뀌었다. 당시 IBM의 거대한 메인프레임mainframe 컴퓨터와 소형 PC의 중간에 미니컴퓨터minicomputer가 있었다. 교육 기관과 중견 기업에 적합한 중간 규모의 컴퓨터였다. 미니컴퓨터 제조사들은 PC 시장 진입에 필요한 완벽한 역량과 노하우를 보유하고 있었다. 모든 요건이 갖추어져 있었다.

그런데도 미니컴퓨터 제조사 대부분이 아무것도 하지 않았다. 데이터 제너럴Data General, 왕Wang, 디지털 이큅먼트Digital Equipment Corporation는 시장을 완전히 오해했다. 독창적인 제품을 출시하지 못했고, 고객의 요구와 동떨어진 아주 복잡한 컴퓨터를 내놓았다. 결국 신생 기업에 시장을 넘겨주고 말았다. 성능이 향상되면서 PC는 결국 미니컴퓨터를 몰아냈다. 데이터 제너럴, 왕, 디지털 이큅먼트는 모두 합병되거나 사라졌고 미니컴퓨터는 PC로 완전히 대체되었다.

파괴자의 전략이 하위 시장을 공략한 것이든 신제품으로 침투한 것이든, 강력했던 기존 기업은 약체였던 도전자를 물리치지 못했다.

사실상 일부 시장에서 패배를 인정했는데, 이는 전장을 추가한 것과 같았다. 파괴자는 자원을 모으고 힘을 키울 수 있었고, 이후 제품 성능을 개선해 마침내 자신들의 우월한 사업 모델로 막대한 수익을 올리면서 기존 기업을 무너뜨렸다.[10]

파괴적 혁신 이론의 강점은 신사업의 성패를 예측할 수 있게 해준다는 것이다. 마이클 레이너의 《The Innovator's Manifesto혁신가 선언》에는 파괴적 혁신 이론에 매료된 젊은 변호사 토마스 서스턴Thomas Thurston의 이야기가 나온다. 서스턴에게는 2007년까지 10년 동안 인텔의 신사업 추진 조직에서 검토했던 48개의 사업 계획을 살펴볼 특별한 기회가 있었다. 각 사업의 실제 성과를 모르는 상태에서 그는 파괴적 혁신 이론을 이용해 사업의 성패를 예측해보았다.

서스턴은 간단한 의사 결정 나무decision tree를 만들었다. 기존 기업이 추진한 존속적 혁신은 성공하고 신흥 기업이 추진한 존속적 혁신은 실패한다고 예측했다. 또한 별도의 자율적 기업 없이 모기업의 사업부가 추진한 파괴적 혁신은 실패하고 별도의 자율적 기업을 만들어 추진한 파괴적 혁신은 성공한다고 예측했다. 이러한 예측을 실제 결과와 비교해보니 48개의 사업 계획 중 45개가 일치했다. 94%의 정확도였다. 하지만 신사업의 10%만 성공한다는 통계를 고려하면 이 결과는 그리 인상적이지 못하다. 모두 실패한다고 예측해도 90%를 맞힐 수 있기 때문이다. 이에 레이너는 통계 검정을 통해 조금 더 자세히 분석해보았는데, 서스턴의 예측은 신뢰도가 매우 높았다.[11]

강대국과 약소국

파괴적 혁신 이론은 블로토 대령 게임이 주는 교훈과 잘 들어맞는다. 이 이론은 강대국과 약소국 사이의 전쟁에도 적용해볼 수 있다. 파괴적 혁신 이론으로 전쟁을 분석한 연구를 살펴보자.[12]

보스턴대 국제관계학 교수 이반 아레귄-토프트Ivan Arreguín-Toft는 《How the Weak Win Wars약소국이 승리하는 법》에서 1800~2003년 사이 약소국과 강대국 사이에 벌어진 200여 개 전쟁을 분석했다. 그는 이런 전쟁을 불균형 충돌이라고 불렀는데, 군사력과 인구 규모 면에서 강대국과 약소국의 자원이 10배 이상 차이 날 때 불균형으로 보았다. 놀랍게도 강대국이 승리한 전쟁은 72%밖에 되지 않았다. 자원의 불균형 정도가 큰 전쟁만 분석 대상에 포함했다는 점을 고려하면 약소국이 승리한 경우는 훨씬 더 많았을 것이다.

덧붙여 아레귄-토프트는 지난 2세기 동안 약소국의 승전율이 꾸준히 높아지고 있음을 발견했다. 1800~1849년 사이 약소국의 승전율은 12%였는데, 1950~1999년 사이 승전율은 50% 이상이었다. 1800~1999년 사이 반세기마다 약소국의 승전율이 올라갔다.

아레귄-토프트는 여러 가지 가능성을 검토한 뒤에 약소국이 채택한 두 가지 전략으로 이 결과를 설명할 수 있다고 결론지었다. 약소국과 강대국이 정면으로 맞서면 약소국은 '강대국이 가진 힘의 우위를 약화하거나 벗어날 방법이 없기 때문'에 거의 80%의 확률로 패배한다. 하지만 약소국이 전장을 늘리는 전략을 채택하면 '강대국이 힘의 우위를 가지는 전장을 피하는 방법'으로 패배 확률을 40% 이하까지 낮출 수 있다.[13] 약소국은 다른 국가의 성공 전략을 모방했고, 강대국의 방식대로 싸우지 않는 것이 승리 확률을 높일 수 있다는 것을 깨달았다. 그 결과 약소국은 해가 지날수록 더 많은 전쟁에서 이기게 되었다.[14]

불균형 전쟁에서 패배한 국가의 80%는 전략을 바꾸지 않았다. 특정한 전략에 맞추어 장비를 갖추고 훈련을 받은 상태에서 전략을 바꿀 경우 큰 비용이 발생하는 것이 그 이유 중 하나였다. 조직의 관행과 오래된 지도부가 새로운 전략 채택의 걸림돌이 되기도 한다. 이런 관성 때문에 조직은 승리 가능성이 가장 높은 전략을 추구하지 못한다.

블로토 대령 게임에서 도출된 두 가지 규칙은 이해하기 쉽고 타당성도 높다. 하지만 안타깝게도 이 규칙들은 잘 알려지지 않았다. 운을 바꿀 수는 없다. 대신 자신이 강자인지 약자인지에 따라 역량의 상대적 중요성을 높이거나 낮출 수는 있다. 다윗이 돌멩이와 새총 대신 칼과 갑옷을 이용해 싸웠다면 그 결과가 어땠을까? 확신할 수는 없지만 블로토 대령 게임은 골리앗의 힘이 양치기 소년을 압도했을 것이라고 말한다.

소규모 실험으로 인과관계 파악하기

2012년 출간된 책의 제목을 정하는 과정에서 나는 편집자와 의견이 맞지 않았다. 나는 동료가 추천해준 '두 번 생각하라Think Twice'라는 제목이 마음에 들었다. 책 내용을 함축하면서 적극적인 행동 변화를 요구하고 발음하기도 쉽기 때문이었다. 편집자의 반응은 미온적이었다. 몇 개월 전 출판사에서 '다시 생각하라Think Again'라는 제목의 책을 출간한 탓에 혼동을 피하고 싶어 했다. 편집자는 다른 제목을 제안했고, 나는 그 제목들이 어떠한 과정을 통해 정해진 것인지 물어보았다. 편집자는 적당한 제목 몇 개를 떠올린 다음 동료들에게 어떤 제목이 마음에 드는지 물어보아서 순위를 매겼다고 했다. 괜찮은 방식이긴 하지만, 너무 주먹구구식이고 체계적이지 못하다.

눈에 띄는 제목을 붙이는 것은 결국 판매량을 늘리기 위해서다. 제목이 시선을 끌면 책을 집어 들어 살펴볼 가능성이 높아지고 구매로 이어질 확률도 높아질 것이다. 6장에서 살펴보았듯이 제목 이외에도 많은 요인이 책 판매량에 영향을 미친다. 하지만 다른 조건이 같다면 부적절한 제목보다는 좋은 제목이 판매량을 높일 것이다.

나는 조금 더 체계적인 방식으로 문제를 직접 해결해보기로 했다. 아마존Amazon.com은 메커니컬 터크Mechanical Turk라는 서비스를 제공하는데, 온라인에서 소액의 보수를 받고 주어진 과제를 수행하는 사람들을 연결해준다. 주로 간단한 질문에 응답하는 과제가 많다. 나는 편집자가 선정한 7개의 제목과 내가 생각한 '두 번 생각하라'를 무작위로 짝지어 "가장 적합한 책 제목을 선택해주세요"라는 과제를 메커니컬 터크에 올렸다. 참가자에게는 0.1달러를 보상으로 주었다. 스포츠 경기의 토너먼트 방식처럼, 짝지은 제목 중 선택된 제목은 다른 제목과 다시 경합을 붙였다. '두 번 생각하라'가 선정되었다(그렇지 않았다면 이 이야기를 꺼내지도 않았을 것이다). 다음으로 '오류 완벽 예방', '왜 오류에 빠지는가', '직관에 저항하라' 같은 제목이 선정되었다. 전 세계 수백 명의 사람이 참가했는데 비용은 200달러가 채 들지 않았다.

이 이야기를 꺼낸 것은 원인과 결과를 더 효과적으로 대응시킬 수 있음을 보여주고 싶어서다.[15] 원리는 간단하다. 광고의 효과를 알고 싶다고 해보자. 우선 사람들을 통계적으로 유사한 두 개의 집단으로 나눈다. 실험 집단experimental group에는 광고를 보여주고 대조 집단 control group에는 광고를 보여주지 않는다. 그다음 두 집단의 실제 구매를 비교하는 것이다. 만약 실험 집단이 대조 집단보다 제품을 충분히 많이 산다면 광고 효과가 있다고 합리적으로 생각할 수 있다. 비용을 크게 들이지 않고 소규모로 해볼 수 있는 실험이다. 이러한 실험을 통해 광고 효과가 검증되면 본격적으로 광고를 진행할 수 있다.[16]

야후 리서치Yahoo! Research의 과학자인 랜들 루이스Randall Lewis와 데이비드 레일리David Reiley는 야후에 입점한 미국 대형 소매상의 의뢰로 실험을 수행했다. 160만 명을 표본 추출한 다음 이 중 130만 명을 실험군에, 30만 명을 대조군에 할당했다. 2007년 가을 야후를 방문한 실험군에 2개의 광고를 노출시켰고, 대부분이 광고를 보았다. 광고 효과를 측정하기 위해 사람들의 구매 데이터를 분석해보았다.

　루이스와 레일리는 광고에 노출된 실험군이 대조군에 비해 5% 이상 제품을 더 구매했다는 것을 발견했다. 수익 증가분이 광고 비용보다 7배 더 크다고 평가했다. 광고를 많이 볼수록 더 자주 구매하고 더 많은 돈을 쓴다는 사실도 발견했다. 광고는 효과가 있었다.

　이 실험에는 더 흥미로운 부분이 있다. 보통 광고업계는 광고 효과를 검증하기 위해 광고를 시행한 다음 매출 변화를 관찰하는 방식을 사용한다. 야후 실험에서는 관찰 기간에 전체 매출이 하락했기 때문에 이 같은 방식으로 광고 효과를 측정했다면 효과가 없다고 결론 내렸을 것이다. 루이스와 레일리는 대조군을 도입해 광고 효과만 분리해 살펴보는 것으로 광고가 더 많은 구매로 이어졌다는 사실을 보여줄 수 있었다.[17]

　《상식의 배반Everything Is Obvious》을 쓴 던컨 와츠는 사고방식의 전환이 필요하다고 주장했다. 광고업계의 관행은 '예측하고 통제하라'였다. 다시 말해 사람들이 광고나 제품에 어떻게 반응할지 예측하려 애쓴다는 것이다. 와츠는 '측정하고 대응하라'로 바뀌어야 한다고 제안했다. 조심스럽게 대조군을 둔 실험을 하고 그 결과를 보고 행동하라는 것이다. 광고를 지속적인 학습 과정의 일부로 보아야 하며 대조군을 이용해 정확한 인과관계를 찾으려 노력해야 한다.[18] 급속한 기술 진보 덕분에 이런 작업이 쉬워지고 있다. 이런 기법을 도입하는 기업도 점차 늘어나고 있다. 하지만 여전히 많은 분야에서 과거의 방식이 사용되고 있다.

　정치권도 점차 대조군을 둔 실험에 관심을 보이고 있다. 이 실험이

선거 운동에 도움이 된다는 사실을 깨달은 선거 전략 전문가로 데이
브 카니Dave Carney가 있다. 1992년 조지 부시 재선 캠프에서 일했던
그는 약간의 비용을 들여 우편물 홍보 효과를 검증했다. 검증은 효과
가 있었다. 공화당 지도부는 카니가 더 이상 돈을 쓰지 못하게 했지
만, 카니는 관행적인 선거 운동 방식을 개선하고 더 과학적으로 선거
운동을 관리할 수 있다는 것을 깨달았다.[19]

14년 후 카니는 릭 페리Rick Perry의 텍사스 주지사 경선을 이끌었
는데, 무작위 실험으로 선거 운동 효과를 검증하기 위해 4명의 정치
학자를 고용하는 전례 없는 행동을 취했다. 그는 무작위 실험을 통해
우편, 전화, TV, 후보 직접 출연 등의 홍보 효과를 과학적으로 검증했
다. 인구와 사회 경제적 특성이 비슷한 도시를 짝 지었고, 무작위로
한쪽에만 TV 광고를 실시했다. 예를 들어 애머릴로Amarillo에는 광고
를 하고 애빌린Abilene에는 광고를 하지 않는 식이었다. 그런 다음 광
고 효과를 측정하기 위한 설문 조사를 진행했다.

카니는 광고가 실제로 후보의 지지율을 높인다는 것을 발견했다.
광고량은 총시청률(Gross Rating Points, 이하 GRP)로 측정되는데, 1GRP
는 1% 시청률과 같다(총시청률은 시청률과 노출 횟수를 곱해 계산하는데, A
브랜드가 시청률 4%인 TV 프로그램에 광고를 10회 집행하면 GRP는 40이 된다
- 역자 주). GRP가 1,000인 지역에서 페리의 상대적 지지율은 5% 가
까이 상승했다. GRP 1,000은 유권자가 평균적으로 TV 광고를 10번
시청한 것으로, 가장 광고를 많이 했던 지역의 수치다. 라디오 광고도
검증했는데, 효과가 덜했다.

실험 결과 중 가장 흥미로운 부분은 광고 효과가 급격히 사라진다는 것이다. 광고가 방영된 주에는 효과가 매우 강했고 통계적으로 의미가 있었다. 하지만 1주가 지나자 효과는 줄어들었고 통계적 유의성도 떨어졌다. 2주가 지나자 효과는 완전히 사라졌다. 연구자들은 단기적인 지지율 상승의 원인을 점화 효과priming effect로 보았다. 광고에 자극을 받아(점화되어) 설문 조사에 호의적인 답변을 하게 된다는 것이다. 이런 실험을 진행하면서 정치학자들은 주위에 만연한 '예측하고 통제하라' 모형을 버리고 '측정하고 대응하라' 방식을 도입할 수 있었다.[20]

정보가 충분하지 않아 인과관계를 정확하게 파악할 수 없을 때 사람들은 무작위와 운으로 결과를 설명한다. 하지만 대조군을 둔 실험은 인과관계를 더 깊이 들여다볼 수 있게 도와준다. 이 실험은 빠르고 효과적이다. 정확한 원인을 찾기 위해 대조군을 둔 실험을 하는 것은 다음과 같은 일반적 지침의 한 부분으로 볼 수 있다. 결과를 평가할 때는 항상 적절한 귀무모형 결과와 비교해야 한다. 4장에서 언급했듯 귀무모형은 성과가 100% 운에 좌우된다고 가정하는 가장 단순한 모형이다. 나는 컬럼비아대 경영대학원에서 증권 분석 수업을 진행한다. 매년 강의 첫 시간에 나는 학생을 대상으로 한 가지 실험을 한다. 내가 동전을 던지면 학생들은 앞면인지 뒷면인지를 맞힌다. 연달아 4번 이상 맞히는 학생이 매년 몇 명씩 나온다. 최근에 어떤 학생은 연달아 6번을 맞혔다. 이때 이 학생에게 동전 앞뒷면 맞히기 재능이 있다고 결론 내리는 것이 타당할까? 귀무모형은 그것이 단지 무작위 시스템에서 나올 수 있는 우연한 결과라고 말해준다. 무작위 실험이 관찰 연구보다 훨씬 더 신뢰할 만한 결과를 끌어낼 수 있다.

블랙 스완의 세상

1장에서 통계 분석을 적용할 수 있는 분야와 적용할 수 없는 분야를 가려내기 위해 나심 탈레브의 모형을 소개했다. 탈레브는 2×2 행렬을 만들었는데, 행은 '아주 극단적인 결과가 나올 수 있는 활동'과 '평균을 중심으로 일정한 결과를 얻는 활동'으로 나누었다. 열은 결과가 '단순한 경우'와 '복잡한 경우'로 나누었다. 1분면(단순한 결과, 평균의 세계)과 2분면(복잡한 결과, 평균의 세계), 3분면(단순한 결과, 극단의 세계)에는 통계 분석을 적용할 수 있다. 하지만 4분면(복잡한 결과, 극단의 세계)에 통계 분석을 적용하면 낭패를 볼 수 있다. 1, 2, 3분면에서는 실력과 운을 어느 정도 명확히 구별할 수 있다. 하지만 4분면의 블랙 스완은 다루기 매우 어렵다. 4분면에서는 막대한 결과를 초래하는 사건이 아주 드물게 발행하는데, 확률조차 계산할 수 없다.

다행스럽게도 우리가 다루어야 하는 대부분의 일은 1, 2, 3분면에 속한다. 4분면의 사건에 대처하는 방법도 있다. 합리적으로 대응이 가능한 1, 2, 3분면 문제에 대해 탈레브는 별다른 관심이 없는 것 같다. 일례로 그는 스포츠에 전혀 관심이 없다. 《블랙 스완과 함께 가라 Bed of Procrustes》에서 그는 "스포츠는 상품화되었으며 개탄스럽게도 타락한 우연이다"라고 말했다.[21] 그가 정확하게 무엇을 말하려고 했는지 나는 잘 모르겠다. 하지만 야구 경기 관람이 그의 취미가 아닌 것만은 확실하다.

실력과 운을 구별하는 것은 가능하지만 쉬운 일이 아니다. 사용할 수 있는 방법에도 한계가 있다. 탈레브의 연구가 이 점을 잘 보여준다. 4분면의 특징을 살피면서 왜 사람들이 실력과 운을 혼동해 혼란에 빠지는지 그리고 이 혼란에 어떻게 대처해야 하는지 알아보자.

4분면은 블랙 스완의 세계다. 탈레브의 주장에 따르면 4분면에서는 어떤 이론이나 모형으로 사건을 설명하려 드는 것보다 이론이나 모형을 아예 가지지 않는 것이 더 바람직하다. 모형의 오류가 너무 커서 최악의 결과로 이어질 수 있기 때문이다. 사람들은 통제할 수 없고 이해할 수도 없는 세상을 관리하기 위해 모형이나 정책을 사용하려 애쓴다.[22] 마크 블라이스Mark Blyth와 공저한 논문에서 탈레브는 '정치 지도자나 경제 정책 입안자는 변동성을 줄여 경제를 안정화하려 노력하는데, 이런 노력이 실제로는 경제를 허약하게 만들고 예상하지 못한 사건에 대응하는 능력도 더 약화한다'고 지적한다.[23]

이런 취약성 때문에 사람들은 4분면에서 발생한 경제적, 사회적, 정치적 사건에 번번이 농락당한다. 2007~2009년 금융위기 이전 수년간 미국 은행의 수익성은 꾸준히 성장했다. 하지만 금융위기로 발생한 단 한 번의 막대한 손실은 수년 동안 올렸던 대부분의 수익을 모두 삼켜버렸다. 예를 들어 2008년 씨티그룹Citigroup은 이전 7년 동안 올렸던 누적 수익의 4분의 1이 넘는 손실을 입었다. 그림 9-2는

[그림 9-2] 4분면에서 조금씩 수익을 올리다 한 번에 막대한 손실을 입는 경우

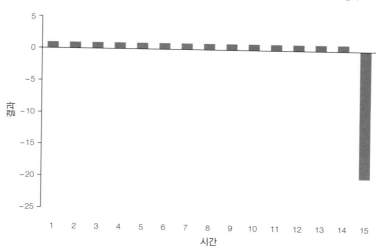

자료: 나심 탈레브의 블랙 스완 이론 중 일부를 저자가 편집

이런 패턴을 보여준다. 돈을 벌고 있을 때 경영자는 만족감을 느끼며 성공이 미래에도 이어질 것으로 생각한다. 하지만 탈레브가 강조했 듯이 시간이 지나면 결국 4분면의 숨겨진 본성이 드러난다.

모럴 해저드moral hazard는 타인을 대신해 행동하는 개인이나 조직 이 좋지 않은 결과를 초래했을 때 전혀 책임지지 않는 것을 일컫는 다. 대형 파생 상품 중개사인 MF글로벌MF Global의 사례를 살펴보자. 2010~2011년 이사회 의장이자 CEO인 존 코진Jon Corzine은 유럽 국 채 투자를 지시했다. 코진은 골드만 삭스의 CEO를 역임하기도 했 다. 거래는 단순했다. 저금리로 돈을 빌려 조금 더 높은 금리를 주는

유럽 국채를 샀고 그 차액을 장부에 이익으로 기록했다. 이런 거래는 계속해서 돈을 빌릴 수 있다는 전제가 있어야 이루어진다. 하지만 2011년 겨울 유럽 국가 재정에 대한 우려감이 확산되었고, 불안감을 느낀 채권은행은 기존 조건으로 MF글로벌과 거래하는 것을 거부했다. 결국 MF글로벌은 파산을 선언했다.

나중에 규제 당국이 장부를 검토해보니 16억 달러의 고객 펀드가 사라지고 없었다. 유럽 국채 투자가 좋은 성과를 냈다면 코진은 상당한 보상을 받았을 것이다. 그런데 그는 회사가 파산한 후에도 여전히 부자로 산다.[24] 비록 평판이 훼손되고 여러 건의 소송에 휘말릴 가능성이 있지만 말이다.

탈레브는 4분면에서 일할 때는 최적화를 피하고 중복과 잉여를 허용하라고 조언한다. 시스템이 안정적일 때는 특정 목표에 맞추어 행동을 최적화할 수 있다. 예를 들어 수영 영법은 선수의 속도를 최대치까지 끌어올리기 위해 끊임없이 개선되어왔다. 시간이 흘러도 수영 환경은 거의 변하지 않기 때문에 가능하다. 하지만 변화하는 시스템에서 최적화는 실패할 가능성이 높다. 추운 기후에서 진화한 동물은 따뜻한 기후로 급격히 바뀌면 멸종할 수 있다.

1, 2, 3분면에서는 최적화가 효과를 내기 때문에 상대적으로 안정된 기간에는 4분면에서도 최적화하려는 유혹이 생긴다. 예를 들어 투자 포트폴리오를 최적화하면 주어진 위험 수준에서 최고 수익을 얻을 수 있다. 더 많은 수익을 내기 위해 차입을 할 수도 있다. 하지만 시장이 급락하면 순식간에 시장에서 퇴출될 것이다. 최적화해도 괜

찮은 경우가 언제인지 알아보려면 전문가의 예측이 잘 들어맞는 때가 언제인지를 생각해보면 된다. 정치·경제·사회적 사건에 대한 전문가의 예측은 형편없다. 전문가 예측이 형편없는 영역에서는 최적화가 좋지 않을 수 있다. 하나의 틀에 꼼짝없이 갇히게 되어 변화에 대응할 수 없기 때문이다.

4분면에는 두 종류의 수익 흐름이 있다. 첫 번째는 오랜 시간 조금씩 벌다가 실수하거나 충격이 오면 갑작스럽게 막대한 손실을 입는 구조다. 탈레브가 피하라고 했던 바로 그 상황이다. 예를 들면 다음과 같다. '성공전자' 주식의 가격이 200만 원이라고 하자. 당신은 '향후 3개월 이내에 언제든 160만 원에 성공전자 주식을 상대방이 당신에게 팔 수 있는 권리를 부여한' 풋 옵션put option을 팔 수 있다. 3개월 이내에 성공전자 주가가 20% 이상 하락할 가능성이 매우 낮다고 생각한 당신은 이 옵션을 2천 원 정도에 팔 수 있다. 이 옵션을 계속 팔면 조금씩 계속해서 수입이 생길 것이다. 하지만 예상하지 못한 일로 성공전자의 주가가 20% 이상 크게 하락하면 당신은 160만 원에 성공전자 주식을 사주어야 하는 난처한 상황에 빠지게 되어 막대한 손실을 볼 수도 있다. 그림 9-2는 이런 유형의 대가를 보여준다. 이런 종류의 거래를 맺는 사람이나 기관은 종종 차입한 돈으로 투자를 하고 잠재 손실의 규모나 확률을 모형에 제대로 반영하지 않는다. 자신이 블랙 스완의 세계에 산다는 것을 깨닫지 못하고 불시에 기습을 당한다.

옵션을 매도한 사람은 작은 수익을 계속해서 챙기다 갑작스럽게

[그림 9-3] 4분면에서 조금씩 손실을 입다 한 번에 막대한 수익을 올리는 경우

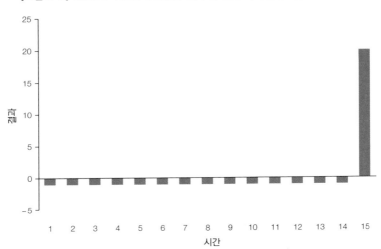

자료: 나심 탈레브의 블랙 스완 이론 중 일부를 저자가 편집

커다란 손실을 입는 반면 동일한 옵션을 매수한 사람은 상반된 수익 흐름을 가진다. 매수자는 계속해서 조금씩 잃다가 한 번에 큰돈을 벌게 된다. 그림 9-3은 이런 수익 흐름을 보여준다. 4분면에서 일한다면 옵션 매수 같은 상황을 만들어야 한다고 탈레브는 조언한다. 조금씩 계속해서 비용이 발생하고, 실제로 큰 수익이 생길지 또 언제 생길지 알 수 없지만 말이다.[25]

운과 함께 살아가려면 탈레브의 두 가지 메시지를 기억해야 한다. 먼저 확률 산정이 불가능하고 대가가 매우 큰 사건에 대해서는 우리 지식의 한계를 인정해야 한다. 다시 말해 '우리가 알지 못한다는 사

실'을 알아야 한다. 다음으로 4분면에서 당신은 옵션을 매도하는 투자자가 아니라 옵션을 매수하는 투자자가 되어야 한다. 대부분의 경우 옵션을 팔 때 수지가 맞지만, 얼마나 자주 수익을 냈는지는 중요하지 않다. 맞았을 때 얼마나 많은 돈을 벌지, 틀렸을 때 얼마나 많은 돈을 잃을지가 성공의 기준이 되어야 한다.

운과 함께 살아가는 법

뜻풀이 그대로 운은 아무도 통제할 수 없다. 하지만 조금 더 효과적으로 관리할 수는 있다. 블로토 대령 게임이 주는 교훈은 '경쟁 상황에서 강자는 자신의 우위를 굳히기 위해 상황을 단순화해야 하고 약자는 강자의 우위를 희석하기 위해 우연성을 더해야 한다'는 것이다. 스포츠, 사업, 전쟁 등의 상황에서 이 전략의 유용성이 입증되었다. 하지만 잘 알지 못해서, 관습 때문에, 혹은 남과 다른 것을 시도하다 자신의 경력을 망치고 실패할까 두려워서 여전히 많은 사람이 사용하지 않는다.

때로는 운을 지식의 부족으로 보는 것이 유익한 경우도 있다. 운이 지배하는 분야에서 인과관계를 파악하는 것은 매우 어렵다. 하지만 최근 기술과 과학 기법의 도움으로 조직은 인과관계를 더 명확히 규명하고, 결과적으로 운의 역할을 줄일 수 있게 되었다. 실험군과 구분되는 대조군을 도입해 원인과 결과의 상호 작용을 더 잘 파악할 수 있고, 신기술을 이용해 예전보다 훨씬 적은 비용으로 더 큰 규모의 실험을 진행할 수도 있다. 이런 작업을 통해 광범위한 효율성 개선이 이어지고 있다.

통계 기법은 다양한 활동을 측정하는 데 매우 유용하게 사용된다. 하지만 모형의 한계를 아는 것 역시 중요하다. 탈레브는 통계를 유용하게 적용할 수 있는 분야와 그렇지 못한 분야를 구별할 수 있는 틀을 제시했다. 극단적인 사건이 발생하고 결과가 복잡한 4분면에서는 잘못된 모형을 쓰느니 아예 모형을 쓰지 않는 것이 좋다고 제안한다. 4분면에서 살아남아 성공하려면 조금씩 계속 벌다 언젠가 막대한 손실을 볼 수 있는 활동은 피하고, 조금씩 계속 비용이 발생하지만 언젠가 막대한 이득을 거둘 수 있는 상황을 만들어야 한다.

10장

평균 회귀 개념에 대한
오해와 진실

찰스 다윈Charles Darwin의 사촌인 프랜시스 골턴Francis Galton은 박학다식한 사람이었는데, 독특하게도 숫자 세는 것을 좋아했다. 그는 평생 막대한 양의 데이터를 수집하고 분석했다. 1800년대 후반 그는 스위트피(완두콩의 일종)를 가지고 여러 실험을 하다가 평균 회귀의 원리를 밝혀냈다.[1]

평균 회귀는 평균에서 멀리 떨어진 사건이 발생한 후에 평균에 더 가까운 사건이 발생할 가능성이 높아지는 것을 말한다. 1장에 나온 찰리라는 학생의 사례를 떠올려보자. 선생은 찰리에게 문제 100개를 외우라고 지시했고 찰리는 문제를 80개만 외우기로 결심했다. 선생은 100문제 중 20개를 무작위로 선택해서 출제했고 찰리가 95점을 받았다고 가정하자. 당신은 당연히 실력(찰리는 문제의 80%를 외웠다)에 행운(선생은 마침 찰리가 외운 문제를 출제했다)이 따랐다고 생각할 것이다. 그런데 사실은 실력과 운이 어느 정도로 작용했는지 알 수 없다. 단지 꽤 높은 점수를 받았기 때문에 운이 많이 작용했다고 짐작할 수 있을 뿐이다. 이는 3장에서 소개한 두 항아리 모형(실력 항아리와 운 항아리에서 뽑은 숫자를 더하는 모형)과 일치한다. 높은 점수는 좋은 실력과 행운이 함께 작용한 결과라는 것을 보여준다.

이제 찰리의 실력은 그대로고 같은 방식으로 시험을 한 번 더 본다고 가정하자. 우리는 찰리의 진정한 실력에 더 근접한 점수를 예상할 수 있을 것이다. 첫 번째 시험에 따랐던 행운은 일시적인 것이기 때문이다. 실력은 그대로 유지되지만 행운이 항상 따르는 것은 아니다. 물론 첫 번째 시험에 행운이 따랐다는 이유만으로 두 번째 시험에는 불운이 따를 것이라고 생각할 근거는 없다. 오히려 두 번째 시험에 더 큰 행운이 따를 수도 있다. 하지만 평균적으로 보면 운은 아무런 역할도 하지 않는다. 시험을 많이 보면 볼수록 누적 평균 점수는 찰리의 진짜 실력인 80점에 가까워질 것이다. 이렇듯 처음에는 괜찮은 실력에 행운까지 따르다가 결국에는 실력만 남게 되는 것은 평균 회귀의 좋은 예다. 더 일반화하면 두 시험 점수 간의 상관관계가 불완전할 경우 평균 회귀 현상이 발생한다고 할 수 있다.[2]

당연히 평균 회귀의 효과는 극단값에서 가장 강력하다. 만약 한 학생이 첫 번째 시험에서 실력도 안 좋은 데다가 불운까지 겹쳐 최악의 성적을 받았다면 그 학생은 다음 시험에서 같은 수준에 머무르거나 성적이 좋아질 수밖에 없다. 마찬가지로 첫 번째 시험에서 100점을 받은 학생이라면 앞으로 성적이 더 좋아질 수는 없다. 이 학생은 다음 시험에서 100점을 받거나 성적이 내려갈 것이다. 첫 시험에서 극단적인 점수를 받았을 경우 다음 시험의 결과가 평균으로 회귀할 것이라고 예상하는 것은 합리적이다. 하지만 특정 시험에서 받을 점수까지 예상할 수 있는 방법은 없다. 어떤 학생은 나쁜 성적을 받은 이후에도 계속해서 나쁜 점수를 받거나 심지어는 성적이 더 나빠질 수도 있고, 좋은 성적을 받은 학생 중에는 계속해서 좋은 성적을 받거나 심지어 성적이 올라가는 학생도 있을 것이다.

평균 회귀의 고전적인 예로 부모와 자녀의 '평균 키 관계'를 들 수 있다. 골턴의 제자이자 그의 전기를 쓴 수학자 칼 피어슨Karl Pearson은 1,000쌍이 넘는 부자父子의 키를 조사했다. 아버지의 키와 아들의 키 간 상관 계수는 약 0.5다. 아들의 키는 부분적으로 유전에 의해, 부분적으로 건강과 영양 같은 환경적 요인에 의해 결정된다.

부자간 키의 평균 회귀에서 알 수 있는 사실은 다음과 같다. 키가 아주 큰 아버지는 키가 큰 아들을 낳을 가능성이 높다. 그러나 그 아들의 키와 아들 세대 평균 키 사이의 차이는 그 아버지의 키와 아버지 세대 평균 키 사이의 차이보다 작다. 피어슨의 데이터를 기반으로 나타낸 그림 10-1은 이 사실을 그래프로 보여준다. 예를 들어 그림의 오른쪽 상단을 보면 가장 키가 큰 아버지는 평균과 8인치 정도 차이가 난다. 그러나 그의 아들은 평균과 4인치 정도 차이가 날 뿐이다. 마찬가지로 키가 작은 아버지는 키가 작은 아들을 낳을 가능성이 높다. 하지만 그 아들의 키는 아버지 세대보다 평균에 더 가깝다. 그림의 왼쪽 하단을 보면 쉽게 알 수 있다(쉽게 말해 키가 큰 아버지의 아들은

[그림 10-1] 아버지와 아들의 키에서 나타나는 평균 회귀

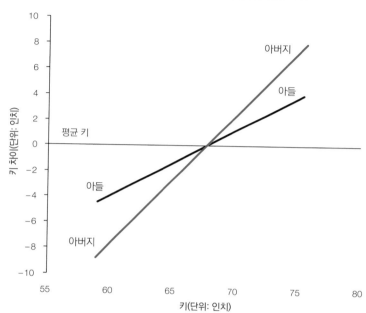

자료: 데이터는 칼 피어슨, 앨리스 리, 'On the Laws of Inheritance in Man: I. Inheritance of Physical Characters', 그림은 프랜시스 골턴, 'Regression Towards Mediocrity in Hereditary Stature'

대체로 키가 크겠지만 그중에는 키가 작은 아들도 태어날 수 있다. 따라서 키가 큰 아버지의 아들의 키가 아들 세대 평균에서 떨어져 있는 정도는 아버지 세대만큼 크지 않다는 뜻이다 – 역자 주).[3]

    사람들은 평균 회귀 개념을 이해하고 있다고 착각한다. 위의 예를 보고 놀라는 사람은 없을 것이다. 하지만 개념을 정확하게 이해하는 것은 매우 어렵고 의사 결정에 적용하는 것은 훨씬 더 어렵다.

사람들은 평균 회귀를 이해할 때 보통 다음 세 가지 오류에 빠진다. 첫째는 인과관계의 오류다. 인간은 평균으로 회귀하는 통계를 보면 그 원인이 무엇인지 찾고자 하는 본능을 가지고 있다. 하지만 평균 회귀에서 그 원인을 찾는 것은 실패로 끝나기 쉽다. 둘째는 피드백의 오류다. 긍정적인 피드백을 주면 나쁜 결과가 나오고 부정적인 피드백을 하면 오히려 좋은 결과가 나오는 것처럼 보인다. 셋째는 분산 감소declining variance의 오류다. 평균 회귀의 개념을 '측정하는 모든 값은 시간이 지나면서 같은 평균값으로 수렴된다'라고 이해한다. 심지어 통계에 잘 훈련된 유명한 경제학자조차도 이런 실수를 한다.

인과관계를 찾으려는 본능

이 책의 주제 중 하나는, 인간은 모든 상황에서 사실 여부와 상관없이 인과관계를 찾고자 하는 본능을 가지고 있기 때문에 실력과 운이 미치는 영향을 구별하기 힘들다는 것이다. 평균 회귀는 긁고 싶어 미치게 만드는 가려움증처럼 인과관계를 찾으려는 본능을 자극하는 통계 장치다. 어떤 활동 분야에서 실력이 일정하게 유지될 때, 활동에 작용하는 우연성(개인의 관점에서 보자면 운) 때문에 평균 회귀 현상이 나타난다. 여기에는 원인이 없고 그래서 설명할 것도 없다.

대니얼 카너먼이 이와 관련해 적절한 예를 들어준다. 그는 파티에서 활발한 대화를 시작하고 싶다면 사람들에게 다음의 문장에 대해 설명해주기를 부탁하면 된다고 한다.

'매우 똑똑한 여자는 자신보다 덜 똑똑한 남자와 결혼하는 경향이
있다.'

카너먼은 위의 문장을 원인과 결과의 관점으로 해석하려는 것이
인간의 자연스러운 본능이라고 지적한다. 인간의 뇌는 이 말을 듣는
순간 똑똑한 여자가 자신보다 덜 똑똑한 배우자를 원하는 이유를 찾
으려 한다. 심지어는 그런 사례를 찾으려 기억을 떠올리거나, 이런 커
플이 생길 수밖에 없는 그럴듯한 설명을 만들어내려고 하기도 한다.

'배우자의 IQ 간 상관관계는 완전하지 않다.'

이 문장은 사실이지만 사람들의 관심을 불러일으키는 말은 아니
다. 그런데 이 문장은 첫 번째 문장과 의미상으로 같다. 첫 번째 문장
을 들으면 자연스럽게 그 이유가 무엇인지 궁금해지지만 두 번째 문
장을 들으면 무미건조하고, 따분하고, 빤한 느낌이 든다. 인과관계의
오류는 평균 회귀 사례에 의미를 부여하려고 하지만 사실은 별로 상
관관계가 없을 때 발생한다.[4]

인과관계의 오류를 설명하는 예시가 무엇을 말하는지 아직 와 닿
지 않는다면, 원인과 결과의 방향을 순방향으로 돌리든 역방향으로
돌리든 모두 평균 회귀 현상이 나타난다는 사실을 생각해보자. 키
가 큰 아버지는 키가 큰 아들을 낳을 가능성이 높다. 하지만 그 아들
의 키는 아들 세대 평균에 더 가까울 것이다. 반대로 생각해도 참이
다. 키가 큰 아들의 아버지는 키가 클 가능성이 높다. 하지만 그 아버
지의 키는 아버지 세대 평균에 더 가까울 것이다. 이때 키가 큰 아들

이 자기보다 키가 더 작은 아버지의 원인이 될 수 없다는 것은 분명하다. 하지만 평균 회귀는 키가 큰 아들의 아버지가 자기의 아들보다 더 작을 수 있다는 것을 알려준다. 이것은 인과관계 없이 일어나는 일이다.

피드백의 오류 역시 인과관계와 관련이 있다. 어떤 결과가 나온 후 피드백을 주었더니 다음 결과에 변화가 생겼을 때, 이 변화를 평균 회귀의 결과라고 생각하지 않고 피드백의 결과라고 생각하는 것이 이 피드백의 오류다. 간단한 예를 들어보자. 당신의 아들이 수학 시험에서 끔찍한 점수를 받아 왔다. 당신은 기분 나쁜 감정이 묻은 목소리로 아들이 좋아하는 비디오 게임을 압수하겠다고 위협한 후 더 열심히 공부하라고 잔소리를 했다. 이제 다음 시험 결과는 어떻게 나올까? 평균 회귀 원리에 따르면 당신이 아들을 어떻게 대했든 그와 무관하게 대체로 성적은 좋아질 것이다. 하지만 당신은 잔소리를 했기 때문에 아들의 성적이 올랐다고 생각할 것이다.

이번에는 아들이 좋은 점수를 받아서 칭찬을 해줬더니 성적이 올라가기는커녕 오히려 내려간 경우를 생각해보자. 당신은 칭찬 때문에 아들이 나태해졌고 따라서 칭찬은 좋은 생각이 아니라고 생각할 것이다. 하지만 평균 회귀는 당신의 피드백과 상관없이 아들의 성적은 평균으로 회귀할 수밖에 없다고 말해준다. 평균 회귀가 상황을 더 명료하게 설명하고 있는데도 부정적인 피드백이 결과를 개선시킨다고 결론 내리는 것이다. 여기서 얻을 수 있는 중요한 교훈은, 결과를 통제할 수 있는 경우에만 피드백을 주고 그럴 수 없는 경우에는 주지 말라는 것이다.

피드백의 오류는 의사에게도 볼 수 있다. 임상의는 진료할 때 질병이 있는지 또는 질병의 가능성이 있는지를 확인하기 위해 몸무게, 콜레스테롤 수치, 혈압 등을 측정한다. 의사는 변수 중에서 하나라도 극단적인 수치가 나오면 바로 치료하려고 한다. 예를 들어 고혈압이 나오면 혈압을 정상으로 낮추기 위해 약을 처방할 것이다. 고혈압 때문에 병원을 찾는 환자를 관찰해보면, 첫 번째 방문에 이어 두 번째 방문에서 혈압을 측정했을 때 치료를 받았든 받지 않았든 혈압이 떨어져 있는 경우를 볼 수 있다. 측정 오차나 생리적 변화 때문에 같은 환자라도 두 개 혈압 측정치 사이의 상관관계는 불완전하다. 따라서 치료 여부와 상관없이 평균 회귀 현상이 발생할 것이다. 하지만 사람들은 치료 덕분에 혈압이 떨어졌다고 생각하기 쉽다. 어떤 경우에는 부분적으로 사실일 수도 있다. 치료가 원인이고 혈압이 떨어진 것이 결과라고 하는 주장은 설득력 있게 보일 수는 있지만, 피드백의 오류에 불과하다.[5]

골턴은 평균 회귀에 대한 논문 제목을 '키의 유전에서 중간을 향한 회귀Regression Towards Mediocrity in Hereditary Stature'라고 붙였다. 이 제목만 봐도 숫자의 흩어진 정도가 줄어들면서 모든 수치가 평균을 향해 움직이는 이미지가 떠오른다. 이것이 분산 감소의 오류다. 하지만 이런 일은 절대 일어나지 않는다. 첫 번째와 두 번째 결과 분포의 통계적 특성이 같을 때조차 평균 회귀가 나타난다. 평균 회귀의 형태에서는 변화가 일어나고 안정된 분포의 형태에서는 변화가 일어나지 않는 상황은 동시에 일어날 수 있다. 이런 현상은 잘못된 분석으로 빠지게 만드는 함정이 된다.

그림 10-1에서 나타나는 평균 회귀의 뚜렷한 패턴을 떠올려보자. 키가 가장 큰 아들의 키와 키가 가장 작은 아들의 키는 그들 아버지의 키보다 평균에 더 가깝기 때문에 변동성이 감소했다고 결론 내리기 쉽다. 이제 같은 데이터를 사용해 작성된 그림 10-2를 살펴보자. 정점은 분포가 약간 다르지만 양 끝은 놀랄 만큼 유사하다. 표준편차를 평균으로 나눈 값인 변동계수는 두 분포에서 거의 동일하다. 다시 말해 아들 세대의 키가 아버지 세대의 키보다 평균에 더 가까이 모여 있다고 할 수 없다. 그림 10-1과 같은 데이터로 그린 그래프지만 평균에서 멀어지며 변동이 커지는 모습을 분명하게 보여준다.[6]

이렇듯 키의 측정치 분포가 운에 의해 섞여버렸다는 것을 인지하면, 앞에서 언급한 것처럼 '안정된 분포의 형태에는 변화가 일어나지 않으면서 분포를 이루는 내용에는 변화가 일어날 수 있다'는 사실이 이해될 것이다. 3장의 두 항아리 모형을 떠올려보자. 숫자가 적힌 공을 뽑아도 두 항아리 각각의 분포가 변하지 않는다면 총분포는 시간이 지나면서 비슷해질 것이다. 그러나 극단값은 시간이 지나면서 평균으로 회귀할 것이다. 당신이 시험을 보았다고 가정하자. 평균 수준의 실력이지만 운이 평균 이상으로 좋아서 좋은 점수를 받았다. 그리고 다음 시험에서는 운이 나빠 점수가 평균 수준으로 떨어졌다. 그러나 총분포로 보면 평균 수준의 실력을 가졌지만 운이 좋은 또 다른 학생이 나타나 당신이 차지하고 있던 그 자리를 대신 채워줄 것이다.

[그림 10-2] 아버지와 아들의 키 분포

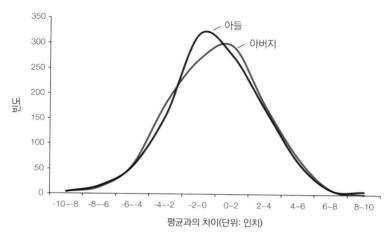

자료: 칼 피어슨, 앨리스 리, 'On the Laws of Inheritance In Man'

경쟁 시장의 원칙 중 하나는 '초과수익은 경쟁을 불러일으키기 때문에 오래 지속될 수 없다'는 것이다. 만약 어떤 기업의 ROIC가 20% 고 자본의 기회비용이 10%라면 조만간 경쟁이 치열해질 것이다. 자본의 기회비용이 같은 경쟁 기업은 ROIC가 15%로 낮아진다 하더라도 더 낮은 가격으로 재화나 서비스를 팔려고 할 것이다. 그래도 여전히 ROIC가 자본의 기회비용보다 높기 때문에 또 다른 경쟁자가 나타나 12%의 ROIC로 가격을 더 내려 경쟁을 하려고 할 것이다. 이런 상황이 계속되면 결국 산업 내 모든 기업은 자본의 기회비용을 초과하는 수익을 올리지 못하게 된다. 이런 과정은 자본의 기회비용을 평균으로 하는 평균 회귀와 많이 비슷해 보인다.

　1933년 노스웨스턴대의 통계학자인 호레이스 세크리스트Horace Secrist는《The Triumph of Mediocrity in Business모든 기업이 평범해진다》라는 책을 썼다. 이 책은 468쪽의 분량에 140개의 표와 100개가 넘는 차트를 수록하고 있다. 그의 연구는 그만큼 치밀했는데, 그가 내린 결론은 경쟁 시장의 원리와 일치했다. "경쟁 산업 내에서는 초과수익이 사라져 모든 기업이 평범해진다"라는 결론이었다. 그는 골턴의 업적을 알고 있었고, 골턴의 용어로 자신의 결론을 표현했다. "비용과 수익 모두 평균에 가까워진다. 프랜시스 골턴 경의 표현을 빌리자면 '유형으로 회귀한다regress to type'." 그리고 이렇게 부연했다. "시장의 경쟁 앞에서는 이질성(heterogeneity, 초과수익 - 역자 주)도 동질성(homogeneity, 평범한 수익 - 역자 주)으로 바뀐다. 유리한 조건이든 불리한 조건이든 끊임없이 사라져 평준화되어버린다(경쟁 우위로 차별화되어 초과수익을 내던 기업도 경쟁으로 인해 평범한 수익을 내는 기업이 된다 - 역자 주)."[7]

　그림 10-3은 세크리스트가 개발한 차트에 최근 데이터를 적용한 것이다. 1,000개가 넘는 기업을 다섯 구간으로 나누어 ROIC에서 WACC를 뺀 스프레드를 구했는데, 2010년까지 10년에 걸쳐 평균으로 회귀하는 그래프가 나왔다. ROIC가 WACC 수준으로 완전히 하락하지는 않았지만(세크리스트의 표현을 빌리자면 '평준화equalization'되지는 않았지만) 처음에 크게 벌어져 있던 차이가 마지막에는 훨씬 줄어들었다는 것을 알 수 있다.

　결괏값이 평균으로 수렴된다는 세크리스트의 결론은 분산 감소

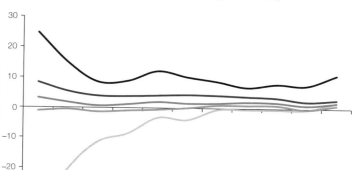

[그림 10-3] 기업 ROIC의 평균 회귀(2000~2010년)

자료: 저자의 분석

의 오류에 빠진 사례로 유명하다. 앞에서 살펴보았듯이 평균으로 회귀된다고 해서 결괏값이 평균 가까이 밀집하는 것은 아니다. 연도별 ROIC 간에 서로 완전한 상관관계가 성립되지 않는 한 평균 회귀는 발생할 것이다. 변동계수(표준편차를 평균으로 나눈 값)는 ROIC로 측정된 기업 실적의 분포가 오랜 기간 매우 일관되게 나타난다는 것을 보여준다.

분산 감소의 오류는 유명 경제학자에게도 자주 보인다. 1976년 노벨 경제학상을 수상한 밀턴 프리드먼Milton Friedman은 이 오류를 주제로 에세이를 쓰기도 했다. 그는 유명 경제학자와 그가 쓴 책에 서평을 쓴 사람에 대해 이렇게 썼다. "저자와 서평을 쓴 사람 모두 유명한 경제학자고 현대 통계 방법에 정통한데도 자신들이 회귀 오류에 빠졌다는 사실조차 인식하지 못했다는 것이 놀랍다."[8]

시간이 지나도 분산이 감소하지 않는다는 것은 아니다. 분산 감소는 실력의 역설을 뒷받침하는 핵심 아이디어다. 그러나 평균 회귀가 발생한다고 해서 결괏값이 평균으로 수렴되는 것은 아니다. 시스템 자체의 변화와 시스템 내부의 변화를 구별하는 데 주의를 기울여야 한다. 평균 회귀와 결괏값이 평균으로 수렴되는 것은 다르다.

골턴은 상관관계와 평균 회귀가 같은 개념을 두 가지로 표현한 것임을 깨달았다. 이것은 실력과 운을 구별하기 위해 반드시 필요한 통찰력이다. 두 변수의 상관 계수는 평균 회귀 경향을 결정지을 뿐만 아니라 그 경향을 예측하는 데도 도움을 준다.

평균 회귀의 적용

이제 그동안 살펴보았던 개념을 종합할 준비를 끝마쳤으므로 평균 회귀를 실제로 어떻게 적용할 수 있는지 알아보자. 첫 번째 개념은 대니얼 카너먼과 아모스 트버스키가 1973년 발표한 논문인 '예측의 심리학'에 소개된 것이다. 서문에서 언급한 것처럼 카너먼과 트버스키는 통계 예측과 관련된 정보를 기저율(어떤 사건이 발생할 사전 확률), 개별 사례(비교적 최근에 발생한 사건의 확률), 예측의 정확도로 나눈다.

관건은 '어느 정보에 더 비중을 둘 것인가' 하는 것이다.[9]

이 질문에 답하기 위해서는 일관성이라는 개념을 생각해보아야 한다. 일관성은 상관 계수를 통해 측정된다. 상관 계수가 높으면 일반적으로 실력과 관련되어 있어 더 정확한 예측이 가능하다. 반면 상관 계수가 낮으면 운과 관련되어 있어 정확한 예측이 힘들어진다. 가장 유용한 통계는 일관성이 있고 예측력이 높은 것이라고 앞서 이야기한 바 있다. 이는 다음에 나올 결과가 이전 결과와 비슷하다(상관관계가 매우 높다)는 것을 의미한다. 또한 종종 당신이 다음에 일어날 일을 통제할 수 있다(당신이 원하는 것과 노력을 통해 얻는 것 사이의 상관관계가 높다)는 것을 의미하기도 한다.

정보에 가중치를 매기는 방법(이 정보가 얼마나 중요한가)과 일관성(같은 결과가 또 나올 것인가)을 함께 고려하면 예측하는 데 구체적인 도움이 된다. 상관관계가 낮으면 평균 회귀 경향이 강해진다. 대개 최고의 추정치는 기저율인데 이것은 단순히 분포의 평균을 의미한다. 그러나 사람들은 보통 의사 결정 시 이를 고려하지 않는다. 평균 회귀가 강하게 나타날 수 있다고 생각하지 않고, 현재의 추세가 계속 이어질 것처럼 행동한다.

투자업계는 평균 회귀를 충분히 고려하지 않는 대표적인 곳이다. 투자업계는 지금 당장 잘나가고 있는 것은 사고, 지금 당장 부진한 것은 파는 경향이 강한 곳이다. 이런 행동이 만연해 있기 때문에 경영학 교수 몇은 이것을 덤머니 효과(the dumb money effect, dumb money는 똑똑한 돈을 의미하는 smart money의 반대말로, 투자를 제대로 못해 대체로 잃기만 하는 투자자의 돈을 의미한다 - 역자 주)라고 불렀다. 이 교수들은 고점 매수, 저점 매도 때문에 투자자가 매년 수익의 1%씩 손해를 보고 있다고 계산했는데, 이는 상당한 금액이다.[10] 중요한 것은 이런 행태가 개인 투자자에게 국한된 것이 아니라는 점이다. 기관 투자가도 같은 행동을 한다는 증거가 있다. 한 연구 결과에 따르면 기관 투자자가 덤머니 효과로 손해를 본 금액이 수십 년 동안 1,700억 달러가 넘는 것으로 추정된다.[11]

평균 회귀 개념을 실제로 적용하는 데 도움이 되는 두 번째 방법은 더 간단하다. 행동과 결과 사이의 상관관계가 높을 경우, 평균 회귀를 많이 고려할 필요가 없으며 개별 사례의 구체적인 증거에 더 의존해도 된다. 이때는 현재의 결과를 토대로 다음 결과를 예측하는 것이 가장 좋다. 이것은 실력이 큰 영향을 미치는 활동 분야에 적합한 방법이다. 테니스 경기나 육상 경기가 여기에 해당된다. 야구의 타자와 관련된 사례에서 보았듯이 같은 활동 분야 내에서도 어떤 결과는 다른 결과에 비해 예측하기가 더 쉽다. 야구에서 삼진 비율은 투수와 타자의 상호 작용만을 반영하고 있고 주로 실력에 의해 좌우된다. 따라서 원인과 결과의 상관관계가 높다. 반면 타율은 날씨, 수비, 공이 배트에 맞을 때의 미묘한 차이 등 훨씬 더 많은 요인에 의해 영향을 받는다. 타율은 삼진 비율에 비해 실력과의 상관관계가 더 낮기 때문에 예측하기가 더 어렵다.

평균 회귀를 실제로 적용하는 데 도움이 되는 마지막 개념은 축소 계수인 c다. 3장에서 제임스-스타인 추정량에 대해 다룬 바 있다. 아

래는 진정한 실력을 추정하기 위한 등식이다.[12]

$$z = \bar{y} + c\left(y - \bar{y}\right)$$

이 등식을 말로 표현하면 다음과 같다.

실제 평균 추정량 = 전체 평균 + 축소 계수(관찰 평균 − 전체 평균)

축소 계수 c의 범위는 0에서 1이다. 축소 계수가 0이면 완전한 평균 회귀가 나타나고 1이면 평균 회귀는 전혀 발생하지 않는다. 축소 계수 c는 평균 회귀가 어느 정도인지 그리고 얼마나 감안해야 하는지를 알려준다. 앞서 언급했듯 골턴은 상관관계와 평균 회귀가 동일한 개념의 두 가지 구성 요소라는 것을 알아냈다. 우리는 c = r이라는 간단한 등식으로 골턴의 통찰력을 수학적 분석 도구로 전환해볼 수 있다. 내가 알아낸 바에 의하면 축소 계수 c가 상관 계수 r의 근사치일 뿐일지라도 이 등식은 사실상 성립한다. 상관관계가 높다는 것은 평균 회귀 경향이 약하다는 뜻이다. r을 이해한다면 c값을 이용해 최적의 추정치를 구하는 데 큰 도움이 된다.[13]

이 등식은 매우 유용하지만 맹목적으로 적용하는 것을 피하기 위해 알아두어야 할 몇 가지 주의 사항이 있다. 가장 확실한 위험은 많은 분야에서 상관관계가 안정적이지 않다는 것이다. 아버지와 아들의 키나 야구의 삼진 비율에서는 상관관계가 일관되게 유지되었지만 다른 분야에서는 그렇지 않았다. 이 등식은 상관관계가 높게 유지되거나 결과의 예측 가능성이 높을 것이라고 확신하고 있는 사람에게는 위험이 될 수 있다. 안정적이고 선형적인 활동은 시간이 지나도 상관관계가 일정하게 유지되는 경향이 있다. 그러나 불안정하고 비선형적인 활동에서 과거의 상관관계에 의존한다면 결국 실패하게 될 것이다.

다시 한번 강조하는데 대부분의 분야에서 실력은 일정하게 유지되지 않는다. 5장에서 살펴보았듯이 실력은 활 모양을 그리며 개선되었다가 감소하는 경향이 있다. 단기간에는 실력이 일정하게 유지되기도 하지만 기간이 길어질수록 실력이 늘었다 줄었다 하는 것을 고려해야 한다.

이와 관련해 중요한 것이 측정하려는 표본이다. 더 많은 정보를 가지고 있을수록 실력을 평가하는 능력이 향상된다. 표본 크기가 작으면 신뢰도가 떨어진다는 것은 이미 알고 있는 사실이다. 신뢰도 높은 결과를 도출하려면 표본 크기를 충분히 크게 가져가야 한다. 다른 모든 조건이 동일할 때 표본이 작다면 표본이 클 때보다 평균 회귀의 경향이 커진다는 것을 고려해야 한다.

마지막으로, 진정한 실력을 추정하려고 할 때는 이것이 추정치에 불과하다는 것을 기억해야 한다. 완전히 정확한 답을 알아낼 수는 없다. 또 추정하는 방법의 한계도 인식해야 한다. 일반적으로 사람들은 예측을 할 때 평균 회귀를 고려하지 않는다는 연구 결과가 있다. 그러므로 예측을 잘할 수 있는 방법을 안다면 경쟁에서 앞서 나갈 수 있을 것이다.

응원하는 팀의 실력이 왜 생각보다 좋지 않을까

이런 개념들을 강화하는 사례를 소개하고자 한다. 탁월한 세이버 메트릭스 전문가인 톰 탱고와 필 번바움Phil Birnbaum에게 배운 방법이다. 나는 메이저리그 야구 2011년 시즌 모든 팀의 기록에 이 방법을 적용해보았다. 이 분석의 목표는 팀의 진정한 실력을 추정하기 위해 실제 승패를 어느 정도 평균 쪽으로 조정해야 하는지 알아보는 것이다(부록에서 이 분석을 상세히 살펴본다).

사실상 이 분석 과정은 운의 영향을 제거해서 실력의 영향을 확실히 알아보기 위한 것이다. 이 방법은 평균 회귀를 활용해 예측하는 방법과 다소 다르게 보일 수도 있다. 하지만 운을 제거해서 실력을 확인한다는 점에서 비슷하다. 한 기간부터 다음 기간까지 실력이 일정하게 유지된다면(정말 그것이 가능하다면) 두 기간의 상관관계가 1에 가까울 것이라는 사실을 우리는 알고 있다. 상관 계수가 높으면 우리가 예측한 추정치를 평균 쪽으로 조정해줄 필요가 없다. 우리는 이 방법에서 많은 시사점을 얻을 수 있다.

이 방법의 첫 번째 단계는 한 시즌 162경기 동안 각 팀의 성적을 이용해 축소 계수 c를 추정하는 것이다. 탱고의 공식에서도 제임스-스타인 추정량 공식과 비슷한 결과가 나온다.[14] 세부적인 계산은 다소 복잡하기 때문에 부록에서 소개한다. 두 공식 중 어느 쪽을 사용하더라도 축소 계수 c는 약 0.7이 된다. 어떤 팀의 진정한 실력을 추정하기 위해서는 '팀의 실제 성적에 0.7을 곱하고, 5할 승률에 0.3을 곱한 다음, 둘을 더하면 된다'는 뜻이다. 당신이 가장 좋아하는 팀의 성적이 97승 65패로 승률 0.599라고 하자. 이 팀의 진정한 실력을 추정하기 위해서는 '0.599×0.7'과 '0.5×0.3'을 더해주면 된다. 계산하면 이 팀의 진정한 승률 추정치는 0.569가 된다. 진정한 실력의 추정치는 92승 70패인데, 5번의 승리는 행운의 결과라는 의미다. 다시 한번 강조하는데 이 결과는 추정치일 뿐 사실 여부는 알 수 없다. 이 팀의 진짜 실력으로는 100승을 거둘 수 있는데 운이 나빴을 수도 있다. 그러나 평균 회귀에서 알 수 있는 것은, 가장 많이 승리한 팀은 운이 좋았을 가능성이 크고 가장 많이 패배한 팀은 운이 나빴을 가능성이 크다는 것이다.

탱고의 공식은 방법이 다르기는 하지만 같은 결과가 나온다. 탱고는 실제 경기 결과에 특정 경기 수를 더하는데, 이때 더하는 경기 수의 승률을 0.5로 계산한다. 그의 계산에 의하면 메이저리그 야구 경기에 더해주어야 할 적당한 경기 수는 74다.[15] 만약 당신이 응원하는 팀의 성적이 97승 65패라면 여기에 37승 37패를 더해 134승 102패로 만들어야 한다. 이렇게 하면 이 팀의 진정한 승률 추정치는 0.568이 되고, 앞에서 다른 방법으로 구한 값과 거의 같은 결과가 나온다.

탱고의 방법은 계산이 간편하다는 장점이 있다. 지금까지 몇 경기를 치렀든 팀의 진정한 실력 추정치를 구할 때는 0.5의 승률로 74경기를 더하기만 하면 된다. 당신이 응원하는 팀이 시즌 초반 난조에 빠져 10경기에서 2승밖에 거두지 못했다고 하자. 이대로 가면 이 팀의 승률은 암울하게도 0.2밖에 안 될 것이다. 하지만 탱고의 방법대로 37승과 37패를 더해주면 39승 45패로 승률은 0.464가 된다. 여전히 좋은 성적은 아니지만 이 팀의 진정한 실력을 더 현실적으로 반영한 수치일 것이다.

이 방법은 베이지안 접근법Bayesian approach을 따른 것이다. 처음의 기저율에 새로운 정보를 반영하면서 그 확률을 업데이트하는 것이다.[16] 이 경우 74경기의 승률 0.5가 기저율이고 경기 수가 늘어날 때마다 새로운 정보가 제공된다. 이렇게 계산하면 첫 경기는 물론 심지어 초반 몇 경기의 승패도 기저율에 거의 영향을 주지 않는다. 그러나 시즌이 진행되면서 점차적으로 새로운 정보에 점점 더 많은 비중이 실리게 된다. 기저율에 30%, 새로운 정보에 70%의 비중이 실리는 순간 일련의 가중치 부여 과정을 멈추는데, 이때 나오는 성적을 이 팀의 진정한 실력으로 추정한다.

다음의 간단한 공식을 사용하면 메이저리그 시즌 어느 시점에서든 축소 계수 c를 계산할 수 있다.

$$c = \frac{n}{74 + n}$$

여기서 n은 치른 경기의 수다. c는 시즌 중 경기 수가 늘어나면서 상승하다가 약 0.7에서 멈춘다. 축소 계수가 상승한다는 것은 새로운 정보에 대한 가중치가 증가한다는 뜻이다. 당신은 지금 응원하는 팀의 시즌 초반 몇 경기 결과에 흥분하거나 낙담하지 않을 수 있는 방법을 찾아낸 것이다.

이제 이 책의 주제에 익숙해진 당신은 야구보다 운의 영향을 덜 받는 농구 같은 스포츠에서는 평균 회귀 경향이 크지 않다는 것을 짐작할 수 있을 것이다. 그리고 실제로 그렇다. NBA 한 시즌의 c값은 0.9에 가깝다. 기저율도 11경기 승률 0.5에 불과하다. NBA는 프로 야구에 비해 한 경기 한 경기의 결과에 더 큰 의미를 부여할 수 있다.

함정 피하기

평균 회귀가 의미 있으려면 평균이 의미 있어야 한다. 멱함수를 따르는 분포에서는 극단적으로 큰 값 소수와 작은 값 다수가 나타나기 때문에 평균이 의미 없다. 예를 들어 당신이 이웃 100명의 키를 측정했다면 평균을 구할 수 있다. 만약 빌 게이츠가 이사 와서 그의 키를 계산에 추가하더라도 평균은 크게 변하지 않을 것이다. 게이츠도 키만큼은 평균 수준이기 때문이다. 그가 평균보다 크거나 작다고 해도 평균에 큰 영향을 줄 만큼은 아니다.

이번에는 이웃 100명의 순자산 자료를 모아서 평균을 계산한다고 하자. 이웃의 자산을 모두 합한 것보다도 엄청나게 더 많은 게이츠의 순자산을 추가하면 평균은 매우 높아질 것이다. 편향된 결과가 나오는 분야에서는 평균을 합리적으로 평가할 방법이 없다. 따라서 평균이 어느 정도 의미가 있을 때 평균 회귀를 적용할 수 있다. 상당수 분야가 적용 가능하지만 그렇지 않은 분야도 있다.

평균 회귀 개념은 오해하기 쉽다. 인기 있는 뮤추얼펀드에 투자하는 개인 투자자든 자신이 발견한 것을 잘못 해석하는 경제학자든 다 마찬가지다. 평균 회귀는 인과관계의 오류, 피드백의 오류, 분산 감소의 오류 같은 속임수를 만든다. 그러나 가장 큰 위험은 의사 결정 시 평균 회귀를 충분히 고려하지 않고 결괏값을 받아들이는 것이다.

이 장에서는 좋은 예측을 하기 위해서 운–실력 스펙트럼에서 위치를 파악하고, 적절한 축소 계수를 추정하며, 의사 결정 시 평균 회귀를 충분히 고려해야 한다고 설명했다. 근사 방정식approximate equation $c \fallingdotseq r$(축소 계수와 두 결과 사이의 상관관계는 거의 같다)은 단순해 보여도 올바른 판단을 하는 데 큰 도움이 될 것이다.

11장

예측력을 높이는 방법

앞에서 언급한 마이클 루이스의 책《머니볼》에는 오클랜드 애슬레틱스의 스카우터와 단장이 2002년 신인 드래프트에서 지명 선수를 결정하는 과정이 나온다. 스카우터는 평생 야구를 한 선수 출신이다. 이들은 대성할 재목이 누구인지를 알아내는 데 자신의 경험과 직감을 사용한다. 좋은 선수를 뽑는 경우도 많았지만 실패하는 경우도 많았다.

단장인 빌리 빈은 경기력 통계를 중심으로 선수를 평가했다. 이런 통계는 선수의 신체 조건이 어떤지에 대해 전혀 말해주지 않는다. 스카우터가 신체 조건을 중요하게 언급할 때마다 빈은 "우리가 모델을 뽑으려고 여기 있는 게 아니잖아"라고 말하고는 했다. 그는 선수의 경기력 결과에만 관심이 있었다. 저자 루이스가 이야기를 재미있게 쓰는 바람에 독자가 핵심을 놓칠 수 있는데, 그가 하고 싶었던 말은 전통적인 스카우트 접근법이 선수의 특정 능력을 과대평가하거나 과소평가해왔다는 것이다. 다른 구단의 스카우터는 여전히 비효율적인 전통 방식을 고수하고 있었다. 오클랜드 애슬레틱스는 전통 방식이 아닌 통계 분석을 통해 선수를 평가하겠다는 목표를 세웠다.

10장까지 읽은 독자는 실력과 운을 구별하는 것이 왜 어려운지 잘 알게 되었을 것이다. 첫 번째 장애물은 심리적인 요인이다. 세상을 알아가는 가장 좋은 방법은 경험하는 것이다. 우리 몸의 감각 기관이 주변에서 정보를 수집하면 우리 뇌는 이 정보를 일관성 있는 이야기로 재구성한다. 심리학자는 이때 우리 뇌가 정신적 지름길shortcuts을 이용한다는 것을 알아냈다. 이것은 의사 결정에 드는 시간을 놀라울 정도로 줄여주며, 대부분 유용하다. 하지만 일관되고 예측 가능한 편향의 원인이 되기도 한다.

실력과 운을 구별하는 데 가장 큰 장애물은 인과관계를 찾으려는 본능이다. 성공하려면 운이 따라주어야 한다는 것은 누구나 다 아는 사실이지만, 그 운이 어느 정도 영향을 미치는지를 판단하는 것은 매우 어렵다. 어떤 사건이 발생했을 때 사건의 전말을 정리하다 보면 마치 그 일이 필연적이었던 것처럼 느껴진다. 인과관계를 찾고자 하는 사람에게 통계는 그다지 쓸모 있는 방법이 아니기 때문에 이들은 통계를 무시하거나 잘못 해석하게 된다. 반면 스토리는 인과관계를 중요하게 부각하기 때문에 사건을 분석하는 데 유용한 방법으로 인식된다.

또 다른 심리적인 장애물로 최신 편향과 표본 크기 편향sample size

bias이 있다. 최신 편향은 과거의 정보에 비해 최근의 정보가 의사 결정에 더 큰 영향을 미치는 것을 말한다. 그래서 과거에 경기력이 형편없었다 하더라도 최근에 잘하고 있는 선수를 과대평가하게 된다. 여기에는 표본 크기 편향도 적용된다. 우리에게는 표본이 작은 데이터에도 큰 의미를 부여하려는 본능이 있다. 이런 편향을 연구하는 심리학자는 우리가 실력과 운이 미치는 영향을 구별하는 데 어려움을 겪는 이유에 대해 많은 것을 알려준다.

분석을 할 때도 어려움이 존재한다. 실력과 운을 구별해야 하는 대상에 대해 이해하고 있다 하더라도 운-실력 스펙트럼에서 어디에 위치하는지, 실력과 운의 영향을 어떻게 측정할 것인지, 분석에 적합한 통계를 어떻게 적용할 것인지 같은 분석 과정이 필요하다. 대부분의 분석 도구는 사용 방법이 어렵지 않다. 특히 통계학 기초 지식이 있다면 많은 도움이 될 것이다. 분석을 할 때 마지막으로 고려해야 할 것은 이런 분석 과정을 적용할 수 없는 분야가 무엇인지 알아야 한다는 점이다. 분석 방법을 충분히 활용하지 못할 위험만큼 잘못 적용할 위험도 있다. 실력과 운에 대해 깊이 생각해본다면 두 가지 위험 모두 미리 대비할 수 있을 것이다.

마지막으로 해결해야 하는 문제는 과정에 대한 것이다. 앞에서 설명해온 것을 모두 이해했다면 이제 무엇을 해야 할까 생각해보아야 한다. 실력과 운을 구별하면 어떻게 행동해야 할지 알게 된다. 예를 들어 실력을 향상시키는 가장 좋은 방법을 찾기 위해서는 그 활동 분야가 운-실력 스펙트럼에서 어디에 위치해 있는지를 파악해야 한다.

실력이 중요한 분야에서는 계획적으로 연습을 해야 하지만 운이 더 중요한 분야에서는 과정과 확률에 관심을 두는 것이 더 효과적이다. 더 나아가 평균 회귀를 잘 활용하면 다음에 무슨 일이 일어날지 가늠하는 데 큰 도움이 된다.

찰스 다윈의 증손자인 신경과학자 호레이스 발로Horace Barlow는 지능을 '예측 잘하기 기술'로 정의한다. 그는 이 기술이 '새롭지만 우연적이지 않은 사건의 연관성'을 알아내는 능력이라고 덧붙인다.[1] 나는 이 정의를 좋아한다. 과거, 현재, 미래의 결과를 예측하기 위해 실력과 운을 구별해야 한다는 이 책의 주제와 잘 맞기 때문이다. 발로는 예측을 잘하려면 우연에 속는 것을 피해야 한다고 강조한다. 그는 "연관성이 발견되었다면 실질적인 관계가 있어야 하며 우연에 의한 것이 아니어야 한다. 우연의 일치에 중요하고 지속적인 연관성이 있다고 생각하는 것은 잘못된 예측이다. 간혹 재미있을지 몰라도 현명한 생각이 아니다"라고 말한다.[2] 정말 맞는 말이다.

실력과 운이 복합적으로 작용하는 분야에서 예측의 정확도를 높이기 위한 10가지 방법을 제안한다.

1. 운−실력 스펙트럼에서 활동 분야의 위치를 파악하라

여러분은 이제 운−실력 스펙트럼에서 활동 분야가 어디에 위치해 있는지를 파악하는 것이 어떤 혜택을 주는지 잘 알고 있을 것이다.

하지만 문제는 100% 운만 작용하거나 100% 실력만 작용하는 극단적인 활동을 제외하고는 그 위치를 직관적으로 파악하는 것이 쉽지 않다는 것이다. 나는 직장 동료에게 운 대비 실력의 비중이 높은 스포츠 종목을 순서대로 나열해보라고 한 적이 있다. 20명이 넘는 동료가 답변해주었고, 대체로 정확했다. 그러나 개인별로 보면 잘못된 답이 많았고, 심지어 일부 종목의 경우 모두 틀리게 답하기도 했다. 스포츠가 상대적으로 측정하기 쉬운 분야라는 점을 감안하면, 사업이나 투자처럼 더 복잡한 분야에서 운-실력 스펙트럼상의 위치를 파악하는 것이 얼마나 어려운 일인지 짐작이 갈 것이다.

실력의 영향이 100%에 가까운 활동이라면 합리적으로 잘 예측할 수 있다. 이때 중요하게 고려해야 할 것은 실력이 변화할 때 각 결과 간에 일관성이 높아야 한다는 점이다. 실력이 낮을 때 나오는 결과와 실력이 높을 때 나오는 결과 간에 높은 상관관계가 있어야 한다. 운의 영향이 100%에 가까운 활동은 합리적인 예측이 매우 어렵다. 운의 영향이 절대적이고 실력의 영향이 극히 미미할 때 실력의 영향을 알아내기 위해서는 아주 큰 표본이 필요하다.

활동이 운-실력 스펙트럼에서 어디에 위치해 있는지를 알면, 예측을 할 때 평균 회귀를 어느 정도 고려해야 하는지도 알 수 있다. 상관관계가 높을 때는 평균 회귀가 제한적으로 발생한다. 이때 다음 결과에 대한 가장 좋은 추정치는 이전 결과와 비슷한 수준일 것이다. 상관관계가 낮을 때는 평균 회귀가 두드러지게 나타나며, 다음 결과에 대한 가장 논리적인 추정치는 평균과 비슷한 수준일 것이다. 심리학자는 인간이 평균 회귀를 제대로 고려하지 않는 경향이 있다는 것을 알아냈다.

운-실력 스펙트럼을 활용하면 당신이 우연에 속을 가능성이 가장 큰 때가 언제인지를 알 수 있다. 인간에게는, 실력에 의한 것이든 운에 의한 것이든, 관찰되는 모든 사안에서 원인을 찾아내려는 본능이 있다. 운-실력 스펙트럼에서 실력 쪽에 위치한 활동에서 좋은 결과가 나왔다면 그것은 실력의 결과다. 그러나 우리의 정신은 운이 큰 영향을 미치는 활동에서 좋은 결과가 나왔을 때도 실력의 결과라고 생각할 만큼 게으르다(물론 복권처럼 순수하게 운이 영향을 미치는 영역에서는 그렇지 않다. 그런데 이 영역에서도 원인을 찾으려 하는 경우가 있다. 복권 당첨을 돼지꿈 덕분이라고 생각하는 것처럼 말이다). 투자 방법이 나빴는데도 단기간에 높은 수익을 거둔 투자자가 그 예다. 투자 성과가 좋았기 때문에 투자자 본인뿐 아니라 다른 사람도 그가 실력이 좋다고 여길 것이다. 이렇듯 우리는 운과 실력이 비슷하게 영향을 주거나 운이 더 큰 영향을 미친 활동을 분석할 때 잘못된 판단을 하기가 쉽다.

2. 표본 크기, 유의성, 블랙 스완을 고려하라

1971년 대니얼 카너먼과 아모스 트버스키는 '작은 수의 법칙에 대한 믿음Belief in the Law of Small Numbers'이라는 영향력 있는 논문을 발표했다. 그들은 이 논문에서 표본 크기가 작을 때 사람들은 강한 직관을 가진다면서, '근본적으로 틀린' 이 직관은 전문 지식이 없는 실험 대상자뿐 아니라 전문적으로 훈련된 과학자에게도 관찰된다고 주장했다.[3] 간단히 말해 우리는 크기가 작은 표본이 모집단을 대표한다고 믿는, 잘못된 경향이 있다는 것이다.

3장에서 살펴본 바와 같이, 작은 표본에서 도출된 결과는 더 큰 표본에서 도출된 결과와 상당히 다를 수 있기 때문에 표본 크기를 고려해 결과를 분석해야 한다. 그렇지 않으면 잘못된 생각으로 이어질 수 있다. 스포츠를 예로 들어보자. 톰 탱고, 미첼 리히트맨Mitchel Lichtman, 앤드루 돌핀Andrew Dolphin의 공저 《The Book: Playing the Percentages in Baseball원칙: 통계로 하는 야구》에는 타자와 투수 사이의 상대 전적 이야기가 나온다.[4] 어떤 타자는 특정 투수를 20번 상대해서 높은 타율을 기록하고, 많은 장타를 때리며, 삼진은 거의 당하지 않는 등 환상적인 기록을 보인다. 반대로 어떤 투수는 특정 타자를 만나면 대부분 삼진을 시키거나 범타로 처리한다. 아나운서는 어떤 선수가 상대 선수의 약점을 완전히 파악하고 있다는 것을 증명하는 통계를 즐겨 언급한다. 감독 역시 이런 통계 자료를 토대로 경기에 내보낼 선수를 선발한다.

이제 우리는 특정 타자와 투수 간 상대 전적처럼 표본이 작을 때는 통계치에 큰 의미를 부여하면 안 된다는 것을 안다. 앞에서 언급한 극단적 결과는 타자나 투수의 특별한 재능에 의한 것이 아니라 통계적으로 나올 수 있는 가능성 중 하나일 뿐이기 때문이다. 탱고, 리히트맨, 돌핀은 2~3시즌 동안 타자와 투수 간 상대 전적 중 눈에 띄게 상대방을 압도한 사례를 모았다. 그 후 다음 시즌에 같은 타자와 투수가 만났을 때 어떤 결과가 나오는지 비교했다. 그들은 특정 타자와 투수 간 상대 전적 중 한쪽이 우위를 보인 작은 표본과 시즌 중 모든 선수를 상대한 전적 같은 큰 표본 중 어느 쪽이 더 예측력이 높은지 알고 싶었던 것이다. 연구 결과 그들은 과거 어느 한쪽이 압도적인 우위를 보였던 타자와 투수가 다시 만났을 때 누가 이길 것인지를 예측하는 데는 두 선수 간의 과거 전적보다 다른 모든 선수를 상대한 시즌 성적이 훨씬 더 유용하다는 것을 밝혀냈다.[5]

통계를 발표할 때는 표본 크기를 밝혀야 하고, 통계의 가치를 평가할 때는 표본 크기를 고려해야 한다. 3장에서 본 것처럼 운-실력 스펙트럼에서 운의 영역에 가까울수록 큰 표본이 필요하며 실력의 영역에 가까울수록 작은 표본으로도 충분하다. 야구 예를 하나 더 들어보자. 통계학자는 타구나 투구의 통계가 어느 수준에서 안정화되는지 알아보았다(이들은 향후 분산의 50%를 예측하는 데 필요한 표본 크기를 안정화라고 정의한다. 이때 상관 계수 $r = 0.5$다). 따라서 안정화 지점에서는 개별 선수의 데이터와 전체 평균을 같은 비중으로 고려해야 정확하게 예측할 수 있다. 다시 말해 안정화 지점은 한 개의 통계뿐 아니라 다른 통계도 예측할 수 있게 해주는 표본 크기다.[6]

실력의 영향을 많이 받는 삼진 비율은 100타석 정도에서 안정화되는데 이는 시즌의 20%에 해당하는 타석수다. 인 플레이 타율은 투수의 능력이 아닌 수비와 운에 결정되는, 주로 운과 관련이 있는 통계인데 1,100타수 정도에서 안정화된다. 이는 거의 두 시즌 반에 해당하는 타수다. 타자와 관련한 대부분의 통계는 투수의 실력에 의해 결정되는 삼진 비율과 주로 운에 의해 결정되는 인 플레이 타율 두 극단 사이에 위치한다. 중요한 것은 우리에게 필요한 표본 크기가 각기 다른데도 우리는 이것을 인식하지 못한다는 사실이다.

다음으로 표본에서 나오는 통계가 정확하게 무엇을 의미하는지를 보아야 한다. 이때 사람들은 성공한 투자자와 기업 같은 표본 집단에서 그 성공의 원인을 찾아내려고 하는데, 이것은 문제가 된다. 예를 들어 경영 분석을 할 때 위험한 사업 전략을 선택해 성공한 기업은 표본으로 선정하는 반면 똑같이 위험한 사업 전략을 선택해 실패한 기업은 고려하지 않을 수 있다. 성공한 사례만으로 표본을 구성하게 되면 위험한 사업 전략의 장점만 부각된 편향이 생길 수 있다.

또 다른 문제는 통계적 유의성statistical significance과 경제적 중요성economic significance의 구별과 관련한 것이다. 통계적 유의성은 있으나 실질적인 의미에서 근본적으로 무의미한 연구 결과가 있다. 이런 문제는 '유의성significance'이라는 단어의 의미 때문에 발생한다. 대부분의 사람들은 'significant'라는 단어를 중요하다는 의미로 생각하지만 통계학자에게는 다른 의미다. 디어드리 매클러스키Deirdre McCloskey와 스티븐 질리악Stephen Ziliak은 논문 '회귀의 표준 오차The Standard Error of Regressions'에서 'significant'라는 단어가 통계 용어로 사용될 때 의미가 잘못 전달될 수 있다고 분석한 바 있다.[7]

경제학자인 매클러스키와 질리악은 1980년대와 1990년대에 〈아메리칸 이코노믹 리뷰〉에 게재된 300편이 넘는 논문을 분석했다.

그들은 논문의 약 4분의 3이 통계적 유의성과 경제적 중요성을 구별하지 못했다는 사실을 밝혀냈다. 예를 들어 아버지의 소득과 아들의 소득의 상관관계가 약 0.2라고 하자. 새 연구 결과 상관관계가 0.20000000001이 나왔다고 한다면 이는 통계적으로는 유의성이 있을지 몰라도 경제적으로는 의미가 없다. 통계적으로 유의성이 있어서 영향력 있는 매체에 게재될 가능성이 높고 언론에서 관심을 보일지는 몰라도 실질적으로는 가치가 없을 수 있다. 이런 결과는 예측력을 높이는 데 별다른 도움이 되지 않는다. 매클러스키와 질리악은 이렇게 당부한다. "여러분이 도출한 계수가 어떤 특별한 의미가 있는지 말해주십시오. 단순히 통계적 유의성만 있는 것과 특별한 의미가 있는 것을 혼동하지 말아주십시오."[8]

블랙 스완의 영역인 4분면에서는 복잡한 보상과 극단적 결과가 발생한다. 오랫동안 여러 번 소소한 수익을 보다가 한 방에 막대한 손실로 끝나는 것이 전형적인 패턴이다. 예를 들어 투자할 때 어떤 전략을 썼더니 꾸준히 수익이 나는 경우가 있다. 이런 상황이 계속되면 투자자는 수익을 끌어올리기 위해 돈을 빌려서 투자하게 된다. 이런 성공이 계속되면 투자자는 이 전략이 절대 실패하지 않을 것이라 생각하고 돈을 더 빌려서 투자하게 된다. 그러다 단 한 번의 사건으로 큰 손실을 보는 것이다. 4분면의 사건은 드물게 일어나기 때문에 사람들은 극단적인 결과가 발생할 수 있다는 생각을 거의 하지 못한다.

3. 항상 귀무모형을 고려하라

모든 결과는 항상 단순 모형에서 나온 것과 비교해보아야 한다. 이 것은 다소 두뇌 훈련이 필요한 일이다. 촌철살인 조크로 유명한 코미디언 헤니 영맨Henny Youngman은 이것을 제대로 이해하고 있었다. 사람들이 "부인은 잘 지내시죠?How's your wife?"라고 안부를 물을 때마다 그는 "뭐와 비교해서요?"라고 대답하고는 했다(How's your wife는 보통 안부를 물을 때 쓰지만, 상황이나 상태를 물을 때도 쓰인다. 질문이 두 가지 의미로 쓰일 수 있다는 점에 착안한 언어유희다 – 역자 주).

앤드루 모부신Andrew Mauboussin과 샘 아비스먼Sam Arbesman의 연구는 이런 접근법의 예를 보여준다.[9] 이들은 뮤추얼펀드의 성과에 실력이 어떤 잠재적 역할을 하는지 알아보았다. 이들은 스트리크streaks에 집중하기로 했는데, 여기서 스트리크는 펀드 수익률이 S&P500 지수를 연속적으로 상회하는 햇수를 말한다.

분석은 2단계로 진행되었다. 모부신과 아비스먼은 1단계로 5,500 개가 넘는 뮤추얼펀드의 자료를 모아 1962~2008년 동안 발생한 실제 스트리크를 분석했다. 1월 1일부터 12월 31일 기준으로 5년 연속 상회한 경우는 206개, 6년 연속은 119개, 7년 연속은 75개, 8년 연속은 23개, 9년 연속은 28개였다(표 11-1). 하지만 이 결과만으로는 이것이 무엇을 의미하는지 알기 어렵다. 예를 들어 9년 연속 상회한 경우 그 성과가 인상적이기는 하지만 단지 운이 좋아서 나온 결과일 수도 있기 때문이다.

2단계는 귀무모형을 세우는 것이다. 모부신과 아비스먼이 만든 귀무모형은 다음과 같다. '어떤 펀드의 수익률이 S&P500 지수보다 높을 확률은 그해에 운용되는 펀드 중 S&P500 지수 수익률보다 높은 수익률을 달성한 펀드의 비율과 같다.' 예를 들어 1993년 펀드 중 52%가 S&P500 지수보다 높은 수익률을 달성했다면, 어떤 펀드가 그해에 S&P500 지수보다 높은 수익률을 낼 확률도 52%라고 보는 것이다. 그 다음 이들은 이 결과를 1만 번 시뮬레이션했다. 실제 매개변수를 이용해 반복해서 시뮬레이션을 하면 오로지 운에 의해서만 나오는 결과가 무엇인지 알 수 있다.

[표 11-1] 실제 결과와 귀무모형의 비교: 뮤추얼펀드 스트리크

스트리크 햇수	실제 빈도수	귀무모형 빈도수	모델의 표준편차
5	206	146.9	11.8
6	119	53.6	7.2
7	75	21.4	4.6
8	23	7.6	2.8
9	28	3.0	1.6

자료: 앤드루 모부신, 샘 아비스먼, 'Differentiating Skill and Luck in Financial Markets with Streaks'

모부신과 아비스먼은 실제로 발생한 스트리크 수가 귀무모형 시뮬레이션으로 나온 스트리크 수보다 더 많다는 것을 발견했다. 예를 들어 실제 5년 빈도수는 206이지만 귀무모형 시뮬레이션에 의한 빈도

수는 147에 불과했다. 표 11-1에서 알 수 있듯이, 최대 9년에 이르는 스트리크 햇수에서 실제 빈도수가 귀무모형 빈도수보다 많았다. 귀무모형을 활용하면 비교할 대상이 생기기 때문에 실제로 일어난 일을 해석할 때 그것이 무엇을 의미하는지 이해하기 쉽다. 영맨의 "뭐와 비교해서요?"라는 질문에 답하는 것처럼 말이다. 이 연구 결과를 보면 뮤추얼펀드의 스트리크가 단순히 운만으로 그런 결과를 만든 것이 아니라는 사실을 알 수 있다.

세계 최대 카지노 호텔 그룹인 시저스 엔터테인먼트Caesar's Entertainment의 게리 러브맨Gary Loveman 회장은 '카지노회사에서 해고당하기 쉬운 행동 세 가지'를 즐겨 말했는데, 절도, 성희롱, 대조군 없는 실험적 사업이 그것이다.[10] 실제 결과와 오로지 운에 의해서 나온 결과의 차이를 보면 실력이 미친 영향을 정확하게 알 수 있다.

4. 피드백과 보상은 신중하게 결정하라

어떤 분야에서든 사람들은 더 잘하고 싶어 한다. 운동선수는 더 좋은 경기 결과를 내려고 하고, 음악인은 연주를 더 잘하려고 하며, 회사 임원은 좋은 제품을 만들어 수익을 더 올리려고 한다. 의사는 환자를 더 잘 치료하고 싶어 하고 TV PD는 프로그램의 시청률을 더 올리려 한다. 명확한 피드백이나 적절한 보상은 더 좋은 성과를 내는 데 도움이 된다.

8장에서 살펴본 것처럼 운의 영향을 많이 받지 않는 분야에서는 체계적인 훈련을 통해 실력을 향상시킬 수 있다. 하지만 실제로 체계적인 훈련을 통해 전문 기술을 익히는 사람은 소수에 불과하다. 실력이 향상하다가 정체하기 시작하면 그 정도 수준에 만족하고 훈련을 그만두는 경우가 많기 때문이다. 예를 들어 운전을 더 잘하려고 작정하고 엄청난 노력을 한다면 실력이 훨씬 향상될 것이다. 하지만 대부분이 현재 운전 실력에 만족하며 산다. 운전 실력은 일정 수준에만 이르러도 충분하다. 심지어 상황에 따라서는 평범한 수준이 최고로 잘하는 것보다 나은 경우도 있다. 예를 들어 열심히 노력하면 인디 500the Indy 500에 출전하는 카레이서만큼 운전을 잘하게 될 수도 있다. 하지만 일상에서는 카레이서만큼 운전을 잘해봤자 교통 체증 때문에 좌절하고 말 것이다. 그래도 운의 영향이 작은 분야에서 성공하기 위해서는 반드시 체계적인 훈련을 받아야 한다.

체계적인 훈련이 가능하려면 자신이 현재 가지고 있는 능력을 뛰어넘는 노력이 필요하다. 또 시의적절할 타이밍에 정확한 피드백이 있어야 한다. 이 과정은 힘들고 지루하다. 좋은 훈련 프로그램과 적절한 피드백을 줄 수 있는 전문가는 드물고, 실력을 완벽한 수준으로 끌어올리기 위해 수천 시간을 투자하려는 사람도 많지 않다. 그래도 우리는 체계적인 훈련이 필요하다는 사실을 잊지 말아야 한다. 자녀가 속한 스포츠 팀의 코치를 맡든, 기업 임원 양성 과정의 강사를 맡든 누군가의 실력을 향상시켜야 하는 경우에도 마찬가지다. 체계적인 연습, 적절한 피드백, 피나는 노력 등은 광범위한 분야에 적용할 수 있는 핵심적인 개념이다.

운이 강한 영향을 미치는 분야에서는 과정에 주목해야 한다. 실력이 절대적으로 중요한 분야에서는 과정이 결과에 그대로 반영되지만 운이 중요한 분야에서는 과정과 결과 사이가 끊어져 있다. 그래서 때때로 과정은 좋지만 결과가 나쁜 경우가 있고 과정은 안 좋지만 결과가 좋은 경우도 있다. 하지만 좋은 과정을 거치면 시간이 지나면서 좋은 결과로 이어질 확률이 아주 높다. 따라서 운이 중요한 분야에서는 결과에 연연하지 말고 과정에 집중해야 한다.

앞에서 살펴본 바와 같이 투자업계에서는 이 문제가 단순하지 않다. 장기 수익률은 펀드매니저의 실력을 잘 보여주지만 단기 수익률은 그렇지 않다. 하지만 실제로는 단기 수익률이 높은 펀드매니저에게 돈이 몰리는 반면 그렇지 못한 펀드매니저에게서는 돈이 빠져나간다. 원론적으로 말하자면, 운이 영향을 많이 미치는 환경에서는 보상이 따르는 결과를 피하는 것이 좋다.

피드백의 일종인 보상은 많은 분야에서 소기의 목적을 달성하지 못했다. 그중에서도 기업 경영진에 대한 보상만큼 눈에 띄게 실패한 사례는 없을 것이다. 1980년대에 기업 인수합병M&A이 활발해지자 기업 경영진과 이사회는 기업 가치를 높이는 데 혈안이 되었다. 그 결과 경영진의 보상에 획기적인 변화가 나타났다. 1985년에는 CEO의 급여가 주가에 연동되는 비율이 1%에 불과했지만 2005년에는 60%에 이르렀다.[11] 이런 변화는 표면적으로 긍정적일 수 있다. 현명한 자본이 늘어나는 것은 환영할 만한 일이다. 문제는 스톡옵션이 경영진 보수 지급의 기본 수단이 되었다는 점이다.

스톡옵션을 지급받은 임직원은 정해진 가격(일반적으로 스톡옵션을 부여한 시기의 주가)에 주식을 살 수 있는 권리는 있지만 옵션을 행사해야 하는 의무는 없다. 스톡옵션은 일반적으로 3~5년이 지나면 행사할 수 있고 10년이 지나면 만료된다. 주가가 올라가면 수익이 나지만 주가가 하락한다고 해서 손실을 보지는 않는다.

이 제도는 임직원에게 주가 상승을 위해 열심히 일하게 하는 동기를 부여한다. 이 스톡옵션에서 문제는 보상이 운에 큰 영향을 받아 결정될 수 있다는 것이다. 주가는 기업의 재무적 성과에 대한 기대뿐 아니라 금리, 경제 성장률, 규제, 투자자의 위험 선호도 등 기업이 통제할 수 없는 변수의 영향도 받는다. 이 책의 언어로 표현하자면, 주가는 실력뿐 아니라 운의 영향도 크게 받는다.

스톡옵션 보상 제도는 주가가 실력에 의한 것인지 운에 의한 것인지를 구별하지 못한다. 상승장에서는 별 볼 일 없는 기업의 주가도 상승하는 반면 하락장에서는 우량한 기업의 주가도 하락하는 경향이 있다.

노스웨스턴대 켈로그 경영대학원 알프레드 래퍼포트Alfred Rappaport 교수는 기업 경영진에 대한 보상 관련 논문에서 '1997년까지 10년 동안 대세 상승장의 영향으로 미국의 100대 상장 기업 모두 주가가 올랐으며 덕분에 평균 이하의 부진한 실적을 낸 기업의 스톡옵션도 대박을 냈다'고 지적했다.[12] 반면 21세기의 첫 10년은 주식시장이 부진했고 그로 인해 평균 이상의 좋은 실적을 달성한 상당수 기업의 스톡옵션이 행사되지 못했다. 경영진의 실력보다 경영진이 통제할 수 없는 요인에 의해 스톡옵션의 행사 여부가 결정된 것이다.

스톡옵션의 장점을 유지하면서 문제점을 해결할 수 있는 방법이 한 가지 있다. 우선 행사 가격이 주가 지수나 유사 기업 포트폴리오로 구성된 인덱스에 연동되어 변하도록 만드는 것이다. 상승장에서는 행사 가격이 따라 올라가고 하락장에서는 행사 가격도 따라 내려가기 때문에 스톡옵션 행사가 운에 의해 결정되는 것을 크게 줄일 수 있다(경영진의 실력으로 주가가 상승했는데도 상승장으로 인해 주가 지수나 유사 기업 포트폴리오 인덱스가 더 상승해 경영진 실력 대비 충분한 보상을 받지 못하는 상황이 발생할 수 있다. 따라서 스톡옵션 행사 가격을 주가 지수나 유사 기업 인덱스에 연동시킬 때는 가중치를 1보다 작게 적용할 필요가 있다 – 역자 주). 그 다음 스톡옵션의 행사 가능 기간을 늘리는 것이다. 어떤 활동이 운에 의해 많은 영향을 받을 때 표본을 키우면 실력이 미치는 영향을 판별하는 데 도움이 되는 것처럼, 행사 가능 기간을 늘리면 시장의 변동성이 미치는 영향을 줄일 수 있다. 하지만 대부분 기업은 이런 방법을 시도조차 하지 않는다.

여러 기업의 보상 제도를 연구해보면 다음과 같은 사실을 알 수 있다. 직급이 낮은 직원의 급여는 경영진의 급여에 비해 상대적으로 낮지만 이들의 성과는 주로 실력에 좌우된다. 매출 채권 담당자, 말단 영업 사원, 회계 담당자처럼 직급이 낮은 직원의 성과는 합리적인 평가가 가능하다. 경영진의 생산성이 일반 직원에 비해 더 높은 것은 의심할 여지가 없다. 하지만 이들은 일반 직원보다 훨씬 많은 급여를 받고 있으며 성과는 일반 직원과 다르게 운에 좌우되는 경우가 많다. 새로운 경영 전략이 성공하든 주가가 올라 스톡옵션을 행사하든 경영진은 행운에 의해 많은 보상을 받는다. 거액의 보수를 결정하는 것은 실력이 아니라 운이다.

5. 사후 가정 사고를 활용하라

역사를 공부하는 것은 미래를 예측하는 통찰력을 얻을 수 있기 때문이다. 이것은 쉬운 일이 아닌데, 우리가 보는 것은 다양한 방향으로 전개될 수 있었던 여러 사건 중에서 실제로 발생한 것에 한정되기 때문이다. 어떤 사건의 전말을 알고 나면 우리는 사후 확신 편향(hindsight bias, 이미 일어난 사건을 보며 그 사건이 일어나기 전에도 예측이 가능했다고 생각하는 경향)에 사로잡힌다. 이 편향이 생기면 세상일을 예측하는 것이 얼마나 어려운지를 잊게 된다. 그래서 사건이 일어나면 우리는 '그것은 필연적으로 발생할 수밖에 없었다'라며 그럴듯한 이유를 만들어낸다.

사후 확신 편향을 피하는 방법 중에 사후 가정 사고counterfactual thinking가 있다. 과거에 일어날 가능성이 있었으나 일어나지 않은 가상의 사건을 생각해보는 것이다. 사건 x가 사건 y의 원인 중 하나일 때, x가 발생하지 않았다면 상황이 어떻게 되었을지에 대해서도 생각해보아야 한다.

역사는 사건의 원인과 결과로 기술된다. 사후에는 기술된 사건이 인과관계가 있는 기정사실로 보인다. 하지만 사건이 다른 방향으로 전개되었을 가능성에 대해서도 충분히 생각해보아야 한다. 필립 테틀록과 공동 연구자들은 사건의 원인과 결과를 분석하는 방법과 가상의 사건을 검토하는 사후 가정 사고 방법이 균형을 유지해야 한다고 주장한다.[13]

6장에서 살펴보았던 뮤직랩 실험은 우리가 아는 세계만이 존재할 수 있는 유일한 세계라고 믿는 사람들에게 다시 생각해볼 수 있는 기회를 준다. 이 실험은 어떤 곡이 성공할지, 그 곡이 얼마나 성공할지 예측하는 것이 불가능하다는 것을 보여주었다. 현실 세계는 이 실험의 조건보다 훨씬 더 복잡하다.

미래에 대해 열린 마음을 가지려면 과거에 대해서도 열린 마음을 가지는 것이 좋다. 실제로 발생한 사건을 필연적 사건으로 생각하는 본능을 피해야 한다. 우리는 어떤 사건이 발생했을 때 인과관계만 밝혀내면 그것으로 충분하다고 생각한다. 그러나 현실 세계는 다르게 전개될 수 있었던 많은 가능성 중 하나만 보여줄 뿐이다. 기우제를 지내고 나서 비가 내리면 인간의 뇌는 기우제가 비를 불러온 것처럼 인식한다. 우리는 기우제가 비를 부른 것이 아니라는 것을 알지만, 여전히 기우제를 지낸다.

6. 실력을 향상시킬 방법을 개발하라

안정적이고 선형적인 세계에서는 열심히 연습해서 직관을 기를 수 있다. 그런데 우리의 예측력은 좋아지지 않는다. 잘못된 상황에서 직관을 발휘하기 때문이다. 실력을 향상시키려면 활동 분야에 따라 다른 방법을 써야 한다. 지금부터 운-실력 스펙트럼의 전 영역에서 실력을 향상시키는 방법을 알아보기로 한다.

먼저 운-실력 스펙트럼의 운 영역을 살펴보자. 이 영역에서는 실력보다 운이 더 큰 영향을 미친다. 그래서 활동의 성공 여부는 확률에 달려 있다. 운이 큰 영향을 미치기 때문에 확실한 것은 없다. 기업이 경영 전략을 짜는 것이나(소니의 미니디스크 사례를 떠올려보라) 저평가된 것처럼 보이는 주식을 사는 것이 여기에 해당한다. 이런 상황에서는 과정에 초점을 맞추어야 한다. 좋은 과정이 되기 위해서는 분석적, 심리적, 조직적 관점에서 갖추어야 할 요건이 있다. 분석적 관점으로 보면 가치와 가격의 괴리를 발견해 유리한 기회를 선점하는 것이 중요하다. 기업은 경쟁사보다 더 낮은 가격으로 제품을 공급할 수 있어야 하고, 스포츠 팀은 실력에 비해 저평가된 선수를 발굴해야 하며, 투자자는 진정한 가치보다 낮은 가격으로 미래의 현금흐름을 사야 한다.

심리적 관점으로 보는 '좋은 과정'은 인간이 빠지기 쉬운 편향이 무엇인지 알고 그 편향에서 벗어날 수 있는 방법을 찾는 것이다. 직관에 의존하지 않고 옳은 결정을 내리려면 시간과 노력을 투자해야 한다. 우리는 자신의 예측 능력을 과신하는 경향이 있기 때문에 긴 호흡으로 다른 여러 가능성을 함께 고려해야 한다. 실제로 일어난 일뿐 아니라 일어날 수 있었던 일까지 다양한 각도에서 생각해야 한다.

　조직적 관점은 주인principal과 주인을 대신해 행동하는 대리인agent 간 이해 상충이 생길 때 필요하다. 기업의 경영자는 주주(주인)의 대리인이다. 경영자에게 주어지는 지나친 특권이나 보상은 주주에게 손해지만 경영자에게는 이익인 이해 상충 비용이다. 좋은 과정의 목표는 주인과 대리인의 이해관계를 일치시켜 이 비용을 최소화하는 데 있다. 대리인(경영자)에게 많은 주식을 부여해 주주로 만드는 것이 주인과 대리인의 이해관계를 일치시키는 좋은 예다. 이렇게 되면 경영자는 대리인인 동시에 주인이므로 주주에게 손해가 되는 결정을 내리지 않게 될 것이다.

　이제 운-실력 스펙트럼의 가운데 영역을 살펴보자. 이 영역에서는 운의 영역에 필요한 좋은 과정 외에 새로운 것이 더 필요하다. 체크리스트가 그것이다.[14] 환자를 치료하는 의사는 환자의 주된 병증을 치료하는 것 외에도 정맥 주사관 삽입 같은 세부 사항에도 주의를 기울여야 한다. 체크리스트를 사용하면 실수로 인한 위험을 줄일 수 있고 검증된 절차와 계획대로 진료를 수행할 수 있게 된다. 전 세계에 있는 8개 병원의 의사에게 수술 시 체크리스트를 사용하게 했더니 합병증, 감염, 병원 내 사망률이 현저히 감소했다는 보고가 있다.[15]

　체크리스트는 과도한 스트레스를 받는 상황에도 도움이 된다. 스트레스를 받으면 논리를 관장하는 전두엽의 기능을 교란하는 화학

물질이 분비되기 때문에 비상시에 정확하게 판단하고 적절하게 행동하기가 어려워진다. 읽고 그대로 따라 하기만 하면 되는 체크리스트를 사용하면 정확하게 판단하기가 어려운 상황에서도 문제를 해결할 구체적인 조치를 취할 수 있게 된다.

지인이 일하는 어느 유명 헤지펀드에서는 투자 대상 기업이 갑자기 악재를 발표했을 때 대응할 수 있는 체크리스트를 만들어 사용해 오고 있다고 한다. 악재가 나오면 주가는 항상 급락하는데, 때에 따라서는 주식을 더 사야 하는 절호의 찬스가 되기도 한다. 반면 보유하고 있는 주식을 모두 팔아야 하는 신호가 될 때도 있다. 체크리스트를 활용하면 추가 매수나 전량 매도 등 의사 결정을 해야 하는 상황에 침착하게 대응할 수 있다.

8장에서 언급한 것처럼 피터 프로노보스트는 의료계에 체크리스트를 도입하는 데 큰 역할을 했다. 그가 알려준 체크리스트 도입 시 주의할 점은 다음과 같다. 먼저 올바른 체크리스트를 만들어야 한다. 체크리스트를 수용할 수 있는 문화도 조성되어 있어야 한다. 또 체크리스트의 효과를 정확하게 측정할 수 있어야 한다. 체크리스트 자체로 유용해야 하며 이를 실제로 사용하는 사람이 작성하면 제일 좋다. 체크리스트의 유용성을 믿지 않는 사람을 설득하는 데 시간이 걸릴 수도 있다. 체크리스트는 업무에 미숙한 사람이 무엇을 해야 할지 모를 때 사용하는 것이라는 인식이 널리 퍼져 있기 때문이다. 체크리스트를 도입하려면 이런 거부감을 극복해야 한다.[16] 체크리스트를 도입해서 업무 성과가 떨어진 사례는 없다. 오히려 도움이 된 경우가 많다. 마지막으로 조직의 성과를 개선하는 데 정말 관심이 있다면 체크리스트를 도입한 후 결과가 어떻게 되었는지 정직하고 정확하게 측정해야 한다. 측정을 정확하게 해야 실력을 지속적으로 향상시키는 피드백이 가능해진다.

운-실력 스펙트럼의 실력 영역에서 중요한 것은 체계적인 훈련이다. 훈련 프로그램은 보통 코치나 교사가 만든다. 좋은 코치는 기술을 잘 이해하고 있고 학생의 능력을 객관적으로 평가할 수 있는 관찰자의 역할을 하기 때문에 도움이 된다. 처음에는 코치나 교사에게 배우지만 상당 수준의 전문 지식을 습득하고 나면 그때부터는 혼자 힘으로 해나간다. 이때 조언을 청하라고 하면 언짢아할 수 있다. 그러나 제아무리 실력이 뛰어나다고 자부하는 사람도 코치의 조언을 받아야만 실력이 향상될 수 있다. 이 피드백은 단일 수단 중에서 실력을 향상시키는 데 가장 효과적인 방법이다.

인간은 대부분 자신의 선택을 정당화하고 자아상self image을 보호하려는 본능이 있다. 테틀록은 이것을 신념 방어 체제belief system defenses라고 부른다. 피드백을 받아들인다는 것은 기존의 생각을 바꾸어야 한다는 의미인데 인간은 본능적으로 변화를 싫어한다. 피드백에 마음을 여는 것은 어려운 일이다.[17]

자신의 결정을 나중에 확인할 수 있도록 기록으로 남기면 손쉽게 피드백을 얻을 수 있다. 결정을 할 때마다 어떤 결정을 했는지, 어떻게 그런 결론에 다다르게 되었는지, 결정으로 인해 예상되는 결과는 무엇인지를 적어두는 것이다. 그리고 실제 결과와 결정 당시 예상했던 결과를 비교해본다. 기록은 거짓말을 하지 않는다. 이렇게 하면 언제 어떤 잘못을 했는지 알 수 있다. 잘못을 알았다면 이제 그 피드백에 따라서 행동을 바꾸면 된다.

7. 상황에 맞는 전략을 수립하라

일대일 대결에서 승패를 결정짓는 것은 실력과 운이다. 강자든 약자든 실력과 운을 자신에게 유리하게 작용시키는 것이 중요하다. 강자는 실력이 중요한 변수가 되도록 대결 구도를 단순하게 가져가야 하며 약자는 운이 중요한 변수가 되도록 대결 구도를 복잡하게 가져가야 한다. 약자의 경우 운이 더 큰 영향을 주는 환경을 만드는 데 성공하면 이길 가능성이 높아진다. 전쟁을 예로 들어보자. 20세기 들어 약소국의 승전 확률은 19세기에 비해 높아졌는데, 전면전으로는 강대국을 이길 수 없다는 것을 알게 되면서 게릴라전guerrilla warfare 같은 대안적 전략 전술을 구사했기 때문이다.

클레이튼 크리스텐슨의 파괴적 혁신 이론은 열세로 시작한 작은 기업이 기존 시장의 강력한 선도 기업을 무너뜨리는 것이 어떻게 가능했는지를 보여준다. 이 이론이 보여준 통찰력 중 하나는 후발 주자를 대수롭지 않게 생각한 선도 기업이 시장의 일부를 내주거나 완전히 무시하는 실수를 저지른다는 것이다.[18] 덕분에 파괴자(파괴적 혁신을 하는 기업)는 소규모 전투에서 승리하면서 제품 품질을 개선하고 돈을 벌 수 있게 된다. 돈을 벌면서 더욱 강력해진 이 파괴자는 선도 기업이 장악하고 있던 수익성 높은 시장을 서서히 잠식하고, 결국 자신만의 방식으로 선도 기업을 쓰러뜨린다. 크리스텐슨의 연구는 선도 기업이 장악하고 있는 핵심 시장에서 후발 주자가 성공하기 위해서는 전면전을 피해야 한다는 것을 보여준다. 큰 기업은 역량이 잘 갖추어져 있고 구성원의 동기 부여도 잘되기 때문이다. 하지만 큰 기업은 자신감에 찬 나머지 작고 도전적인 기업이 위협을 가할 수 있다는 것을 인정하지 않는다. 작은 기업은 이 부분을 파고들어 우위를 점하는 기회로 삼아야 한다.

8. 평균 회귀를 잘 활용하라

우리는 모두 예측을 하며 살아간다. 예측을 잘하기 위해서는 평균 회귀 현상을 이해하고 활용해야 한다. 평균 회귀는 두 변수 간 상관관계가 완전하지 않을 때 일어나는 현상이다. 어떤 학급이 이번 주에 한 번, 다음 주에 한 번 시험을 본다고 하자. 이번 주에 가장 높은 점수를 받은 학생은 다음 주 시험에서 이번 주보다 낮은 점수를 받을 가능성이 높다. 두 개의 시험 점수 간 상관 계수가 1 미만이면 평균 회귀가 발생할 것이다. 평균 회귀는 당연한 것처럼 보인다. 이 때문에 이해하기가 더 어렵다. 평균 회귀에는 원인이 없다. 인간은 원인이 없어도 본능적으로 원인을 찾는다. 따라서 평균 회귀가 왜 일어나는지,

어느 정도로 일어나는지, 평균은 정확하게 얼마인지를 이해할 필요가 있다.

미래에 일어날 일을 예측할 때 쉽게 범하는 실수가 평균 회귀의 영향을 전혀 감안하지 않는 것이다. 대니얼 카너먼이 든 예를 살펴보자. 대학교 4학년생인 줄리는 네 살 때 이미 글을 술술 읽었다. 사람들에게 그녀의 평균 학점이 얼마인지 예측해보라고 했더니 평균보다 훨씬 높은 3.7(4.0 만점)이라는 답변이 제일 많이 나왔다. 사람들은 그녀가 영재였기 때문에 대학교 성적도 좋을 것이라고 생각했을 것이다. 하지만 어린 시절 글을 빨리 깨치는 것과 대학교에서 좋은 학점을 얻는 것 사이에는 상관관계가 거의 없다. 그녀의 학점은 학과 평균에 가까울 것이라고 예측하는 것이 더 합리적이다. 나이가 들수록 성적은 평균으로 회귀한다. 그녀는 평범한 학생에 가까워지는 것이다.[19]

평균 회귀는 극단에서 가장 두드러지게 나타난다. 따라서 극단적으로 좋거나 나쁜 결과가 나왔을 때 그 결과가 지속될 가능성은 낮을 수밖에 없다. 물론 좋은 결과가 나온 다음에 반드시 나쁜 결과가 나오거나 나쁜 결과 다음에 반드시 좋은 결과가 나온다는 뜻은 아니다. 다음에 나오는 결과는 모든 결과의 평균에 가까울 가능성이 크다는 뜻이다.

가장 중요한 것은 평균 회귀 경향이 상관 계수와 관련이 있다는 사실이다. 두 변수 간 상관관계가 1이면 평균 회귀는 발생하지 않는다. 상관관계가 0이면 다음에 나올 결과는 그냥 평균이라고 추정해도 무방하다. 우리가 하는 행동과 발생하는 결과 사이에 상관관계가 없으면 완전히 평균으로 회귀하게 될 것이다. 카지노에서 룰렛 게임을 하고 있다면 지금 따고 있든 잃고 있든 결국은 조금 잃고 말게 될 것이 분명하다. 여러 사건에 상관관계라는 개념을 적용해보는 것만으로도 예측력은 좋아질 것이다.

9. 유용한 통계를 발굴하라

우리는 하루에도 몇 번씩 통계를 마주한다. 통계라고 해서 모두 똑같은 가치를 가지는 것은 아니다. 일관성 있고 예측력 있는 통계를 발굴해서 사용하는 것이 중요하다. '일관성 있다persistent'는 것은 같은 일이나 거의 유사한 일이 반복해서 일어난다는 의미다. 실력이 필요한 분야를 측정하면 일관성 있는 통계가 나온다.

어느 저격수의 명중률이 99%라면 우리는 그가 다음 타깃을 맞힐 것이라고 예상할 수 있다. 운이 영향을 주는 분야를 측정하면 그 통계는 일관성이 떨어진다. '예측력 있다predictive'는 것은 어떤 통계를 측정했을 때 기대했던 값이 나온다는 의미다. 저격수의 저격 성공 확률이 99%라는 것을 안다면 우리는 그가 임무를 완수할 것이 거의 확실하다고 기대할 수 있다.

야구에서 타자에 대한 통계도 좋은 예다. 모든 야구팀이 이기기 위해 많은 점수를 내려 한다. 출루율은 팀이 내는 점수와 밀접한 관련이 있다. 이 출루율은 타자의 실력을 잘 나타내는 통계이기 때문에 일관성이 있다. 반면 타율은 팀의 득점과 상관관계가 낮다. 다시 말해 득점 관련 예측력이 떨어진다. 타율은 출루율에 비해 운이 더 크게 영향을 주기 때문에 일관성도 떨어진다. 따라서 어느 팀의 공격력을 예측하는 데는 출루율이 타율보다 더 적합한 통계라고 할 수 있다. 이 개념은 별다른 계산을 하지 않고도 이해할 수 있다.

상식처럼 느껴지지 않는가? 하지만 매우 많은 기업이 전략을 짜거나 영업 목표를 세울 때 그와 전혀 상관없는 통계를 사용한다. 경영진에게 지급하는 보수를 정할 때도 성과와 전혀 상관없는 통계를 사용한다. '측정할 수 있는 것은 관리할 수 있다What gets measured, gets managed'라는 말이 있다. 하지만 목표와 상관없는 것을 측정하면 그 목표를 이룰 수 없을 것이다.

어떤 통계의 일관성과 예측력을 측정할 수 있다면 같은 매트릭스에 다양한 활동 분야를 올려놓고 이들을 비교해볼 수 있을 것이다. 이렇게 하면 일관성과 예측력 간의 트레이드오프(trade-off, 두 목표 중 하나가 달성되면서 다른 하나는 희생되는 양자의 관계)를 시각적으로 평가하고 다양한 분야에서 통계가 가지는 고유 가치를 이해할 수 있을 것이다. 예를 들어 EPS성장률과 야구의 타율을 비교해볼 수도 있다. 이렇게 비교해보면 해당 통계의 유용성을 이해하는 맥락을 얻을 수 있다.

10. 한계를 인식하라

  지금까지 살펴본 개념과 방법은 실력과 운의 역할을 구별하는 까다로운 작업에 구체적인 도움을 준다. 그러나 이 작업을 하려면 겸손한 마음을 가져야 한다. 옳은 방향으로 가고 있다 해도 모르는 것과 알 수 없는 것이 너무 많기 때문이다.

  맥락에 따라 의미가 크게 달라지기도 하는데, 이 책에서는 여러 활동 분야에 대해 명확한 결론을 내렸다. 예를 들면 다음과 같다.

- 프로 농구팀 시즌 성적의 90%는 실력에 의한 것이다.
- 매출성장률과 주주수익률의 상관관계보다 EPS성장률과 주주수익률의 상관관계가 더 높다.
- 키가 큰 아버지의 아들은 키가 클 것이다. 하지만 그 아들의 키는 아들 세대 평균에 더 가까울 것이다.

  그러나 많은 상황에서 맥락이 예측을 더 어렵게 만든다. 뮤추얼펀드가 장기적으로 주식시장을 이길 확률은 40%에 불과하다. 하지만 펀드매니저의 투자 스타일이 현재의 주식시장과 흐름을 같이한다면 그가 주식시장을 이길 확률은 상당히 높아질 수 있다. 그뿐 아니라 표본 크기와 측정 기간도 예측을 위해 반드시 고려해야 할 요인이다. 당연히 유효한 데이터를 사용해야 한다. 그래서 통계 자료와 맥락 사이에서 균형을 이루는 것이 중요하다.

세상이 끊임없이 변한다는 것 역시 한계로 작용한다. 게임의 룰이 변하기도 하고, 새로운 규제가 도입되기도 하며, 군중의 지혜가 군중의 광기로 돌변할 수도 있다. 안정적인 환경이라면 실력을 길러서 올바른 예측을 할 수도 있다. 하지만 환경이 급변할수록 과거 사례의 중요성이 줄어든다. 운-실력 스펙트럼에서 위치를 파악하면 예측에 도움이 되지만, 변화를 다루는 것은 정말 어려운 일이다.

통계적인 방법을 적용할 수 없는 영역도 있다. 이 영역의 특성(복잡한 결정 요소와 극단적인 결괏값)을 정의하고 대응하는 방법을 배울 수는 있다. 이때 이 영역에 맞지 않는 방법을 사용하지 않도록 주의를 기울여야 한다. 금융시장에서 발생한 거의 모든 파산은 순진하게도 통계적 방법을 블랙 스완의 세계에 적용했을 때 일어났다.

실력과 운을 구별하는 것은 예측을 더 잘하기 위해서다. 우리는 세상 모든 일에 실력과 운이 복합적으로 작용한다는 것을 알고 있다. 하지만 목표를 달성하는 과정에 실력과 운이 기여하는 비중이 어느 정도인지 이해하는 사람은 드물다. 이 책의 목표는 실력과 운에 대해 정확하게 이해하고 그 실력과 운이 미치는 영향을 구별할 수 있는 분석적 방법을 제공하는 것이다. 이 책을 통해 예측하는 기술이 향상되기를 기원한다.

평균 회귀 경향을 이용해
실제 승률을 추정하는 두 개의 기법

기법 1

톰 탱고가 2011년 메이저리그 야구에 적용한 기법

(기본 원리: 결과 = 실력 + 운)

1. 모든 팀의 승률 표준편차를 계산한다.

표준편차(결과) = 0.070524

2. 운의 표준편차를 계산한다. (p=0.5, n=162)

$$표준편차(운) = \sqrt{p \times \left(\frac{1-p}{n}\right)} = 0.039284$$

3. 결과 승률의 분산과 운 승률의 분산을 계산한다.

분산(결과) = 표준편차(결과)^2 = 0.004974

분산(운) = 표준편차(운)^2 = 0.001543

4. 실력의 분산을 계산한다.

분산(결과) = 분산(실력) + 분산(운)

분산(실력) = 분산(결과) − 분산(운)

분산(실력) = 0.00343

5. 실력의 표준편차를 계산한다.

$$표준편차(실력) = \sqrt{분산(실력)} = 0.05857$$

6. 경기를 몇 번 치르면 표준편차(운) = 표준편차(실력)가 되는가?

    표준편차(실력) = 0.05857

    표준편차(운) = 0.05852 (73경기를 치를 경우)

7. 평균 회귀 조정 계수 c = (정규 시즌 경기 수)/(정규 시즌 경기
수 + 평균 회귀 조정 경기 수)

    c = 162/(162+73)

    c = 0.69

승률 0.617을 기록 중인 팀의 실제 승률 추정량:

실제 승률 추정량 = 0.500 + c(승률 − 0.500)

                   = 0.500 + 0.69(0.617 − 0.500)

                   = 0.581

실제 승률 추정량은 0.581로, 예상되는 정규 시즌 성적은 94승 68패다.

기법 2

제임스-스타인 추정량 공식

실제 평균 추정량 = 전체 평균 + 축소 계수(관찰 평균 − 전체 평균)

실제 승률 추정량 = 0.500 + c(승률 − 0.500)

$$c = 1 - \frac{(k-3)\sigma^2}{\sum (y - \bar{y})^2}$$

여기서

$$\sigma = \sqrt{\bar{y}\,\frac{(1 - \bar{y})}{N}}$$

320

그리고

$$\bar{y} = 0.500$$

$$N = 162$$

그러므로

$$\sigma = \sqrt{0.500\,\frac{0.500}{162}}$$

$$\sigma = 0.039284$$

$$\sigma^2 = 0.001543$$

그리고

$$k = 30$$

$$\sum(y - \bar{y})^2 = 0.1442$$

그러므로

$$c = 1 - \frac{(30 - 3)(0.001543)}{0.1442}$$

$$= 1 - \frac{0.0417}{0.1442}$$

$$= 1 - 0.2892$$

$$= 0.71$$

승률 0.617을 기록 중인 팀의 실제 승률 추정량:

실제 승률 추정량 = 0.500 + c(승률 − 0.500)
  = 0.500 + 0.71(0.617 − 0.500)
  = 0.583

실제 승률 추정량은 0.583으로, 예상되는 정규 시즌 성적은 94승 68패다.

각 팀의 승률, 표준편차, 분산 계산

	2011년 승률	평균 대비 승률	(평균 대비 승률)²
애리조나 다이아몬드백스	58.0%	8.0%	0.6%
애틀랜타 브레이브스	54.9%	4.9%	0.2%
볼티모어 오리올스	42.6%	−7.4%	0.5%
보스턴 레드삭스	55.6%	5.6%	0.3%
시카고 컵스	43.8%	−6.2%	0.4%
시카고 화이트삭스	48.8%	−1.2%	0.0%
신시내티 레즈	48.8%	−1.2%	0.0%
클리블랜드 인디언스	49.4%	−0.6%	0.0%
콜로라도 로키스	45.1%	−4.9%	0.2%
디트로이트 타이거스	58.6%	8.6%	0.7%
마이애미 말린스	44.4%	−5.6%	0.3%
휴스턴 애스트로스	34.6%	−15.4%	2.4%
캔자스시티 로열스	43.8%	−6.2%	0.4%
애너하임 에인절스	53.1%	3.1%	0.1%
로스앤젤레스 다저스	50.9%	0.9%	0.0%
밀워키 브루어스	59.3%	9.3%	0.9%
미네소타 트윈스	38.9%	−11.1%	1.2%
뉴욕 메츠	47.5%	−2.5%	0.1%
뉴욕 양키스	59.9%	9.9%	1.0%
오클랜드 애슬레틱스	45.7%	−4.3%	0.2%
필라델피아 필리스	63.0%	13.0%	1.7%
피츠버그 파이어리츠	44.4%	−5.6%	0.3%
샌디에이고 파드리스	43.8%	−6.2%	0.4%
샌프란시스코 자이언츠	53.1%	3.1%	0.1%
시애틀 매리너스	41.4%	−8.6%	0.7%
세인트루이스 카디널스	55.6%	5.6%	0.3%
탬파베이 데블스	56.2%	6.2%	0.4%
텍사스 레인저스	59.3%	9.3%	0.9%
토론토 블루제이스	50.0%	0.0%	0.0%
워싱턴 내셔널스	49.7%	−0.3%	0.0%
표준편차	0.070524	$\sum (y - \bar{y})^2 =$	0.1442

감수 후기

성공 방정식은 덧셈이 아닌 곱셈

　운칠기삼運七技三이라는 말이 있습니다. 사람이 살아가면서 겪어야 하는 모든 세상사의 성패는 실력보다 운에 더 좌우된다는 의미입니다. 과거 역사를 통계적으로 분석해보니 그렇다는 주장이 아닙니다. 자신의 실력이 충분한데도 단지 운이 나빠서 재수 없게 실패했다는 겁니다. 즉 자신의 잘못이 아니라고 변명하는 겁니다. 그렇게 해서라도 비난을 모면하는 게 중요했겠지요. 잘되면 내 실력 덕분이고 안되면 운이 나쁜 탓이랍니다.

'능력 범위'를 벗어난 영역에 존재하는 운

　사실은 자신의 실력이 부족해서 실패하는 경우가 제법 많았을 것입니다. 그럼에도 불구하고 운 탓으로 돌리려면 운의 비중을 70%만큼 넉넉하게 높여두는 편이 유리했겠지요. 그러므로 70%라는 비율을 너무 진지하게 받아들일 필요는 없습니다. 여기서 분명히 할 것은 비율이 어떻든 간에 실제로 세상사에는 운이 상당히 영향을 미친다는 사실입니다.

　운luck은 통계학적으로 우연randomness에 해당합니다. 우연이란 어떤 사건이 무작위로 발생하는 것을 의미합니다. 그럼에도 불구하고 사람들은 운에서도 인과관계를 찾으려 합니다. 운을 통제하고 싶기 때문입니다. 출근길에 발을 밟히면 하루 종일 재수가 없다고 합니다. 증권업계에서는 파란색 넥타이를 착용하면 주가 하락을 유발한다는 징크스가 있습니다. 이런 것들이 하나둘 모여서 체계화하면 사이비 종교가 되기도 합니다. 하지만 정의상 무작위로 발생하는 우연이나 운은 절대로 예상하거나 예측할 수 없습니다. 그러므로 운을 통제한다는 것은 쉽지 않은 일입니다.

워런 버핏이 즐겨 사용하는 용어를 빌리면, 운이란 '능력 범위circle of competence'를 벗어난 영역에 존재하는 것인지도 모릅니다. 그래서 버핏은 자신의 실력으로 통제 가능한 능력 범위 내에 머무는 것을 강조했다고 봅니다. 자신의 소중한 돈을 단지 운에 맡길 수는 없기 때문입니다. 버핏은 2m보다는 30cm를 뛰어넘는 게임을 하면 자신이 있다고 말합니다. 아사다 마오가 무리하게 트리플 악셀을 시도해서 번번이 실패한 반면, 김연아는 더블 악셀을 여유 있게 그리고 멋지게 연기해서 승률을 높였습니다. 즉 버핏과 김연아는 이길 수 있는 게임만 하려고 했습니다. "이겨놓고 싸우라"는 손자병법의 '선승구전先勝求戰'과 같은 맥락입니다. 벤저민 그레이엄이 강조하는 '안전마진'도 "손해 볼 짓을 처음부터 하지 말라"는 개념이지요.

옵션 양매수 포지션의 수익 구조

운을 통제하거나 바꿀 수는 없지만, 운에 대응함으로써 운의 영향을 우리에게 긍정적으로 승화시킬 수는 있습니다. 구체적으로 불운에 대해서는 예방하거나 회피하고, 행운에 대해서는 적극적으로 활용하는 것입니다. 투자의 언어로 표현하면 하락에 대비한 풋옵션을 매수하면서 동시에 상승에 대비한 콜옵션도 매수하는 것입니다. 이렇게 옵션 양매수 포지션을 구축하면 시장이 폭락을 하든 폭등을 하든 아무 걱정 없이 수익을 즐길 수 있습니다. 문제는 옵션 양매수 포지션을 구축하려면 상당한 비용이 발생한다는 점입니다. 우려했던 일이 전혀 발생하지 않으면 매수 비용만 날리는 셈입니다.

이런 옵션 양매수 포지션은 불확실한 인생사를 보호하기 위해 지불하는 일종의 보험인 셈입니다. 소득에 비해 보험료를 너무 많이 지불하는 것도 현명하지 못합니다. 보험에 가입하는 것보다 먹고사는 게 더 급한 사람도 있습니다. 뒤집어 말하면 보험료를 부담 없이 지불할 정도의 소득이 있어야만 운에 대응할 여유가 있다는 것입니다. 즉 어느 정도의 실력이 있어야 불운도 막고 행운도 취할 수 있다는 것입니다. 실력은 운에 대응하기 위한 필요조건인 셈입니다. 실력이 없다면 불운이 닥쳐도 속수무책일 수밖에 없으며 행운이 닥쳐도 그림의 떡에 지나지 않습니다. 즉 운과 실력으로 구성된 성공 방정식은 덧셈이 아니라 곱셈입니다.

운보다 실력이 중요한 세상

예전에는 "개천에서 용 난다"는 말처럼 운이 좋으면 패자loser가 승자winner로 '레벨업'할 수 있는 기회가 열려 있었습니다. 그런데 갈수록 그런 기회는 줄어들고 있지요. 운은 우리가 예상할 수 없는 불확실성의 세계입니다. 옛날에는 재수 없어서 병에 걸린 사람은 어쩔 수 없이 일찍 죽었지만, 이제는 사전에 병을 예방하기도 하고 웬만한 병에 걸려도 치료할 수 있습니다. 즉 과학이 발전하면서 조금씩 불확실성의 세계가 줄어들고 있습니다.

한편으로 냉정하게 실력으로 진검 승부를 겨루는 초경쟁 승자 독식

사회에 접어들면서, 빈부 격차는 더욱 심화되고 있습니다. 얼마 전에 승마를 즐기던 젊은 여성이 "부모가 부자인 것도 실력이다"라고 말하여 물의를 일으킨 적도 있습니다. 처음부터 금수저를 물고 태어난 것도, 고액 과외로 일류 대학에 진학하는 것도, 부모를 잘 둬서 신의 직장에 취업하는 것도 실력인 세상입니다.

청년들은 인생 출발점부터 이미 불공정하고 승산이 없는 게임을 하고 있는지도 모릅니다. 또 대한민국은 원천 기술부터 브랜드 파워까지 월등하게 앞서는 선진국들의 횡포에 어떻게 버텨야 할지 한 치 앞이 안 보일 지경입니다. 그래서 예전처럼 열심히 하면 성공할 수 있다고, 정석으로 투자하면 수익을 낼 수 있다고 순진하게 멘토링하는 것은 무책임한 희망 고문이 될 수도 있습니다.

하지만 분명히 할 것은 점차 운보다는 실력이 중요한 세상이 되고 있다는 점입니다. 그래서 결국 실력을 갖추는 것 외에는 달리 방법이 없습니다. 처음에는 눈에 띄게 보이는 효과도 없고 자신감도 없겠지만, 실력이 조금씩 쌓이다 보면 어느덧 내공으로 탄탄해지면서 점차 운도 따르게 될 것입니다. 열심히 노력하면 반드시 잘된다고 장담하지 않겠습니다. 그렇지만 잘될 가능성이 조금은 높아질지 모릅니다. 실력을 갖추는 것은 어차피 여러분의 몫입니다. 모쪼록 여러분의 실력이 운과 결합하여 크게 성공하길 기대합니다. 여러분의 행운을 빕니다.

2019년 9월

신진오(밸류리더스 회장)

주석

서문

1. Jennifer 8. Lee, 《The Fortune Cookie Chronicles: Adventures in the World of Chinese Food》 (New York: Twelve, 2008); Jennifer 8. Lee, "Who Needs Giacomo? Bet on a Fortune Cookie," New York Times, May 11, 2005; Michelle Garcia, "Fortune Cookie Has Got Their Numbers," Washington Post, May 12, 2005.

2. Gary Belsky, "A Checkered Career: Marion Tinsley Hasn't Met a Man or Machine That Can Beat Him at His Game," Sports Illustrated, December 28, 1992.

3. Jonathan Schaeffer, "Marion Tinsley: Human Perfection at Checkers?" Games of No Chance 26 (1996): 115–118.

4. Shlomo Maital, "Daniel Kahneman, Nobel Laureate 2002: A Brief Comment," SABE Newsletter 10, no. 2 (Autumn 2002): 2.

5. Daniel Kahneman and Amos Tversky, "On the Psychology of Prediction," Psychological Review 80, no. 4 (July 1973): 237–251.

6. Stanley Lieberson, "Modeling Social Processes: Some Lessons from Sports," Sociological Forum 12, no. 1 (March 1997): 11–35.

7. 세이버메트릭스Sabermetrics는 SABR(The Society for American Baseball Research)라는 모임에서 야구를 통계학적·수학적으로 분석하려고 만들어낸 방법론이다.

8. Richard A. Epstein, 《The Theory of Gambling and Statistical Logic》, rev. ed. (San Diego, CA: Academic Press, 1977), xv.

1장

1. Jeffrey Young, "Gary Kildall: The DOS That Wasn't," Forbes, July 7, 1997.

2. Harold Evans, 《They Made America: From the Steam Engine to the Search Engine: Two Centuries of Innovators》 (New York: Little, Brown and Company, 2004), 402–417.

3. Peyton Whitely, "Computer Pioneer's Death Probed—Kildall Called Possible Victim of Homicide," Seattle Times, July 16, 1994.

4. "Bill Gates Answers Most Frequently Asked Questions," http:// insidemicrosoft. blogspot.com/2004/12/bill-gates-faqd.html.

5. 예를 들어 존 롤스John Rawls(하버드대 정치철학 교수, 철학자)는 분배 정의 distributive justice 이론에서 노력조차 운이 작용한 결과일 수 있다고 주장한다. "대개 행복한 가정과 사회 환경이 조성되어야 노력하려는 마음도 생겨난다." John Rawls, 《A Theory

of Social Justice》 (Cambridge, MA: Belknap Press, 1971). 롤스의 주장을 요약한 자료로 다음을 참조하라. Michael J. Sandel, 《정의란 무엇인가Justice: What's the Right Thing to Do?》 (New York: Farrar, Straus and G iroux, 2009); 다음도 참조하라 "Justice and Bad Luck," Stanford Encyclopedia of Philosophy at http://plato.stanford.edu/entries/justice-bad-luck/.

    6. 《Webster's Ninth New Collegiate Dictionary》 (Springfield, MA: MerriamWebster, Inc., 1988).

    7. Nicholas Rescher, 《Luck: The Brilliant Randomness of Everyday Life》 (Pittsburgh, PA: University of Pittsburgh Press, 1995).

    8. Gary Smith and Joanna Smith, "Regression to the Mean in Average Test Scores," Educational Assessment 10, no. 4 (November 2005): 377 – 399.

    9. Kielan Yarrow, Peter Brown, and John W. Krakauer, "Inside the Brain of an Elite Athlete: The Neural Processes that Support High Achievement in Sports," Nature Reviews Neuroscience 10 (August 2009): 585 – 596.

    10. Lisa B. Kahn, "The Long-Term Labor Market Consequences of Graduating from College in a Bad Economy," Labour Economics 17, no. 2 (April 2010): 303 – 316; Peter Coy, "The Youth Unemployment Bomb," Bloomberg BusinessWeek, February 2, 2011.

    11. "행운은 준비된 사람에게 찾아온다"라는 로마 스토아 철학자 루키우스 세네카의 말로 알려졌지만, 나는 그 근거를 찾지 못했다. "나는 행운이 존재한다고 믿지만, 더 열심히 노력할수록 더 많은 행운을 만나게 된다"라는 토머스 제퍼슨의 말로 알려져 있지만 역시 그 근거를 찾지 못했다.

    12. Richard Wiseman, 《잭팟 심리학The Luck Factor: Changing Your Luck, Changing Your Life: The Four Essential Principles》 (New York: Miramax, 2003). 유사한 자료로 다음도 참조하라 Ed Smith, 《Luck: What It Means and Why It Matters》 (London: Bloomsbury, 2012); Steve Gillman, 《Secrets of Lucky People: A Study of the Laws of Good Luck》 (Denver, CO: Outskirts Press, 2008); Max Gunther, 《The Luck Factor: Why Some People Are Luckier than Others and How You Can Become One of Them》 (Petersfield, UK: Harriman House, 2009); Thor Muller and Lane Becker, 《행운을 잡는 8가지 기술Get Lucky: How to Put Planned Serendipity to Work for You and Your Business》 (San Francisco, CA: Jossey-Bass, 2012); Barrie Dolnick and Anthony H. Davidson, 《Luck: Understanding Luck and Improving the Odds》 (New York: Harmony Books, 2007).

    13. Wiseman, The Luck Factor, 23 – 27.

    14. 《Webster's Ninth New Collegiate Dictionary》.

    15. Testimony of Annie Duke, House Committee on the Judiciary, "Establishing Consistent Enforcement Policies in the Context of Internet Wagers," November 14, 2007; 다음도 참조하라. Steven D. Levitt and Thomas J. Miles, "The Role of Skill Versus Luck in Poker: Evidence from the World Series of Poker," NBER working paper 17023, May 2011.

    16. Stan Browne, Deb Clarke, Peter Henson, Frida Hristofski, Vicki Jeffreys, Peter Kovacs, Karen Lambert, Danielle Simpson, with the assistance of the Australian Institute of Sport, 《PDHPE Application & Inquiry》, 2nd ed. (Melbourne, Australia: Oxford University Press, 2009),

150 – 151.

17. Sian Beilock, 《부동의 심리학Choke: What the Secrets of the Brain Reveal About Getting It Right When You Have To》 (New York: Free Press, 2010).

18. K. Anders Ericsson, "The Influence of Experience and Deliberate P ractice on the Development of Superior Expert Performance," in 《The Cambridge Handbook of Expertise and Expert Performance》, ed. K. Anders Ericsson, Neil Charness, Paul J. Feltovich, and Robert R. Hoffman (Cambridge, UK: C ambridge University Press, 2006), 683 – 703; K. Anders Ericsson, Ralf Th. Krampe, and Clemens Tesch-Römer, "The Role of Deliberate Practice in Acquisition of Expert Performance," Psychological Review 100, no. 3 (July 1993): 363 – 406.

19. Ben Mezrich, 《MIT 수학 천재들의 카지노 무너뜨리기Bringing Down the House: The Inside Story of Six MIT Students Who Took Vegas for Millions》 (New York: Free Press, 2003).

20. Jeffrey Ma, 《The House Advantage: Playing the Odds to Win Big in Business》 (New York: Palgrave McMillan, 2010), 138.

21. Philip E. Tetlock, 《Expert Political Judgment: How Good Is It? How Can We Know?》 (Princeton, NJ: Princeton University Press, 2005).

22. William Poundstone, 《가격은 없다Priceless: The Myth of Fair Value (and How to Take Advantage of It)》 (New York: Hill and Wang, 2010), 199.

23. National Basketball Association (2007 – 2011), Premier League (2007 – 2011), Major League Baseball (2007 – 2011), and National Football League (2007 – 2011).

24. Howard Wainer, 《Picturing the Uncertain World: How to Understand, Communicate, and Control Uncertainty Through Graphical Display》 (Princeton, NJ: Princeton University Press, 2009), 5 – 15; 다음도 참조하라 Howard Wainer, "The Most Dangerous Equation," American Scientist (May – June 2007): 249 – 256.

25. Wainer, 《Picturing the Uncertain World》, 8 – 11.

26. 같은 글, 11 – 14.

27. Stanley Lieberson, "Small N's and Big Conclusions: An Examination of the Reasoning in Comparative Studies Based on a Small Number of Cases," Social Forces 70, no. 2 (December 1991): 307 – 320.

28. Michael E. Raynor, Mumtaz Ahmed, and Andrew D. Henderson, 《A Random Search for Excellence: Why "Great Company" Research Delivers Fables and Not Facts》 (Deloitte Research, December 2009); Andrew D. Henderson, Michael E. Raynor, and Mumtaz Ahmed, "How Long Must a Firm Be Great to Rule Out Luck? Benchmarking Sustained Superior Performance Without Being Fooled By Randomness," Strategic Management Journal 33, no. 4 (April 2012): 387 – 406.

29. Stephen M. Stigler, 《Statistics on the Table: The History of Statistical Concepts and Methods》 (Cambridge, MA: Harvard University Press, 1999), 173 – 188.

30. Nassim Nicholas Taleb, 《블랙 스완The Black Swan: The Impact of the Highly Improbable》, 2nd ed. (New York: Random House, 2010), 361 – 373.

2장

1. http://www.simonsingh.net/media/online-videos/699-2.

2. John Lewis Gaddis, 《역사의 풍경The Landscape of History: How Historians Map the Past》 (Oxford: Oxford University Press, 2002), 31.

3. Jonathan Gottschall, 《스토리텔링 애니멀The Storytelling Animal: How Stories Make Us Human》 (Boston, MA: Houghton Mifflin Harcourt, 2012); 다음도 참조하라. Brian Boyd, 《이야기의 기원On the Origin of Stories: Evolution, Cognition, and Fiction》 (Cambridge, MA: The Belknap Press, 2009), 155－158; Robyn M. Dawes, 《Everyday Irrationality》 (Boulder, CO: Westview Press, 2001).

4. Lewis Wolpert, 《믿음의 엔진Six Impossible Things Before Breakfast: The Evolutionary Origins of Belief》 (London: Faber and Faber, 2006); 다음도 참조하라. Wolpert's Michael Faraday lecture for the Royal Society in 2000, http://royalsociety.org/events/2001/science-belief.

5. Michael S. Gazzaniga, 《뇌는 윤리적인가The Ethical Brain: The Science of Our Moral Dilemmas》 (New York: Harper Perennial, 2006), 148.

6. Michael S. Gazzaniga, 《왜 인간인가?Human: The Science Behind What Makes Us Unique》 (New York: HarperCollins, 2008), 294; 다음도 참조하라. Michael S. Gazzaniga, "The Split Brain Revisited," Scientific American, July 1998, 50－55. Richard Nisbett and Lee Ross, 《Human Inference: Strategies and Shortcomings of Social Judgment》 (Englewood Cliffs, NJ: Prentice-Hall, 1980).

7. Steven Pinker, 《빈 서판The Blank Slate: The Modern Denial of Human Nature》 (New York: Viking, 2002), 43.

8. Hayden White, 《메타 역사Metahistory: The Historical Imagination in Nineteenth-Century Europe》 (Baltimore, MD: The Johns Hopkins University Press, 1973), 5－7.

9. 역사를 면밀하게 분석한 컬럼비아대 철학 교수 아서 단토Arthur Danto는 스토리를 전하는 문장이 지극히 중요하다고 말한다. 스토리 문장에는 결과에 관한 정보가 담겨 있기 때문이다. 예를 들어 "스미스는 자신의 손을 떠난 공이 승리를 결정짓는 샷임을 직감했다"라는 문장을 보자. 이것은 스토리 문장이다. '승리를 결정짓는 샷'이라는 표현은 자신이 승리했다는 사실을 알고 있을 때만 의미가 통하기 때문이다. 단토는 역사를 서술하려면 스토리 문장이 필수라고 주장한다. 스토리 문장을 쓸 수 없다면 역사가는 아무런 맥락 없이 사실을 연대순으로 기록할 수밖에 없기 때문이다. 진행 중인 사건은 그 의미를 제대로 이해할 수 없다. 사건을 이해하려면 그 결말을 알아야 한다. 결말을 알고 나면 우리는 사실을 자세히 살펴보면서 어떤 원인에 의해서 그런 결말에 이르게 되었는지 분석하게 된다. 다른 방법은 없다. 진지한 역사가는 원인 파악에 매우 신중해야 한다는 점을 이해하면서도 역사에는 원인 파악이 필수라고 인식한다. 역사가가 흔히 저지르는 실수는, 원인이 여럿인데도 하나만 지목하거나 원인이 존재하지 않는데도 억지로 찾아내는 것이다. 예를 들어 "제1차 세계대전이 일어난 원인은 무엇인가요?"라고 묻는다면 다양한 답이 나올 수 있다. 사라예보에서 프란츠 페르디난트 대공Archduke Franz Ferdinand이 암살당하고

나서 제1차 세계대전이 시작되었다. 그렇다면 암살이 원인일까? 다음을 참조하라. Arthur Danto, Analytical Philosophy of History (Cambridge, UK: Cambridge University Press, 1965). 역사로부터 무엇을 배울 수 있는지 알고 싶다면 다음을 참조하라. Duncan J. Watts, 《상식의 배반Everything Is Obvious*: *Once You Know the Answer》 (New York: Crown Business, 2011), 108 – 134; and Edward Hallett Carr, 《역사란 무엇인가What Is History?》 (New York: Vintage Books, 1961), 113 – 143. 존 루이스 개디스John Lewis Gaddis는 인과관계를 파악할 때 세 가지 기준을 사용한다. 첫째는 사건의 발생 시점이다. 결과가 나오기 오래 전에 발생한 사건보다는 직전에 발생한 사건에 더 무게를 두어야 한다. 둘째, 일반적인 원인보다는 특별한 원인에 더 무게를 두어야 한다. 등산객이 산에서 떨어져 죽었다면 중력 같은 일반적인 원인보다는 '실족(失足)'처럼 특별한 원인을 찾아보아야 한다. 일반적인 원인도 파악할 필요가 있지만 충분하지는 않다. 그러나 특별한 원인은 찾아내기가 어렵다. 셋째, 뒤집어 생각해보는 것이다. 예컨대 어떤 사건이 특정 방식으로 진행되었을 때 다른 방식으로도 충분히 진행될 수 있었는지 생각해본다. 뒤집어 생각하기는 실험실 연구와 흡사해서 같은 연구를 반복할 때 어떤 결과가 나올지 물어보는 것과 같다. 다음을 참조하라. John Lewis Gaddis, 《역사의 풍경The Landscape of History》, 91 – 109. 뒤집어 생각하기에 대한 더 자세한 논의는 다음을 참조하라. Philip E. Tetlock, Richard Ned Lebow, and Geoffrey Parker, eds., 《Unmaking the West: "What-If?" Scenarios That Rewrite World History》 (Ann Arbor, MI: University of Michigan Press, 2006).

10. Nassim Nicholas Taleb, 《행운에 속지 마라Fooled by Randomness: The Hidden Role of Chance in Life and in the Markets》, 2nd ed. (New York: ThomsonTexere, 2004), 210.

11. Baruch Fischhoff, "Hindsight ≠ Foresight: The Effect of Outcome Knowledge on Judgment Under Uncertainty," Journal of Experimental Psychology: Human Perception and Performance 1, no. 3 (August 1975): 288 – 299.

12. John Glavin, 저자와 직접 소통.

13. Jim Collins, 《좋은 기업을 넘어... 위대한 기업으로Good to Great: Why Some Companies Make the Leap . . . and Others Don't》 (New York: Harper Business, 2001).

14. Jerker Denrell, "Vicarious Learning, Undersampling of Failure, and the Myths of Management," Organization Science 14, no. 3 (May – June 2003): 227 – 243.

15. Michael E. Raynor, 《위대한 전략의 함정The Strategy Paradox: Why Commitment to Success Leads to Failure (and What to Do About It)》 (New York: Currency Doubleday, 2007), 18 – 49.

16. 같은 글, 37.

17. John P. A. Ioannidis, "Why Most Published Research Findings Are False," PLoS Medicine 2, no. 8 (August 2005): 696 – 701.

18. John P. A. Ioannidis, MD, "Contradicted and Initially Stronger Effects in Highly Cited Clinical Research," Journal of the American Medical Association 294, no. 2 (July 13, 2005): 218 – 228.

19. David H. Freeman, "Lies, Damned Lies, and Medical Science," The Atlantic, November 2010.

20. J. Bradford DeLong and Kevin Lang, "Are All Economic Hypotheses False?" Journal of Political Economy 100, no. 6 (December 1992): 1257 – 1272.

21. Don A. Moore, Philip E. Tetlock, Lloyd Tanlu, and Max H. Bazerman, "Conflicts of Interest and the Case of Auditor Independence: Moral Seduction and Strategic Issue Cycling," Academy of Management Review 31, no. 1 (January 2006): 10 – 29.

22. 이 기법을 날카롭게 비판하는 자료로는 다음을 참조하라. Stephen T. Ziliak and Deidre N. McCloskey, 《The Cult of Statistical Significance: How the Standard Error Costs Us Jobs, Justice, and Lives》 (Ann Arbor, MI: The University of Michigan Press, 2008).

23. Fiona Mathews, Paul J. Johnson, and Andrew Neil, "You Are What Your Mother Eats: Evidence for Maternal Preconception Diet Influencing Foetal Sex in Humans," Proceedings of the Royal Society B 275, no. 1643 (July 22, 2008): 1661 – 1668.

24. S. Stanley Young, Heejung Bang, and Kutluk Oktay, "Cereal–Induced Gender Selection? Most Likely a Multiple Testing False Positive," Proceedings of the Royal Society B 276, no. 1660 (April 7, 2009): 1211 – 1212.

25. Boris Groysberg, 《Chasing Stars: The Myth of Talent and the Portability of Performance》 (Princeton, NJ: Princeton University Press, 2010).

26. 같은 글, 63.

27. Boris Groysberg, Lex Sant, and Robin Abrahams, "When 'Stars' Migrate, Do They Still Perform Like Stars?" MIT Sloan Management Review 50, no. 1 (Fall 2008): 41 – 46.

28. 다른 예 두 가지는 도박꾼의 오류와 핫 핸드hot-hand 오류다. 도박꾼의 오류란, 무작위 사건의 분포는 단기적으로 보더라도 모집단의 분포를 따라간다는 기대를 일컫는다. 예를 들어 동전 던지기에서 3회 연속 앞면이 나왔다면 다음에는 뒷면이 나올 확률이 70%라고 평가하는 것이다. 핫 핸드 오류란, 무작위 사건의 분포가 한쪽 방향으로 지속된다는 기대를 일컫는다. 예를 들어 슛을 3회 연속 성공한 농구 선수는 핫 핸드에 해당하므로 다음 슛도 성공할 것으로 기대하는 것이다. 이런 오류에 대해서는 다음을 참조하라. Matthew Rabin and Dimitri Vayanos, "The Gambler's Fallacy and Hot-Hand Fallacies: Theory and Application," Review of Economic Studies 77, no. 2 (April 2010): 730 – 778. 이와 관련된 경험적 증거에 대해서는 다음을 참조하라. Rachel Croson and James Sundali, "The Gambler's Fallacy and the Hot Hand: Empirical Data from Casinos," Journal of Risk and Uncertainty 30, no. 3 (May 2005): 195 – 209.

3장

1. 다음을 참조하라. Adam Horowitz, David Jacobson, Tom McNichol, and Owen Thomas, "101 Dumbest Moments in Business," Business 2.0, January 2007; John Carney, "Playboy Chicks Crush Legg Mason," Dealbreaker, January 4, 2007.

2. Nassim Nicholas Taleb, 《블랙 스완The Black Swan: The Impact of the Highly Improbable》, 2nd ed. (New York: Random House, 2010), 38 – 50; Michael J. Mauboussin, 《판단의 버릇Think Twice: Harnessing the Power of Counterintuition》 (Boston: Harvard Business

Press, 2009), 107 – 108.

3. Matthew Rabin and Dimitri Vayanos, "The Gambler's Fallacy and HotHand Fallacies: Theory and Application," Review of Economic Studies 77, no. 2 (April 2010): 730 – 778. 도 박꾼의 오류가 다른 분야에서 나타나지 않는 이유에 대해서는 다음을 참조하라. Steven Pinker, 《마음은 어떻게 작동하는가How the Mind Works》 (New York: W.W. Norton & Company, 1997), 346 – 347. 이 주제를 다룬 고전 논문으로는 다음을 참조하라. Amos T versky and Daniel Kahneman, "Belief in the Law of Small Numbers," Psychological Bulletin 76, no. 2 (1971): 105 – 110.

4. 경기의 구조도 매우 중요하다. 필립 번바움Phillip Birnbaum은 프로 농구와 프로 야 구의 경기 구조를 비교해서 설명한다. 농구에서는 각 팀이 약 100회 공을 잡아서 그중 약 절반을 점수로 연결한다. 야구에서는 각 팀이 약 40회 타석을 확보해서 출루율 약 40%를 기록한다. 따라서 농구 선수의 개인 기량이 야구 선수의 그것보다 더 부각되는 경향이 있 다. 농구에서는 잡은 공을 점수로 더 많이 연결하는 팀이 승리하지만 야구에서는 대개 출 루와 안타를 집중하는 팀이 승리한다. 농구는 선수 5명이 승부를 결정하지만 야구는 선수 9명이 승부에 영향을 미친다. 끝으로, 농구에서는 한 선수가 팀 슛의 40%를 차지할 수 있 지만 야구에서는 최고의 타자도 타석을 더 확보하기가 어렵다. 마지막 두 요소에 의해서 슈퍼스타의 중요성이 더 부각된다. 다음을 참조하라. Phil Birnbaum, "'The Wages of Wins': Right Questions, Wrong Answers," By the Numbers 16, no. 2 (May 2006): 3 – 8.

5. 다음을 참조하라. William Feller, 《An Introduction to Probability Theory and Its Application》, vol. 1, 2nd ed. (New York: John Wiley & Sons, 1968).

6. 더 전문적으로 표현하자면, 운의 분산이 실력의 분산보다 훨씬 클 경우 단기적으로 는 실력 있는 사람의 성적이 나쁠 수도 있고 실력 없는 사람의 성적이 좋을 수도 있다. 분 산은 표본이 얼마나 널리 퍼져 있는지를 나타내는 척도다. 운의 분산이 클수록 운이 결과 에 미치는 영향도 더 커진다. 엄밀하게 말하면 운과 실력이 정규 분포일 때 적용되는 원칙 이다. 이러한 분포는 평균(μ)과 표준편차(σ)만으로도 표현할 수 있다.

7. 타율은 안타를 타석으로 나눈 숫자다. 데드볼 등으로 출루한 경우는 타석에서 차 감한다. 다음을 참조하라. Stephen Jay Gould, 《Triumph and Tragedy in Mudville: A Lifelong Passion for Basebal》l (New York: W.W. Norton & Company, 2004), 151 – 172.

8. 진화생물학자는 비슷한 현상을 루이스 캐럴Lewis Carroll의 소설 《거울 나라의 앨 리스Through the Looking Glass》에서 따온 붉은 여왕 효과Red Queen Effect로 표현했다. 이 는 누군가 변화하더라도 주변의 환경이나 경쟁 상대 역시 끊임없이 변화하기 때문에 상대 적으로 뒤처지거나 제자리에 머물고 마는 현상을 가리킨다. 즉 생물이 공진화해 균형을 이룬다는 개념이다. 다음을 참조하라. Matt Ridley, 《붉은 여왕The Red Queen: Sex and the Evolution of Human Nature》 (New York: Macmillan, 1994).

9. Wilbert M. Leonard II, "The Decline of the .400 Hitter: An Explanation and a Test," Journal of Sport Behavior 18, no. 3 (September 1995): 226 – 236.

10. Phil Rosenzweig, 《헤일로 이펙트The Halo Effect ... and the Eight Other Business Delusions That Deceive Managers》 (New York: Free Press, 2007).

11. John Brenkus, 《The Perfection Point: Sport Science Predicts the F astest Man, The

Highest Jump, and the Limits of Athletic Performance》 (New York: Harper Collins, 2010), 207 – 222.

12. Malcolm Gladwell, 《아웃라이어Outliers: The Story of Success》 (New York: Little, Brown and Company, 2008).

13. 같은 글, 37.

14. 디마지오의 연속 안타 기록을 설명한 자료로는 다음을 참조하라. Kostya Kennedy, 56: 《Joe DiMaggio and the Last Magic Number in Sports》 (New York: Sports Illustrated Books, 2011); Michael Seidel, Streak: 《Joe DiMaggio and the Summer of '41》 (New York: McGraw Hill, 1988).

15. Gould, 《Triumph and Tragedy in Mudville》.

16. 같은 글.

17. 나는 타석당 안타 확률이 안정적이며 독립적이라고 단순하게 가정했다. 여기서 핵심은 실력이 좋은 선수일수록 연속 성공 확률이 높다는 점이다. 다음을 참조하라. Gould, Triumph and Tragedy in Mudville, 185 – 186.

18. 제임스-스타인 추정량은 스탠퍼드대 통계학 교수 찰스 스타인Charles Stein의 연구를 바탕으로 이른바 '스타인의 역설Stein's paradox'을 개선한 것이다. 처음에는 스타인의 발견이 역설적이라고 간주되었다. 평균이 3개 이상일 때는 산술 평균보다 더 정확한 평균을 산출한다고 주장했기 때문이다(평균이 2개 이하일 때는 산술 평균이 여전히 낫다). 전통 통계 이론에서는 관찰 평균보다 더 정확한 추정 방법은 없다고 간주하므로, 스타인의 역설은 전통 통계 이론과 배치된다. 스타인의 역설에 대해서는 다음을 참조하라. Bradley Efron and Carl Morris, "Stein's Paradox in Statistics," Scientific American, May 1977, 119 – 127; Stephen M. Stigler, "The 1988 Neyman Memorial Lecture: A Galtonian Perspective on Shrinkage Estimators," Statistical Science 5, no. 1 (February 1990): 147 – 155; Bradley Efron and Carl Morris, "Data Analysis Using Stein's Estimator and Its Generalizations," Journal of American Statistical Association 70, no. 350 (June 1975): 311 – 319.

19. Efron and Morris, "Stein's Paradox in Statistics."

4장

1. 슬롯머신 게임에서 카지노를 이기는 방법에 대한 논의는 다음을 참조하라. David Sklansky, 《Getting the Best of It》 (Henderson, NV: Two Plus Two Publishing, 2001), 199 – 212.

2. 다음을 참조하라. Mike J. Dixon, Kevin A. Harrigan, Rajwant Sandhu, Karen Collins, and Jonathan A. Fugelsang, "Losses Disguised as Wins in Modern Multi-line Video Slot Machines," Addiction 105, no. 10 (October 2010): 1819 – 1824.

3. David L. Donoho, Robert A. Crenian, and Matthew H. Scanlan, "Is Patience a Virtue? The Unsentimental Case for the Long View in Evaluating Returns," Journal of Portfolio Management (Fall 2010): 105 – 120.

4. 직관을 적용할 때 유의할 사항으로 다음을 참조하라. Eric Bonabeau, "Don't Trust Your Gut," Harvard Business Review, May 2003, 116 – 123; David G. Myers, 《Intuition: Its

334

Powers and Perils》 (New Haven, CT: Yale University Press, 2002).

5. Walter A. Shewhart, 《Statistical Method from the Viewpoint of Quality Control》 (1939; rept. New York: Dover, 1985).

6. Young Hoon Kwak and Frank T. Anbari, "Benefits, Obstacles, and Future of Six Sigma Approach," Technovation 26, nos. 5 – 6 (May – June 2006): 708 – 715.

7. Christopher Chabris and Daniel Simons, 《보이지 않는 고릴라The Invisible Gorilla: And Other Ways Our Intuition Deceives Us》 (New York: Crown, 2010), 83.

8. Tetlock, 《Expert Political Judgment》; Dan Gardner, 《앨빈 토플러와 작별하라Future Babble: Why Expert Predictions Are Next to Worthless, and You Can Do Better》 (New York: Dutton, 2011); Dan Gardner and Philip Tetlock, "Overcoming Our Aversion to Acknowledging Our Igorance," Cato Unbound, July 2011.

9. Mauboussin, 《판단의 버릇Think Twice》.

10. William M. K. Trochim and James P. Donnelly, 《The Research Methods Knowledge Base》, 3rd ed. (Mason, OH: Atomic Dog, 2008), 80 – 81. 이 주제에 대해 탁월하게 논의한 자료로 다음을 참조하라. Phil Birnbaum, "On Why Teams Don't Repeat," Baseball Analyst, February 1989.

11. 위키피디아Wikipedia에 의하면 톰 탱고Tom Tango는 한 스포츠 통계 분석가의 가명이다. 그는 세이버메트릭스의 참고서인 《The Book》의 공동 저자이기도 하다. 분산과 실력에 대한 논의는 다음을 참조하라. http://www.insidethebook.com/ee/index.php/site/article/true_talent_levels_for_sports_ leagues/. 이항모형을 넘어서서 적용하는 방법에 대해서는 다음을 참조하라. Tom M. Tango, Mitchel G. Lichtman, and Andrew E. Dolphin, 《The Book: Playing the Percentages in Baseball》(Washington, DC: Potomac Books, 2007), 365 – 382.

12. Ian Stewart, 《Game, Set and Math: Enigmas and Conundrums》 (Mineola, NY: Dover Publications, 1989), 15 – 30.

13. Martin B. Schmidt and David J. Berri, "On the Evolution of Competitive Balance: The Impact of an Increasing Global Search," Economic Inquiry 41, no. 4 (October 2003): 692 – 704; David J. Berri, Stacey L. Brook, Bernd Frick, Aju J. Fenn, and Roberto Vicente-Mayoral, "The Short Supply of Tall People: Competitive Imbalance and the National Basketball Association," Journal of Economic Issues 39, no. 4 (December 2005): 1029 – 1041.

14. 더 자세한 논의는 http://tangotiger.net/talent.html에 실린 톰 탱고의 자료 "Talent Distributions"를 참조하라.

15. Martin B. Schmidt and David J. Berri, "Concentration of Playing Talent: Evolution in Major League Baseball," Journal of Sports Economics 6, no. 4 (November 2005): 412 – 419.

16. NBA 선수의 키 통계는 다음을 참조하라. www.basketball-reference.com.

17. Berri, Brook, Frick, Fenn, and Vicente-Mayoral, "The Short Supply of Tall People." 이에 대한 반박 자료로 다음을 참조하라. Phil Birnbaum, "'The Wages of Wins': Right Questions, Wrong Answers," By the Numbers 16, no. 2 (May 2006): 3 – 8.

18. Daniel H. Pink, 《드라이브Drive: The Surprising Truth About What Motivates Us》 (New

York: Riverhead Books, 2009), 29 – 32.

19. 파월은 지니 계수Gini coefficient를 이용해서 불균형 수준을 측정했다. 지니 계수는 이탈리아 통계학자 코라도 지니Corrado Gini가 소득 불균형 수준을 측정하려고 개발한 계수다. 지니 계수가 0이면 완벽한 균형 상태, 1이면 완벽한 불균형 상태를 나타낸다. 파월에 의하면 미국 기업의 지니 계수 평균은 0.60이었고 표준편차는 0.24였다. 비제조 분야의 지니 계수 평균은 0.56이었고 표준편차는 똑같이 0.24였다. 다음을 참조하라. Thomas C. Powell, "Varieties of Competitive Parity," Strategic Management Journal 24, no. 1 (January 2003): 61 – 86; Thomas C. Powell and Chris J. Lloyd, "Toward a General Theory of Competitive Dominance: Comments and Extensions on Powell (2003)," Strategic Management Journal 26, no. 4 (April 2005): 385 – 394.

20. Andrew D. Henderson, Michael E. Raynor, and Mumtaz Ahmed, "How Long Must a Firm Be Great to Rule Out Luck? Benchmarking Sustained Superior Performance Without Being Fooled By Randomness," Strategic Management Journal 33, no. 4 (April 2012): 387 – 406.

21. Charles MacKay, 《대중의 미망과 광기Extraordinary Delusions and the Madness of Crowds》 (New York: Three Rivers Press, 1995).

22. John C. Bogle, 《뮤추얼펀드 상식Common Sense on Mutual Funds: Fully Updated 10th Anniversary Issue》 (Hoboken, NJ: John Wiley & Sons, 2010)

23. Werner F. M. De Bondt and Richard H. Thaler, "Anomalies: A MeanReverting Walk Down Wall Street," Journal of Economic Perspectives 3, no. 1 (Winter 1989): 189 – 202.

24. Mark Grinblatt and Sheridan Titman, "The Persistence of Mutual Fund Performance," Journal of Finance 47, no. 5 (December 1992): 1977 – 1984; Darryll Hendricks, Jayendu Patel, and Richard Zeckhauser, "Hot Hands in Mutual Funds: Short-Run Persistence of Relative Performance, 1974 – 1988," Journal of Finance 48, no. 1 (March 1993): 93 – 129; Stephen J. Brown and William N. Goetzmann, " Performance Persistence," Journal of Finance 50, no. 2 (June 1995): 679 – 698. 반대 의견에 대해서는 다음을 참조하라. Mark M. Carhart, "On the Persistence in Mutual Fund Performance," Journal of Finance 52, no. 1 (March 1997): 57 – 82.

25. Charles D. Ellis, "The Loser's Game," Financial Analysts Journal 31, no. 4 (July – August 1975): 19 – 26.

26. Peter L. Bernstein, "Where, Oh Where Are the .400 Hitters of Yesteryear?" Financial Analysts Journal 54, no. 6 (November – December 1998): Gould, 《Triumph and Tragedy in Mudville》.

27. Russ Wermers, "Mutual Fund Performance: An Empirical Decomposition into Stock-Picking Talent, Style, Transactions Costs, and Expenses," Journal of Finance 55, no. 4 (August 2000): 1655 – 1695; Laurent Barras, Olivier Scaillet, and Russ Wermers, "False Discoveries in Mutual Fund Performance: Measuring Luck in Estimated Alphas," Journal of Finance 65, no. 1 (February 2010): 179 – 216.

336

5장

1. Ronald Blum, "Werth Agrees to $126 Million, 7-yr Deal with Nats," AP Sports, December 5, 2010.

2. Craig Calcaterra, "Scott Boras Explains the Jayson Werth Contract," HardballTalk, February 3, 2011.

3. Robert K. Adair, PhD, 《야구의 물리학The Physics of Baseball: Revised, Updated, and Expanded》 (New York: HarperCollins, 2002), 29 – 46; Michael Sokolove, "For Derek Jeter, on His 37th Birthday," New York Times Magazine, June 23, 2011.

4. David Epstein, "Major League Vision," Sports Illustrated, August 8, 2011.

5. Irving Herman, 《Physics of the Human Body》 (New York: Springer, 2007), 285.

6. 다음 자료로부터 저자가 편집. Richard Schulz and Christine Curnow, "Peak Performance and Age Among Superathletes: Track and Field, Swimming, B aseball, Tennis, and Golf," Journal of Gerontology 43, no. 5 (September 1988): 113 – 120; Scott M. Berry, C. Shahe Reese, and Patrick Larkey, "Bridging Different Eras in Sports," in 《Anthology of Statistics in Sports》, ed. Jim Albert, Jay Bennett, and James J. Cochran (Philadelphia, and Alexandria, VA: ASA-SIAM Series on Statistics and Applied Probability, 2005), 209 – 224; "How Important Is Age?" www.pro-footballreference.com/articles/age.htm; Tom Tango, "Aging Patterns," www.tangotiger.net/aging.html; Brian Burke, "How Quarterbacks Age," Advanced NFL Stats, August 30, 2011; J. C. Bradbury, "How Do Baseball Players Age?" Baseball Prospectus, January 11, 2010; Alain Haché, PhD, and Pierre P. Ferguson, BSc, "Hockey Fitness with Age," www.thephysicsofhockey.com; Joe Baker, Janice Deakin, Sean Horton, and G. William Pearce, "Maintenance of Skilled Performance with Age: A D escriptive Examination of Professional G olfers," Journal of Aging and Physical Activity 15, no. 3 (July 2007): 299 – 316; J. C. Bradbury, "When Gender Matters and When It Doesn't," www.sports-reference.com/olympics/blog/?p=115.

7. 경기력 정점 데이터를 분석해보면 다른 흥미로운 사항도 눈에 띈다. 힘과 스피드가 필요한 스포츠에서는 남자보다 여자가 경기력 정점 연령에 더 빨리 도달한다. 경기력 정점 연령은 대부분 스포츠에서 비교적 안정적으로 유지되고 있다. 예를 들면 하키는 변함 없이 20대 중반이다. 그러나 정점에 도달했을 때의 경기력 절대 수준은 계속 상승하고 있다. 특히 달리기, 수영, 조정 등 시간을 측정하는 기록경기에서 이런 추세가 뚜렷이 나타난다. 예컨대 1마일 달리기의 1954년 세계 기록은 로저 배니스터Roger Bannister가 세운 3분 59.4초였다. 최근 세계 기록은 모로코의 히샴 엘 게루주Hicham El Guerrouj가 세운 3분 43.13초다.

8. Melissa L. Finucane and Christina M. Gullion, "Developing a Tool for Measuring the Decision-Making Competence of Older Adults," Psychology and Aging 25, no. 2 (June 2010): 271 – 288.

9. Gary Klein, 《인튜이션Sources of Power: How People Make Decisions》 (Cambridge, MA: MIT Press, 1998).

10. Ray C. Fair, "Estimated Age Effects in Athletic Events and Chess," Experimental Aging Research 33, no. 1 (January – March 2007): 37 – 57.

11. Daniel Kahneman and Gary Klein, "Conditions for Intuitive Expertise: A Failure to Disagree," American Psychologist 64, no. 6 (September 2009): 515 – 526.

12. Tibor Besedeš, Cary Deck, Sudipta Sarangi, and Mikhael Shor, "Age Effects and Heuristics in Decision Making," Review of Economics and Statistics 94, no. 2 (May 2012): 580 – 595; Tibor Besedeš, Cary Deck, Sudipta Sarangi, and Mikhael Shor, "Decision-Making Strategies and Performance Among Seniors," Journal of Economic Behavior and Organization 81, no. 2 (February 2012): 522 – 533.

13. George M. Korniotis and Alok Kumar, "Do Older Investors Make Better Investment Decisions?" Review of Economics and Statistics 93, no. 1 (February 2011): 244 – 265. 펀드 매니저의 실적도 비슷한 것으로 밝혀졌다. 다음을 참조하라. Judith Chevalier and Glenn Ellison, "Are Some Mutual Fund Investors Better Than Others? Cross-Sectional Patterns in Behavior and Performance," Journal of Finance 54, no. 3 (June 1999): 875 – 899. 두 사람은 다음과 같이 썼다. "늙은 펀드매니저의 실적은 젊은 펀드매니저보다 훨씬 나쁜 듯하다. 1 년 더 늙으면 예상 수익률이 0.086% 더 하락한다."

14. Raymond B. Cattell, "Theory of Fluid and Crystallized Intelligence: A Critical Experiment," Journal of Educational Psychology 54, no. 1 (February 1963): 1 – 22.

15. 능력이 쇠퇴하는 이유에 대해서는 다음을 참조하라. Julie M. Bugg, Nancy A. Zook, Edward L. DeLosh, Deana B. Davalos, and Hasker P. Davis, "Age Differences in Fluid Intelligence: Contributions of General Slowing and Frontal Decline," Brain and Cognition 62, no. 1 (October 2006): 9 – 16. 능력이 크게 쇠퇴하지 않는 이유에 대해서는 다음을 참조하라. Timothy A. Salthouse, "What and When of Cognitive Aging," Current Directions in Psychological Science 13, no. 4 (August 2004): 40 – 144.

16. Sumit Agarwal, John C. Driscoll, Xavier Gabaix, and David I. Laibson, "The Age of Reason: Financial Decisions over the Life Cycle and Implications for Regulation," Brookings Papers on Economic Activity (Fall 2009): 51 – 117.

17. Finucane and Gullion, "Developing a Tool for Measuring the DecisionMaking Competence of Older Adults."

18. Agarwal et al., "The Age of Reason."

19. David Laibson, "The Age of Reason," 발표 자료: June 2011. 다음을 참조하라. http://www.economics.harvard.edu/faculty/laibson/files/Age%2Bof%2BReason.pdf.

20. David W. Galenson, 《Old Masters and Young Geniuses: Two Life Cycles of Artistic Creativity》 (Princeton, NJ: Princeton University Press, 2006).

21. Jonah Lehrer, "Fleeting Youth, Fading Creativity," Wall Street Journal, February 19, 2010.

22. Keith E. Stanovich, 《What Intelligence Tests Miss: The Psychology of Rational Thought》 (New Haven, CT: Yale University Press, 2009), 15.

23. 같은 글, 63 – 66.

24. Keith E. Stanovich, "The Thinking That IQ Tests Miss," Scientific American Mind, November/December 2009, 34 – 39.

25. Stanovich,《What Intelligence Tests Miss》, 145.

26. Gerd Gigerenzer,《숫자에 속아 위험한 선택을 하는 사람들Calculated Risks: How to Know When Numbers Deceive You》(New York: Simon & Shuster, 2002).

27. Finucane and Gullion, "Developing a Tool for Measuring the DecisionMaking Competence of Older Adults."

28. Bartley J. Madden,《CFROI Valuation: A Total System Approach to Valuing the Company》(Oxford: Butterworth-Heinemann, 1999), 18 – 63.

29. Robert R. Wiggins and Timothy W. Ruefli, "Sustained Competitive Advantage: Temporal Dynamics and the Incidence and Persistence of Superior Economic Performance," Organization Science 13, no. 1 (January – February 2002): 82 – 105; Robert R. Wiggins and Timothy W. Ruefli, "Schumpeter's Ghost: Is Hypercompetition Making the Best of Times Shorter?" Strategic Management Journal 26, no. 10 (October 2005): 887 – 911; L. G. Thomas and Richard D'Aveni, "The Rise of Hypercompetition from 1950 – 2002: Evidence of Increasing Industry Destabilization and Temporary Competitive Advantage," working paper, October 11, 2004. 연령과 경기력의 상관관계에 대해서는 다음을 참조하라. Claudio Loderer and Urs Waelchli, "Firm Age and Performance," working paper, January 24, 2011.

30. James G. March, "Exploration and Exploitation in Organizational Learning," Organization Science 2, no. 1 (February 1991): 71 – 87.

6장

1. Jennifer Ordonez, "Pop Singer Fails to Strike a Chord Despite Millions Spent by MCA," Wall Street Journal, February 26, 2002. 헤네시는 칼리 스미스슨(결혼 후 성)이라는 이름으로 컴백했는데, 2008년 '아메리칸 아이돌American Idol' 경연에서 6위를 차지했다.

2. Bill Carter, "Top Managers Dismissed at ABC Entertainment," New York Times, April 21, 2004; James B. Stewart, Disney War (New York: Simon & Schuster, 2006), 485 – 487, 527.

3. Thomas Gilovich, Robert Vallone, and Amos Tversky, "The Hot Hand in Basketball: On the Misperception of Random Sequences," Cognitive Psychology 17, no. 3 (July 1985): 295 – 314.

4. Jim Albert and Jay Bennett,《Curve Ball: Baseball, Statistics, and the Role of Chance in the Game》(New York: Springer-Verlag, 2003), 111 - 144. 나는 시뮬레이션에 90% 이외의 다른 'switch(회전판을 바꿀 확률)' 값들도 사용해보았다. 실제 데이터와 가장 잘 들어맞는 값은 50~60% 사이의 값이었는데, 이것은 독립 모형으로 가정했을 때의 값과 비슷하다.

5. Jim Albert, "Streaky Hitting in Baseball," Journal of Quantitative Analysis in Sports 4, no. 1 (January 2008): article 3; Trent McCotter, "Hitting Streaks Don't Obey Your Rules: Evidence That Hitting Streaks Aren't Just By-Products of Random Variation," Baseball

Research Journal 37 (2008): 62 – 70; http://www. hardballtimes.com/main/article/the-color-of-clutch/; Zheng Cao, Joseph Price, and Daniel F. Stone, "Performance Under Pressure in the NBA," Journal of Sports Economics 12, no. 3 (June 2011): 231 – 252.

6. Michael Bar-Eli, Simcha Avugos, and Markus Raab, "Twenty Years of 'Hot Hand' Research: Review and Critique," Psychology of Sport and Exercise 7, no. 6 (November 2006): 525 – 553; Alan Reifman, Hot Hands: The Statistics Behind Sports' Greatest Streaks (Washington, DC: Potomac Books, 2011).

7. Frank H. Knight, 《위험과 불확실성 및 이윤Risk, Uncertainty, and Profit》 (New York: Houghton and Mifflin, 1921); http://www.econlib.org/library/Knight/knRUP.html. 브누아 만델브로Benoit Mandelbrot는 난폭한wild 우연과 온건한mild 우연을 구별한다. 만델브로의 구별은 우리 논의와 통한다. 다음 책을 참조하라. Benoit Mandelbrot and Richard L. Hudson, 《프랙털 이론과 금융 시장The (Mis)Behavior of Markets》 (New York: Basic Books, 2004), 32 – 33.

8. William Goldman, 《Adventures in the Screen Trade: A Personal View of Hollywood and Screenwriting》 (New York: Warner Books, 1983), 39.

9. Matthew Salganik, "Prediction and Surprise," presentation at the Thought Leader Forum, Legg Mason Capital Management, October 14, 2011.

10. 멱법칙은 다음 공식으로 표현된다. $p(x) = Cx-\alpha$, C와 α는 상수. 지수 α는 음수지만 종종 양수로 표현된다. X가 α를 멱수로 거듭제곱되기 때문에 멱법칙 분포로 불린다. 지수의 값은 보통 $2 < \alpha < 3$이다. 다음 논문을 참조하라. M. E. J. Newman, "Power Laws, Pareto Distributions, and Zipf's Law," Contemporary Physics 46, no. 5 (September – October 2005): 323 – 351; Aaron Clauset, Cosma Rohilla Shalizi, and M. E. J. Newman, "Power-law Distributions in Empirical Data," SIAM Review 51, no. 4 (2009): 661 – 703.

11. 킹 제임스King James 성경 중 마태복음 13장 12절.

12. 다음 자료를 참조하라. See Robert K. Merton, "The Matthew Effect in Science," Science 159, no. 3810 (January 5, 1968): 56 – 63; Daniel Rigney, 《나쁜 사회 The Matthew Effect: How Advantage Begets Further Advantage》 (New York: Columbia University Press, 2010). 경로의존성에 대한 보다 상세한 논의는 다음 논문을 참조하라. Scott E. Page, "Path Dependence," Quarterly Journal of Political Science 1, no. 1 (January 2006): 87 – 115.

13. Albert-László Barabási and Réka Albert, "Emergence of Scaling in Random Networks," Science 286, no. 5439 (October 15, 1999): 509 – 512; Albert-László Barabási, 《링크Linked: The New Science of Networks》 (Cambridge, MA: Perseus Publishing, 2002), 86 – 89; Duncan J. Watts, 《Small World여섯 다리만 건너면 누구와도 연결된다 Six Degrees: The Science of a Connected Age》 (New York: W.W. Norton & Company, 2003), 108 – 111. 선호적 연결은 지브라의 법칙Gibrat's Law과 율 과정Yule process 혹은 율 분포와 관련성이 있다. 다음 논문을 참조하라. Herbert A. Simon, "On a Class of Skew Distribution Functions," Biometrika 42, no. 3/4 (December 1955): 425 – 440.

14. 이 모형을 1만 번 돌려본 결과 1만 번 중에서 빨간색 구슬은 54%, 검은색 구슬은 29%, 노란색 구슬은 12%, 녹색 구슬은 4%, 파란색 구슬은 1%만큼 승리했다. 이 값을 초

기 확률 값인 빨간색 구슬 33%, 검은색 구슬 27%, 노란색 구슬 20%, 초록색 구슬 13%, 파란색 구슬 7%와 비교해보라. 부익부 빈익빈의 결과가 나타났다.

15. Mark Granovetter, "Threshold Models of Collective Behavior," American Journal of Sociology 83, no. 6 (May 1978): 1420 – 1443. 더 정교한 논의를 보려면 다음 논문을 참조하라. Duncan J. Watts, "A Simple Model of Global Cascades on Random Networks," Proceedings of the National Academy of Sciences 99, no. 9 (April 30, 2002): 5766 – 5771.

16. Michael A. Cusumano, Yiorgos Mylonadis, and Richard S. Rosenbloom, "Strategic Maneuvering and Mass-Market Dynamics: The Triumph of VHS over Beta," Business History Review 66, no. 1 (Spring 1992): 51 – 94; Carl Shapiro and Hal R. Varian, 《정보법칙을 알면 .COM이 보인다 Information Rules: A Strategic Guide to the Network Economy》 (Boston: Harvard Business School Press, 1999); Jeffrey H. Rohlfs, 《Bandwagon Effects in High Technology Industries》 (Cambridge, MA: MIT Press, 2001).

17. W. Brian Arthur, 《Increasing Returns and Path Dependence in the Economy》 (Ann Arbor, MI: University of Michigan Press, 1994).

18. Sherwin Rosen, "The Economics of Superstars," American Economic Review 71, no. 5 (December 1981): 845 – 858.

19. Robert H. Frank and Philip J. Cook, 《승자독식사회 The Winner-Take-All Society: How More and More Americans Compete for Ever Fewer and Bigger Prizes, Encouraging Economic Waste, Income Inequality, and an Impoverished Cultural Life》 (New York: The Free Press, 1995); Robert H. Frank, 《경쟁의 종말 The Darwin Economy: Liberty, Competition, and the Common Good》 (Princeton, NJ: Princeton University Press, 2011).

20. Xavier Gabaix and Augustin Landier, "Why Has CEO Pay Increased So Much?" Quarterly Journal of Economics 123, no. 1 (February 2008): 49 – 100; Carola Frydman and Dirk Jenter, "CEO Compensation," Annual Review of Financial Economics 2 (December 2010): 75 – 102.

21. 예를 들어 셔윈 로젠은 다음과 같이 적었다. "재능과 카리스마가 섞여 있다고 알려진 관객 호소력을 만드는 요인이 무엇인지 기획자는 아무런 지침도 받지 않을 것이다. 잠재적 판매자 집단의 재능 분포가 확정되어 있으며 모든 경제 행위자가 비용을 들이지 않고 알 수 있다고 가정한다." (Rosen, "The Economics of Superstars.")

22. Gabaix and Landier, "Why Has CEO Pay Increased So Much?"; 다음 논문을 참조하라. Marko Terviö, "The Difference That CEOs Make: An Assignment Model Approach," American Economic Review 98, no. 3 (June 2008): 642 – 668. 이 주제에 대한 고전적인 논문으로 다음도 참조하라. James C. March and James G. March, "Almost Random Careers: The Wisconsin School Superintendency, 1940 – 1972," Administrative Science Quarterly 22, no. 3 (September 1977): 377 – 409.

23. Robert Morse, "Methodology: Undergraduate Ranking Criteria and Weights," USNews.com, September 12, 2011.

24. Donald G. Saari, 《Chaotic Elections! A Mathematician Looks at Voting》 (Providence, RI: American Mathematical Society, 2001).

25. 이 주제에 대해 가장 유명한 논문은 다음과 같다. Malcolm Gladwell, "The Order of Things," The New Yorker, February 14, 2011, 68 – 75. 다음 논문도 참조하라. Michael N. Bastedo and Nicholas A. Bowman, "U.S. News & World Report College Rankings: Modeling Institutional Effects on Organizational Reputation," American Journal of Education 116, no. 2 (February 2010): 163 – 183; Ashwini R. Sehgal, MD, "The Role of Reputation in U.S. News & World Report Rankings of the Top 50 American Hospitals," Annals of Internal Medicine 152, no. 8 (April 20, 2010): 521 – 525.

26. Matthew J. Salganik, Peter Sheridan Dodds, and Duncan J. Watts, "Experimental Study of Inequality and Unpredictability in an Artificial Cultural Market," Science 311, no. 5762 (February 10, 2006): 854 – 856.

27. Donald Sassoon, 《Becoming Mona Lisa: The Making of a Global Icon》 (New York: Harcourt, Inc., 2001).

28. Tetlock, 《Expert Political Judgment》. 이 편향에 대한 심도 있는 논의는 다음 논문을 참조하라. Daniel T. Gilbert and Patrick S. Malone, "The Correspondence Bias," Psychological Bulletin 117, no. 1 (January 1995): 21 – 38.

29. Ellen J. Langer and Jane Roth, "Heads I Win, Tails It's Chance: The Illusion of Control as a Function of the Sequence of Outcomes in a Purely Chance Task," Journal of Personality and Social Psychology 32, no. 6 (December 1975): 951 – 955.

30. Rakesh Khurana, 《Searching for a Corporate Savior: The Irrational Quest for Charismatic CEOs》 (Princeton, NJ: Princeton University Press, 2002), 23.

7장

1. Robert C. Hill, "When the Going Gets Rough: A Baldrige Award Winner on the Line," Academy of Management Executive 7, no. 3 (August 1993): 75 – 79.

2. 조금 더 기술적으로 '신뢰도=분산(실력)/[분산(실력)+분산(운)]'으로 측정할 수 있다. 운의 분산이 0이라면 '분산(실력)/분산(실력)'만 남게 되어 완전한 상관관계를 가진다. 실력이 0이라면 '0/분산(운)'만 남게 되어 전혀 신뢰할 수 없는 상태가 된다. 다음을 참조하라. William M. K. Trochim and James P. Donnelly, 《The Research Methods Knowledge Base》, 3rd. ed. (Mason, OH: Atomic Dog, 2008), 80 – 95.

3. Chris Spatz, Basic Statistics: Tales of Distributions, 10th ed. (Belmont, CA: Wadsworth, 2011), 87 – 119.

4. 표준편차는 평균에서 떨어진 정도를 측정한다. 낮은 표준편차는 분포된 값들이 평균에서 가깝다는 것을 의미하고, 높은 표준편차는 값들이 평균에서 멀리 떨어졌다는 것을 의미한다. 종형 정규 분포에서 분포된 값들의 68%는 평균에서 표준편차 1 사이에 위치한다. 다음을 참조하라. Phil Birnbaum, "On Correlation, r, and r-squared," Sabermetric Research, August 22, 2006.

5. Trochim and Donnelly, 《The Research Methods Knowledge Base》, 20 – 23.

6. Jim Albert, "A Batting Average: Does It Represent Ability or Luck?" working paper,

April 17, 2004.

7. 다음을 참조하라 "When Is the Observed Data Half Real and Half Noise?" www. insidethebook.com/ee, July 13, 2011.

8. David J. Berri and Martin B. Schmidt, 《Stumbling on Wins: Two Economists Expose the Pitfalls on the Road to Victory in Professional Sports》 (Upper Saddle River, NJ: FT Press, 2010), 33 – 39.

9. Michael Lewis, 《머니볼Moneyball: The Art of Winning an Unfair Game》 (New York: W.W. Norton & Company, 2003), 57 and 128. 보다 상세한 분석은 다음을 참조하라. Ben S. Baumer, "Why On-Base Percentage Is a Better Indicator of Future Performance than Batting Average: An Algebraic Proof," Journal of Quantitative Sports 4, no. 2 (April 2008): article 3.

10. Branch Rickey, "Goodby to Some Old Baseball Ideas," Life, August 2, 1954, 79 – 89.

11. Michael Lewis, "The King of Human Error," Vanity Fair, December 2011.

12. Alfred Rappaport, Creating Shareholder Value: A Guide for Managers and Investors, Revised and Updated (New York: Free Press, 1998); Anant K. Sundaram and Andrew C. Inkpen, "The Corporate Objective Revisited," Organization Science 15, no. 3 (May – June 2004): 350 – 363. 윌리엄 스타벅William Starbuck은 성과 지표가 목표치와 상관관계가 있기 때문에 중요한 것이 아니라, 성과를 바꿀 수 있기 때문에 중요하다고 말한다. 다음을 참조하라. William H. Starbuck, "Performance Measures: Prevalent and Important but Methodologically Challenging," Journal of Management Inquiry 14, no. 3, September 2005, 280 – 286.

13. Frederic W. Cook & Co., "The 2010 Top 250: Long-Term Incentive Grant Practices for Executives," October 2010, www.fwcook.com/alert_letters/ The_2010_Top_250_Report.pdf.

14. "Seven Myths of Executive Compensation," Stanford Business School, Closer Look Series, June 6, 2011.

15. John R. Graham, Campbell R. Harvey, and Shiva Rajgopal, "Value Destruction and Financial Reporting Decisions," Financial Analysts Journal 62, no. 6 (November/December 2006): 27 – 39.

16. Alfred Rappaport and Michael J. Mauboussin, 《기대투자Expectations Investing: Reading Stock Prices for Better Returns》 (Boston: Harvard Business School Press, 2001), 15 – 16.

17. Graham, Harvey, and Rajgopal, "Value Destruction and Financial Reporting Decisions."

18. Eugene F. Fama and Kenneth R. French, "Forecasting Profitability and Earnings," Journal of Business 73, no. 2 (April 2000): 161 – 175; Louis K. C. Chan, Jason Karceski, and Josef Lakonishok, "The Level and Persistence of Growth Rates," Journal of Finance 58, no. 2 (April 2003): 643 – 684.

19. 다음 책이 이 점을 잘 보여준다. Robert L. Hagin, 《Investment Management: Portfolio Diversification, Risk, and Timing—Fact and Fiction》 (Hoboken, NJ: John Wiley & Sons, 2004), 75 – 80.

20. Christopher D. Ittner and David F. Larcker, "Coming Up Short on Nonfinancial Performance Measurement," Harvard Business Review, November 2003, 88 – 95.

21. Sanford J. Grossman and Joseph E. Stiglitz, "On the Impossibility of Informationally Efficient Markets," American Economic Review 70, no. 3 (June 1980): 393 – 408.

22. Scott D. Stewart, CFA, John J. Neumann, Christopher R. Knittel, and Jeffrey Heisler, CFA, "Absence of Value: An Analysis of Investment Allocation Decisions by Institutional Plan Sponsors," Financial Analysts Journal 65, no. 6 (November/ December 2009): 34 – 51; Amit Goyal and Sunil Wahal, "The Selection and Termination of Investment Management Firms by Plan Sponsors," Journal of Finance 63, no. 4 (August 2008): 1805 – 1847; Jeffrey Heisler, Christopher R. Kittel, John J. Neuman, and Scott D. Stewart, "Why Do Plan Sponsors Hire and Fire Their Investment Managers?" Journal of Business and Economic Studies 13, no. 1 (Spring 2007): 88 – 118; Diane Del Guercio and Paula A. Tkac, "The Determinants of the Flow of Funds of Managed Portfolios: Mutual Funds Versus Pension Funds," Journal of Financial and Quantitative Analysis 37, no. 4 (December 2002): 523 – 555; Andrea Frazzini and Owen A. Lamont, "Dumb Money: Mutual Fund Flows and the Cross–Section of Stock Returns," Journal of Financial Economics 88, no. 2 (May 2008): 299 – 322.

23. Diane Del Guercio and Paula A. Tkac, "Star Power: The Effect of Morningstar Ratings on Mutual Fund Flow," Journal of Financial and Quantitative Analysis 43, no. 4 (December 2008): 907 – 936.

24. 모닝스타 웹사이트(http://www.morningstar.com/Help/Data.html#RatingCalc)에 다음과 같이 나와 있다. "펀드는 (모든 수수료와 판매 비용을 차감한 후) 위험 조정 수익률에 따라 카테고리별로 정렬된다. 중앙 영역이 가장 넓은 표준 정규 분포에 맞추어 별점이 부여된다."

25. Christopher B. Philips and Francis M. Kinniry Jr., "Mutual Fund Ratings and Future Performance," Vanguard Research, June 2010.

26. K. J. Martijn Cremers and Antti Petajisto, "How Active Is Your Fund Manager? A New Measure That Predicts Performance," Review of Financial Studies 22, no. 9, September 2009, 3329 – 3365; Antti Petajisto, "Active Share and Mutual Fund Performance," working paper, December 15, 2010.

액티브 셰어에 대한 기술적 정의는 다음과 같다.

$$\frac{1}{2}\sum_{i=1}^{N}\left|\omega_{fund,i}-\omega_{index,i}\right|$$

ωfund,i=펀드에 포함된 자산 i의 포트폴리오 가중치
ωindex,i=인덱스에 포함된 자산 i 의 포트폴리오 가중치
모든 자산군에 대해 합산한다.

27. Jerker Denrell, "Random Walks and Sustained Competitive Advantage," Management Science 50, no. 7 (July 2004): 922 – 934.

8장

1. Daniel Kahneman and Gary Klein, "Conditions for Intuitive Expertise: A Failure to Disagree," American Psychologist 64, no. 6 (September 2009): 515–526.

2. Daniel Kahneman, 《생각에 관한 생각Thinking, Fast and Slow》 (New York: Farrar, Straus and Giroux, 2011).

3. Klein, 《인튜이션Sources of Power》.

4. Kahneman and Klein, "Conditions for Intuitive Expertise."

5. Robert A. Olsen, "Professional Investors as Naturalistic Decision Makers: Evidence and Market Implications," Journal of Psychology and Financial Markets 3, no. 3 (2002): 161–167.

6. Kahneman, 《생각에 관한 생각Thinking, Fast and Slow》, 97.

7. 같은 글, 24.

8. Michelene T. H. Chi, Robert Glaser, and Marshall Farr, eds., 《The Nature of Expertise》 (Hillsdale, NJ: Lawrence Erlbaum Associates, 1988), xvii–xx.

9. David M. Cutler, James M. Poterba, and Lawrence H. Summers, "What Moves Stock Prices?" Journal of Portfolio Management 15, no. 3 (Spring 1989): 4–12.

10. 여기에는 다음 책들이 포함된다. Geoffrey Colvin, 《재능은 어떻게 단련되는가?Talent Is Overrated: What Really Separates World-Class Performers from Everybody Else》 (New York: Portfolio, 2008); Daniel Coyle, 《탤런트 코드The Talent Code: Greatness Isn't Born. It's Grown. Here's How》 (New York: Bantam Books, 2009); Gladwell, 《아웃라이어Outliers》; David Schenk, 《우리 안의 천재성The Genius in All of Us: New Insights into Genetics, Talent, and IQ》 (New York: Doubleday, 2010); Matthew Syed, 《베스트 플레이어Bounce: Mozart, Federer, Picasso, Beckham, and the Science of Success》 (New York: Harper, 2010). 다음은 더 학술적으로 연구한 자료들이다. Chi, Glaser, and Farr, eds., 《The Nature of Expertise》; K. Anders Ericsson, ed., 《The Road to Excellence: The Acquisition of Expert Performance in the Arts and Sciences, Sports and Games》 (Mahwah, NJ: Lawrence Erlbaum Associates, 1996); K. Anders Ericsson, ed., 《Development of Professional Expertise: Toward Measurement of Expert Performance and Design of Optimal Learning Environments》 (Cambridge, UK: Cambridge University Press, 2009); K. Anders Ericsson and Jacqui Smith, eds., 《Toward a General Theory of Expertise: Prospects and Limits》 (Cambridge, UK: Cambridge University Press, 1991); K. Anders Ericsson, Neil Charness, Paul J. Feltovich, and Robert R. Hoffman, eds., 《The Cambridge Handbook of Expertise and Expert Performance》 (Cambridge, UK: Cambridge University Press, 2006); Paul J. Feltovich, Kenneth M. Ford, and Robert Hoffman, eds., 《Expertise in Context: Human and Machine》 (Menlo Park, CA, and Cambridge, MA: AAAI Press and The MIT Press, 1997).

11. Colvin, 《재능은 어떻게 단련되는가?Talent Is Overrated》, 65–72.

12. K. Anders Ericsson, Ralf Th. Krampe, and Clemens Tesch-Römer, "The Role of Deliberate Practice in Acquisition of Expert Performance," Psychological Review 100, no. 3 (July 1993): 363–406.

13. Atul Gawande, "Personal Best: Top Athletes and Singers Have Coaches. Should You?" The New Yorker, October 3, 2011.

14. Guillermo Campitelli and Fernand Gobet, "Deliberate Practice: Necessary But Not Sufficient," Current Directions in Psychological Science 20, no. 5 (October 2011): 280 – 285.

15. David Z. Hambrick and Elizabeth J. Meinz, "Limits on the Predictive Power of Domain-Specific Experience and Knowledge in Skilled Performance," Current Directions in Psychological Science 20, no. 5 (October 2011): 275 – 279; David Z. Hambrick and Randall W. Engle, "Effects of Domain Knowledge, Working Memory Capacity, and Age on Cognitive Performance: An Investigation of the Knowledge-Is-Power Hypothesis," Cognitive Psychology 44, no. 4 (June 2002): 339 – 387.

16. David Brooks, 《소셜 애니멀The Social Animal: The Hidden Sources of Love, Character, and Achievement》 (New York: Random House, 2011), 165; and Gladwell, 《아웃라이어Outliers》, 78 – 79.

17. Kimberly Ferriman Robertson, Stijn Smeets, David Lubinski, and Camillia P. Benbow, "Beyond the Threshold Hypothesis: Even Among the Gifted and Top Math/Science Graduate Students, Cognitive Abilities, Vocational Interests, and Lifestyle Preferences Matter for Career Choice, Performance, and Persistence," Current Directions in Psychological Science 19, no. 6 (December 2010): 346 – 351.

18. Carol S. Dweck, 《마인드셋Mindset: The New Psychology of Success》 (New York: Random House, 2006).

19. Daniel H. Pink, 《Drive드라이브Drive: The Surprising Truth About What Motivates Us》 (New York: Riverhead Books, 2009).

20. Atul Gawande, "The Checklist: If Something So Simple Can Transform Intensive Care, What Else Can It Do?" The New Yorker, December 10, 2007.

21. Peter Pronovost, MD PhD, and Eric Vohr, 《존스 홉킨스도 위험한 병원이었다Safe Patients, Smart Hospitals: How One Doctor's Checklist Can Help Us Change Health Care from the Inside Out》 (New York: Hudson Street Books, 2010).

22. Atul Gawande, 《체크! 체크리스트The Checklist Manifesto: How to Get Things Right》 (New York: Metropolitan Books, 2009), 114 – 135.

23. Daniel Boorman, "Safety Benefits of Electronic Checklists: An Analysis of Commercial Transport Accidents," Proceedings of the 11th International Symposium on Aviation Psychology, 2001, 5 – 8.

24. 체크리스트 작성에 관한 추가 자료로 다음을 참조하라. Brigette Hales, Marius Terblanche, Robert Fowler, and William Sibbald, "Development of Medical Checklists for Improved Quality of Patient Care," International Journal for Quality in Health Care 20, no. 1 (February 2008): 22 – 30; Michael Shearn, 《더 좋은 주식의 발견The Investment Checklist: The Art of In-Depth Research》 (Hoboken, NJ: John Wiley & Sons, 2012).

25. Gawande, 《체크! 체크리스트The Checklist Manifesto》, 114 – 135.

26. Pronovost and Vohr, 《존스 홉킨스도 위험한 병원이었다Safe Patients, Smart

346

Hospitals》, 175.

27. Steven Crist, "Crist on Value," in Beyer et al., 《Bet with the Best》 (New York: Daily Racing Form Press, 2001), 64.

28. Benjamin Graham, 《현명한 투자자The Intelligent Investor: A Book of Practical Counsel》, 4th rev. ed. (New York: Harper & Row, 1973), 281.

29. Michael J. Mauboussin, "Size Matters: The Kelly Criterion and the Importance of Money Management," Mauboussin on Strategy, February 1, 2006.

30. Scott Patterson, "Old Pros Size Up the Game," Wall Street Journal, March 22, 2008.

31. 다음은 어림셈과 편향을 잘 요약한 자료다. Max H. Bazerman and Don Moore, 《Judgment in Managerial Decision Making》, 7th ed. (Hoboken, NJ: John Wiley & Sons, 2009), 13 – 41.

32. Kahneman, 《생각에 관한 생각Thinking, Fast and Slow》, 278 – 288; Daniel Kahneman and Amos Tversky, eds., 《Choices, Values, and Frames》 (Cambridge, UK: Cambridge University Press, 2000).

33. Eldar Shafir, Peter Diamond, and Amos Tversky, "Money Illusion," Quarterly Journal of Economics 112, no. 2 (May 1997): 341 – 374.

34. Hersh Shefrin and Meir Statman, "The Disposition to Sell Winners Too Early and Ride Losers Too Long: Theory and Evidence," Journal of Finance 40, no. 3 (July 1985): 777 – 790; Terrance Odean, "Are Investors Reluctant to Realize Their Losses?" Journal of Finance 53, no. 5 (October 1998): 1775 – 1798.

35. 세스 클라만의 컬럼비아대 경영대학원 연설 on October 2, 2008. Reproduced in Outstanding Investor Digest 22, nos. 1 – 2 (March 17, 2009): 3.

36. Graham, 《현명한 투자자The Intelligent Investor》, 287.

37. David F. Swensen, 《Unconventional Success: A Fundamental Approach to Personal Investment》 (New York: Free Press, 2005), 220 – 222.

38. Charles D. Ellis, "Will Business Success Spoil the Investment Management Profession?" Journal of Portfolio Management 27, no. 3 (Spring 2001): 11 – 15.

39. John Maynard Keynes, 《고용, 이자 및 화폐의 일반이론The General Theory of Employment, Interest, and Money》 (New York: Harcourt, Brace and Company, 1936), 157 – 158.

40. David Romer, "Do Firms Maximize? Evidence from Professional Football," Journal of Political Economy 114, no. 2 (April 2006): 340 – 365.

9장

1. Stanley Meisler, "First in 1763: Spain Lottery—Not Even a War Stops It," Los Angeles Times, December 30, 1977, A5.

2. 이 이야기는 사무엘상 17장에 나온다. 다음 책을 참조하라. Robert Alter, 《The David Story》 (New York: W.W. Norton & Company, 1999).

3. 게임 이론에 나오는 죄수의 딜레마 모형은 블로토 대령 게임에 비해 잘 알려져 있다. 죄수의 딜레마 모형은 사람들이 이 모형이 제시하는 협력 상황을 선호하고, 반복된 상호 작용이 협력을 이끌어내는 과정도 잘 연구되어 있어 현실에서 많이 사용되고 있다. 예를 들어 이 모형은 제1차 세계대전의 참호전에서 '공존공영live-and-let-live'의 협력 시스템이 발생한 이유를 깔끔하게 설명한다. 오랜 경험을 통해 양측은 '공격하면 보복이 뒤따른다'는 사실을 배웠다. 그래서 한쪽이 자제하면 다른 쪽도 자제로 화답해야 한다는 것을 배웠다. 이런 상호 협력은 많은 생명을 구했다. 게임 이론은 특히 국제 관계와 기업에서 많이 사용된다.

4. 블로토 대령 게임에 대한 체계적인 논의는 다음 논문을 참조하라. Brian Roberson, "The Colonel Blotto Game," Economic Theory 29, no. 1 (September 2006): 1–24; Russell Golman and Scott E. Page, "General Blotto: Games of Allocative Strategic Mismatch," Public Choice 138, nos. 3–4 (March 2009): 279–299. 더 일상적인 논의는 다음 자료를 참조하라. Scott E. Page, 《The Difference: How the Power of Diversity Creates Better Groups, Firms, Schools, and Societies》 (Princeton, NJ: Princeton University Press, 2007), 112–114; Jeffrey Kluger, 《Simplexity: Why Simple Things Become Complex(and How Complex Things Can Be Made Simple)》 (New York: Hyperion, 2008), 183–185; John McDonald and John W. Tukey, "Colonel Blotto: A Problem of Military Strategy," Fortune, June 1949, 102.

5. 이런 불균형 충돌 사례로 나는 Xa/Xb 비율 0.13을 선택했다. 로버슨의 논문 '블로토 대령 게임'에 나온 세 번째 정리Theorem를 이용하면 9개의 전장에서 기대 이익은 2.5%다. 두 번째 정리를 이용하면 15개의 전장에서 기대 이익은 6.7%다. 다음 논문을 참조하라. Dan Kovenock, Michael J. Mauboussin, and Brian Roberson, "Asymmetric Conflicts with Endogenous Dimensionality," Korean Economic Review 26, no. 2 (Winter 2010): 287–305.

6. KC Joyner, Blindsided, 《Why the Left Tackle Is Overrated and Other Contrarian Football Thoughts》 (Hoboken, NJ: John Wiley & Sons, 2008), 76–77; Brian Skinner, "Scoring Strategies for the Underdog: A General, Quantitative Method for Determining Optimal Sports Strategies," Journal of Quantitative Analysis in Sports 7, no. 4 (October 2011): article 11.

7. Michael Lewis, "Coach Leach Goes Deep, Very Deep," New York Times Magazine, December 4, 2005.

8. Clayton M. Christensen, 《혁신기업의 딜레마The Innovator's Dilemma: When New Technologies Cause Great Companies to Fail》 (Boston: MA: Harvard Business School Press, 1997).

9. Clayton M. Christensen and Michael E. Raynor, 《성장과 혁신The Innovator's Solution: Creating and Sustaining Successful Growth》 (Boston, MA: Harvard Business School Press, 2003).

10. Clayton M. Christensen, Scott D. Anthony, and Erik A. Roth, 《미래 기업의 조건 Seeing What's Next: Using the Theories of Innovation to Predict Industry Change》 (Boston: Harvard Business School Press, 2004).

11. Michael E. Raynor, 《The Innovator's Manifesto: Deliberate Disruption for Transformational Growth》 (New York: Crown Business, 2011).

12. Gautam Mukunda, "We Cannot Go On: Disruptive Innovation and the First World War Royal Navy," Security Studies 19, no. 1 (January 2010): 124 – 159.

13. Ivan Arreguín-Toft, How the Weak Win Wars (Cambridge, UK: Cambridge University Press, 2005). 약소국이 어떻게 승리하는지에 대한 또 다른 설명은 다음을 참조하라. Jeffrey Record, Beating Goliath, 《Why Insurgencies Win》 (Washington, DC: Potomac Books, 2009). 아레귄-토프트는 다음 논문에 나온다. Malcolm Gladwell, "How David Beats Goliath: When Underdogs Break the Rules," New Yorker, May 11, 2009, 40 – 49.

14. Kenneth Waltz, 《Theory of International Politics》 (New York: McGraw Hill, 1979).

15. 2011년 출간된 두 권의 책이 이 주제를 진전시켰다. Tim Harford, 《Why Success Always Starts with Failure》 (New York: Farrar, Straus and Giroux, 2011); Peter Sims, 《리틀 벳 Little Bets: How Breakthrough Ideas Emerge from Small Discoveries》 (New York: Free Press, 2011).

16. 매출 증가와 광고 사이에 상관관계가 있더라도 광고가 매출 증가를 가져왔다고 확신할 수는 없다. 하지만 통제 실험을 통해 알아볼 수 있다.

17. Randall A. Lewis and David H. Reiley, "Does Retail Advertising Work? Measuring the Effects of Advertising on Sales via a Controlled Experiment on Yahoo!" working paper, September 29, 2010.

18. Duncan J. Watts, 《상식의 배반Everything Is Obvious: Once You Know the Answer》 (New York: Crown Business, 2011), 187 – 213.

19. Sasha Issenberg, 《The Victory Lab: The Secret Science of Winning Campaigns》 (New York: Crown, 2012).

20. Alan S. Gerber, James G. Gimpel, Donald P. Green, and Daron R. Shaw, "How Large and Long-lasting Are the Persuasive Effects of Televised Campaign Ads? Results from a Randomized Field Experiment," American Political Science Review 105, no. 1 (February 2011): 135 – 150.

21. Nassim Nicholas Taleb, 《블랙 스완과 함께 가라The Bed of Procrustes: Philosophical and Practical Aphorisms》 (New York: Random House, 2010).

22. Nassim Nicholas Taleb, "Antifragility, Robustness, and Fragility Inside the 'Black Swan' Domain," SSRN working paper, February 2011.

23. Nassim Nicholas Taleb and Mark Blyth, "The Black Swan of Cairo: How Suppressing Volatility Makes the World Less Predictable and More Dangerous," Foreign Affairs 90, no. 3 (May/June 2011): 33 – 39; 이매뉴얼 더만Emanuel Derman은 모형과 이론을 구별한다. "모형은 비유다. 모형은 다른 것으로 어떤 것을 묘사한다. 모형은 설명이 필요하고 반론을 견뎌내야 한다. 이론은 본질을 묘사한다. 좋은 이론은 사실이 될 수 있다." 다음 책을 참조하라. Emanuel Derman, 《Models. Behaving. Badly: Why Confusing Illusion with Reality Can Lead to Disaster, on Wall Street and in Life》 (New York: Free Press, 2011), 59.

24. Aaron Lucchetti and Julie Steinberg, "Corzine Rebuffed Internal Warnings on Risk," Wall Street Journal, December 6, 2011; Bryan Burrough, William D. Cohan, and Bethany McLean, "Jon Corzine's Riskiest Business," Vanity Fair, February 2012.

25. 탈레브는 첫 번째 유형의 보상을 '오목concave하다', 두 번째 유형의 보상을 '볼록 convex하다'라고 표현한다. 구간 Δx에서 '볼록성'은 다음 부등식을 만족시킨다.

$$\frac{1}{2}[f(x + \Delta x) + f(x - \Delta x)] > f(x)$$

볼록성은 부분적일 수 있다. 즉 특정 구간 Δx에서 볼록하고, 다른 Δx에서는 오목해 질 수 있다. 다음 자료를 참조하라. Taleb, "Antifragility, Robustness, and Fragility Inside the 'Black Swan' Domain."

10장

1. Francis Galton, "Regression Towards Mediocrity in Hereditary Stature," Journal of the Anthropological Institute 15 (1886): 246 – 263.

2. Stephen M. Stigler, 《Statistics on the Table: The History of Statistical Concepts and Methods》 (Cambridge, MA: Harvard University Press, 1999), 174.

3. Karl Pearson and Alice Lee, "On the Laws of Inheritance in Man: I. Inheritance of Physical Characters," Biometrika 2, no. 4 (November 1903): 357 – 462.

4. Kahneman, 《생각에 관한 생각Thinking, Fast and Slow》, 181 – 182.

5. J. Martin Bland and Douglas G. Altman, "Some Examples of Regression Towards the Mean," British Medical Journal 309, no. 6957 (September 24, 1994): 780.

6. Stephen M. Stigler, "Milton Friedman and Statistics," in 《The Collected Writings of Milton Friedman》, ed. Robert Leeson (New York: Palgrave Macmillan, 2012 [forthcoming]).

7. Horace Secrist, 《The Triumph of Mediocrity in Business》 (Evanston, IL: Bureau of Business Research, Northwestern University, 1933).

8. Milton Friedman, "Do Old Fallacies Ever Die?" Journal of Economic Literature 30 (December 1992): 2129 – 2132. 평균 회귀와 관련된 또 다른 설명을 보려면 다음을 참조하라. Marcus Lee and Gary Smith, "Regression to the Mean and Football Wagers," Journal of Behavioral Decision Making 15, no. 4 (October 2002): 329 – 342.

9. Daniel Kahneman and Amos Tversky, "On the Psychology of Prediction," Psychological Review 80, no. 4 (July 1973): 237 – 251.

10. Andrea Frazzini and Owen A. Lamont, "Dumb Money: Mutual Fund Flows and the Cross-Section of Stock Returns," Journal of Financial Economics 88, no. 2, (May 2008): 299 – 322.

11. Scott D. Stewart, CFA, John J. Neumann, Christopher R. Knittel, and Jeffrey Heisler, CFA, "Absence of Value: An Analysis of Investment Allocation Decisions by Institutional Plan Sponsors," Financial Analysts Journal 65, no. 6 (November/December 2009): 34 – 51.

12. Bradley Efron and Carl Morris, "Stein's Paradox in Statistics," Scientific American, May 1977, 119 – 127.

13. William M. K. Trochim and James P. Donnelly, 《The Research Methods Knowledge Base》 3rd ed. (Mason, OH: Atomic Dog, 2008), 166. 더 정확하게 표현하자면, r의 범위는

−1.0에서 1.0 사이며 c도 동일하다. 변수 x와 y가 음의 상관관계일 때 변수 x가 평균보다 크면 변수 y는 평균보다 작고 그 반대도 성립한다. 나는 양의 상관관계에 초점을 맞추었지만 음의 상관관계 역시 아주 유용하다.

14. Efron and Morris, "Stein's Paradox in Statistics," 119 – 127.

15. 부록에서 보는 바와 같이 나의 추정치는 73경기로 나왔다. 짝수로 올림을 하면 계산이 더 간단해진다. 그래서 73 대신 74를 사용했다.

16. 베이스(베이스의 정리)와 관련된 이야기를 알고 싶다면 이 책을 참조하라. Sharon Bertsch McGrayne, 《불멸의 이론The Theory That Would Not Die: How Bayes' Rule Cracked the Enigma Code, Hunted Down Russian Submarines & Emerged Triumphant From Two Centuries of Controversy》 (New Haven, CT: Yale University Press, 2011).

11장

1. Horace B. Barlow, "Intelligence: the Art of Good Guesswork," in The Oxford Companion to the Mind, ed. Richard L. Gregory (Oxford: Oxford University Press, 1987), 381 – 383.

2. 같은 글.

3. Amos Tversky and Daniel Kahneman, "Belief in the Law of Small Numbers," Psychological Bulletin 76, no. 2 (August 1971): 105 – 110.

4. Tango, Lichtman, and Dolphin, 《The Book》.

5. 같은 책.

6. Derek Carty, "When Hitters' Stats Stabilize," Baseball Prospectus, June 13, 2011, http://www.baseballprospectus.com/article.php?articleid=14215.

7. Deirdre N. McCloskey and Stephen T. Ziliak, "The Standard Error of Regressions," Journal of Economic Literature 34 (March 1996): 97 – 114.

8. Stephen T. Ziliak and Deirdre N. McCloskey, "Size Matters: The Standard Error of Regressions in the American Economic Review," Journal of Socio- Economics 33, no. 5 (November 2004): 527 – 546.

9. Andrew Mauboussin and Samuel Arbesman, "Differentiating Skill and Luck in Financial Markets With Streaks," SSRN working paper, February 3, 2011.

10. Gary Loveman, NPR's Planet Money와 인터뷰, November 16, 2011. 다음을 참조하라. http://www.npr.org/blogs/money/2011/11/15/142366953/the-tuesday-podcast-fromharvard-economist-to-casino-ceo.

11. Brian J. Hall and Jeffrey B. Liebman, "Are CEOs Really Paid Like Bureaucrats?" Quarterly Journal of Economics 113, no. 3 (August 1998): 653 – 691; and "2004 CEO Compensation Survey and Trends," Wall Street Journal/Mercer Human Resource Consulting, May 2005.

12. Alfred Rappaport, "New Thinking on How to Link Executive Pay with Performance," Harvard Business Review, March – April 1999, 91 – 101.

13. Philip E. Tetlock, Richard Ned Lebow, and Geoffrey Parker, eds., 《Unmaking the West:

"What-If?" Scenarios That Rewrite World History》 (Ann Arbor, MI: University of Michigan Press, 2006).

14. Brigette Hales, Marius Terblanche, Robert Fowler, and William Sibbald, "Development of Medical Checklists for Improved Quality of Patient Care," International Journal for Quality in Health Care 20, no. 1 (December 11): 2007, 22 – 30.

15. Atul Gawande, MD, MPH, et al., "A Surgical Safety Checklist to Reduce Morbidity and Mortality in a Global Population," New England Journal of Medicine 360, no. 5 (January 29, 2009).

16. Peter Pronovost, MD, PhD, and Eric Vohr, 《Safe Patients, Smart Hospitals: How One Doctor's Checklist Can Help Us Change Health Care from the Inside Out》 (New York: Hudson Street Books, 2010).

17. Philip E. Tetlock, 《Expert Political Judgment: How Good Is It? How Can We Know?》 (Princeton, NJ: Princeton University Press, 2005), 129 – 143.

18. Christensen, 《혁신기업의 딜레마The Innovator's Dilemma》.

19. Daniel Kahneman, Thought Leader Forum 제공, October 7, 2011, http:// thoughtleaderforum.com/957443.pdf.

마이클 모부신 운과 실력의 성공 방정식

초판 1쇄 | 2019년 9월 20일
8쇄 | 2024년 10월 20일

지은이 | 마이클 모부신
옮긴이 | 이건, 박성진, 정채진
감수 | 신진오

펴낸곳 | 에프엔미디어
펴낸이 | 김기호
편집 | 김형렬, 양은희
기획관리 | 문성조
디자인 | 채홍디자인

신고 | 2016년 1월 26일 제2018-000082호
주소 | 서울시 용산구 한강대로 295, 503호
전화 | 02-322-9792
팩스 | 0303-3445-3030
이메일 | fnmedia@fnmedia.co.kr
홈페이지 | http://www.fnmedia.co.kr

ISBN | 979-11-88754-20-5

이 도서의 국립중앙도서관 출판예정도서목록(CIP)은
서지정보유통지원시스템 홈페이지(http://seoji.nl.go.kr)와
국가자료공동목록시스템(http://www.nl.go.kr/kolisnet)에서 이용하실 수 있습니다.
(CIP제어번호: CIP2019034651)